Constanze Bossemeyer

Praxisbuch Kommunikation für Adoptiv- und Pflegeeltern

Das Innere Team:
Hilfen im Umgang mit traumatisierten Kindern

Mit Illustrationen der Autorin

Vandenhoeck & Ruprecht

Bibliografische Information der Deutschen Nationalbibliothek:
Die Deutsche Nationalbibliothek verzeichnet diese Publikation in der Deutschen Nationalbibliografie; detaillierte bibliografische Daten sind im Internet über https://dnb.de abrufbar.

Umschlagabbildung: melitas/shutterstock.com

Satz: SchwabScantechnik, Göttingen
Druck und Bindung: ⊕ Hubert & Co. BuchPartner, Göttingen
Printed in the EU

Vandenhoeck & Ruprecht Verlage | www.vandenhoeck-ruprecht-verlage.com

ISBN 978-3-525-40700-4

Für Estiven

Es macht alles Sinn! Wie gut, dass wir so lange warten mussten, sonst wärst nicht ausgerechnet du zu uns gekommen! Du hast unsere Herzen zum Überquellen gebracht! Als wir dich mit deinen viereinhalb Jahren kennenlernten, haben wir uns spontan die Hand darauf gegeben, dass wir alles dafür tun werden, damit du so bleiben kannst, wie du bist. Dein wundervolles Wesen und dein großes Herz haben uns im Sturm erobert! Du bist uns ein wunderbarer Lehrer mit deiner Fähigkeit, das Leben im Hier und Jetzt zu genießen. Damit hast du uns manchmal herausgefordert, wo wir doch bisher so wohlgeordnet und geplant durch unser Leben gegangen sind. Du hast uns mit deiner Art gehörig durchgerüttelt, aufgeweckt und inspiriert und dazu gebracht, die Heimat-Wohlfühlgebiete unserer Persönlichkeiten zu erweitern. Dafür bin ich dir unendlich dankbar. Was wäre unser Leben ohne dich langweilig!

Inhalt

Geleitwort

»Kinder fordern uns heraus« – so der Titel eines Buches von Rudolf Dreikurs (21. Auflage, 1966/2017) aus den 1960er Jahren. Dem ist auch heute, nahezu fünfzig Jahre später, nichts hinzuzufügen, außer vielleicht: Wenn es um Adoptiv- und Pflegekinder geht, dann kann es doppelt und dreifach zutreffen. Dieses wird mir klar, wenn ich das Manuskript von Constanze Bossemeyers neuem Buch lese.

Haben Sie, liebe Leserin, lieber Leser, ein Adoptiv- oder ein Pflegekind? Oder sogar mehrere? Dann werden Sie sich von diesem Buch angesprochen fühlen, im doppelten Wortsinn. Eine wunderbare Lektüre steht Ihnen bevor! Dem Text und den Abbildungen merkt man an, dass sie mit Liebe geschrieben und gezeichnet sind. Und zugleich mit einem enormen Sachverstand, was die Seele des Menschen im Allgemeinen und die Seele des Adoptiv- und Pflegekindes im Besonderen angeht.

Ein Glücksfall – die Autorin vereint in ihrer Person drei Zugänge zu dieser Herausforderung: Zum einen ist sie als Wissenschaftlerin ein Kind der Hamburger Kommunikationspsychologie, zum zweiten hat sie sich eingehend mit Traumapsychologie befasst, und zum dritten ist sie Mutter eines Adoptivkindes, also Praktikerin mit Kopf, Herz, Hand und Fuß, die immer weiß, wovon sie redet und schreibt.

Dass ihre Expertise in der Hamburger Kommunikationspsychologie gute Perspektiven für das ganze Thema eröffnet, hat die Praktikerin bald erkannt. Vor allem mit dem Modell des Inneren Teams eröffnet sie uns ein tiefgreifendes Verständnis für das Kind – und ganz speziell für das Adoptiv- und Pflegekind. Nanu, wäre denn hier nicht die prinzipielle Gleichheit mit jedem anderen leiblichen Kind zu betonen? Vieles ist gleich, aber jede Kindheit ist einmalig. Umso wichtiger ist es, die besondere und wahrscheinlich von traumatischen Ereignissen geprägte Geschichte von Adoptiv- und Pflegekindern kundig ins Auge zu fassen. Um diese besondere Geschichte zu begreifen, und zwar nicht als professionelle Tiefenpsychologin, sondern als betroffener, liebender und umsichtig handelnder Mensch, eröffnet Constanze Bossemeyer mithilfe des Inneren Teams tiefe Einsichten, die auch und gerade dann Empathie ermöglichen, wo sonst verständnisloses Kopfschütteln, Bestürzung, Verzweiflung oder Wut allzu menschlich wären: Was mich als Mutter oder Vater auf die Palme bringt oder tief in die Mutlosigkeit abstürzen lässt – das ist eine Reaktion des Kindes, die es jetzt braucht, um sein bedrohtes Gleichgewicht zu retten. Was für eine wertvolle neue Sicht auf das Geschehen!

Klar – solche Erkenntnisse werden nicht dazu führen, dass ich als Erzieher oder Erzieherin in allen Lebenslagen und während jeder emotionalen Turbulenz ausnahmslos perfekte Reaktionen zeige. Es gelingt einem nicht immer, die vor dem Hintergrund von Verstehen und Verständnis und im Hinblick auf konstruktive Folgewirkungen optimalen Verhaltensweisen zu leben. Und was heißt schon optimal, wenn ich selbst an meine Grenzen komme und auch dafür sorgen muss, mich selbst bei Laune zu halten? Daher nutzt die Autorin im zweiten Teil ihres Buches das Innere Team, um die Selbsterforschung der Pädagoginnen anzuleiten: Wer ist das in mir, die mir da zu schaffen macht? Wie kann ich mit diesem Teil heilsam umgehen, wie kann ich mich insgesamt gut aufstellen, um der Situation gewachsen zu sein? Im Zwischenmenschlichen gelingt kluges Handeln nur dann, wenn die inneren Voraussetzungen gegeben sind oder im Ernstfall wiederhergestellt werden können. Willst du ein guter Erzieher sein, dann schau auch in dich selbst hinein!

Im letzten und dritten Teil des Buches wird weiteres »Handwerkszeug« der Hamburger Kommunikationspsychologie für die Erziehung vorgestellt. Die Chancen, die sich hier eröffnen, sind nicht nur für Adoptiv- und Pflegeeltern aussichtsreich, sondern für Eltern und Erzieherinnen im Allgemeinen. Vielleicht sollte ein solches Buch auch einmal geschrieben werden? Vielleicht in der Art wie dieses, wo es der Autorin so meisterhaft gelingt, Kopf und Herz zusammenzuführen? Ach, wären doch alle Bücher so geschrieben: Verständlich, mit eigenen, anschaulichen Zeichnungen und nachvollziehbaren Lebensbeispielen. Aber bevor ich hier wortreich ins Schwärmen gerate, lesen Sie am besten selbst!

Friedemann Schulz von Thun

Einführung

Dieses Buch habe ich geschrieben, um Adoptiv- und Pflegeeltern in ihrer wertvollen und zum Teil sehr herausfordernden Erziehungsaufgabe zu unterstützen. Auch für Menschen, die beruflich – zum Beispiel als Erzieher oder Betreuerin – mit Adoptiv- und Pflegekindern bzw. mit traumatisierten Kindern zu tun haben, kann das Buch hilfreich sein, um die Kinder besser zu verstehen und gegebenenfalls anders mit ihnen umzugehen.

Ich selbst schaue aus einer doppelten Perspektive auf dieses Thema: Als Adoptivmutter eines 17 Jahre alten Sohnes mit meinen eigenen Erfahrungen und als Kommunikationspsychologin, die sich in ihrem beruflichen Leben sehr intensiv mit einem guten Miteinander von Menschen beschäftigt.

Meine Angst vor der Pubertät unseres Sohnes hat schon früh – als die Pubertät noch in weiter Ferne lag – dazu geführt, dass ich mich intensiv mit Adoption und schließlich auch mit dem Thema Trauma beschäftigt habe. In einem entsprechenden Seminar bekam ich von der Seminarleiterin zu hören: »Auch wenn bei Ihnen jetzt alles gut läuft, warten Sie mal die Pubertät ab!« Wenn ich heute an diese Aussage zurückdenke, werde ich wütend. Als selbsternanntes Orakel eine solche Prophezeiung abzugeben, ist schon ein starkes Stück! Damals konnte ich das leider noch nicht so sehen und reagierte mit großer Sorge darauf. Dieser Satz hing seither wie ein Damoklesschwert über mir, hatte aber auch den Effekt, dass ich hochmotiviert anfing, mich weiterzubilden. Ich las viele Bücher, besuchte Fortbildungen und Supervisionen. Dadurch habe ich viel Neues gelernt und mich auf Schwieriges vorbereitet, insofern hatte meine Sorge dann am Ende doch auch etwas Gutes.

Die vielen Fortbildungen machten mir zunehmend deutlich, dass mein Wunsch nach konkretem Handwerkszeug noch nicht ganz befriedigt war. Ich wollte wissen, wie ich im Alltag mit schwierigen Situationen am besten umgehe, wie ich mich ganz konkret verhalten soll. Außerdem wurden an uns Adoptiveltern teilweise unerfüllbare Erwartungen gestellt, wie zum Beispiel ständig zu lächeln, sich das Lächeln regelrecht anzutrainieren und immer ruhig zu bleiben. In dieser Zeit des Lernens und Suchens habe ich wenig Augenmerk auf das gerichtet, was ich durch meine kommunikationspsychologische Ausbildung schon im Gepäck hatte. Zum Glück habe ich dann irgendwann Stück für Stück begriffen, dass ich schon längst einen prall gefüllten Handwerkskoffer hatte, den ich nur zu öffnen brauchte. Insbesondere das Modell des Inneren Teams hat mir in vielen Situationen geholfen, ohne dass ich mir dessen bewusst war. Seitdem mir das klar geworden ist, setze ich das Werkzeug gezielt ein und es erweist sich als ein Goldschatz – gerade auch in der nicht immer einfachen Zeit der Pubertät. So kam mir die Idee, diese Werkzeuge, die sich für mich als so hilfreich erwiesen haben, mit anderen Betroffenen zu teilen. Dies ist mir während des Schreibens und durch ermutigende Rückmeldungen von anderen Adoptiveltern ein großes Bedürfnis.

Dieses Buch ist ein praktisches Buch, das sehr konkret auf den Umgang mit den Kindern im Alltag eingeht. Es gibt viele fantastische Werke, die schon geschrieben wurden und auf die ich verweise, wenn es um genauere Hintergründe geht. Ich habe auf der Suche nach unserem Weg so viel gelesen und so viel Wertvolles entdeckt. Dieses gesammelte und verdichtete Wissen möchte ich Interessierten zur Verfügung stellen. Wenn sich für Sie als Leserin oder Leser etwas als hilfreich erweist, besonders gut zur eigenen Situation passt oder inspirierend ist, können Sie diesen Ansatz gezielt vertiefen.

Aber es geht in diesem Buch nicht um einfache Tipps und Ratschläge. Jedes Kind ist anders! Es geht darum, Ihnen zu helfen, einen eigenen Weg zu finden, sich in Zukunft vielleicht ein wenig anders zu verhalten, eine neue Haltung in Bezug auf Ihr Kind zu entwickeln. Manchmal ist es auch nötig, sich selbst unter die Lupe zu nehmen. Auch dafür stelle ich Ihnen Handwerkszeug zur Verfügung. Und vielleicht merken Sie beim Lesen, dass Sie auf dem richtigen Weg sind.

Dieses Buch ist auch nicht im Sinne von: *Wenn ich es richtig, perfekt und fehlerfrei mache, dann wird alles gut* zu verstehen. Es liegt nicht alles in unserer Macht. Unsere Kinder bringen zum Teil schon große Päckchen mit, an denen sie schwer zu tragen haben. Es kann phasenweise auch für Sie als Eltern eine große Herausforderung und Last sein, damit umzugehen. Manchmal muss man sogar erleben und aushalten, dass scheinbar nichts mehr nützt und es einfach nur noch darum geht, stehen zu bleiben. Aber gerade das Stehenbleiben und vor allem das Dableiben ist in diesen Phasen für Ihr Kind von entscheidender Bedeutung. So kann es die wichtige Erfahrung machen, dass, auch wenn alles noch so schlimm und verfahren ist, jemand da ist, auf den es sich verlassen kann. Es nützt also niemandem, am wenigsten Ihrem Kind, wenn Sie sich selbst für irgendetwas die Schuld geben. Es schwächt Sie nur, wenn Sie sich inkompetent fühlen und an sich zweifeln. Sie werden Fehler machen! Seien Sie freundlich mit sich selbst und lernen Sie aus Ihren Fehlern. Sie können sich bei Ihrem Kind entschuldigen. Statt Ihre Energie damit zu verschwenden, sich selbst schlecht zu machen, nutzen Sie sie und suchen Sie mit Kreativität, Flexibilität und Durchhaltevermögen neue Wege. Halten Sie nicht an Sachen fest, die nicht funktionieren.

Ich verwende in diesem Buch keine eigenen Beispiele, um die Privatsphäre meines Sohnes zu schützen. Selbst wenn er dem jetzt und heute aufgeschlossen zustimmen würde, dann muss er in 20 Jahren immer noch damit rechnen, dass ihn ein Wildfremder mit seiner Kindheit konfrontiert. So nutze ich Beispiele von verschiedenen Adoptiv- und Pflegekindern, die ich im Laufe der Zeit kennenlernen durfte. Diese Beispiele sind allesamt echt, es kommt auch Eigenes vor, aber alles ist so anonymisiert, dass keines der Kinder wiedererkannt werden kann.

Aufbau des Buches

Das Buch besteht aus drei Teilen. Im ersten Teil geht es zunächst einmal darum, das Kind zu verstehen.

Hier beschreibe ich als erstes, was ein Trauma ist und warum und wie sich Adoptiv- und Pflegekinder von leiblichen Kindern unterscheiden. Ich werde auf möglichst anschauliche Weise – vor allem anhand des Modells des Inneren Teams – deutlich machen, was Traumatisierung bedeutet und welche Konsequenzen sie für die innere Dynamik des Kindes haben kann. Diese Dynamik kann äußerlich durch unangepasstes Verhalten sichtbar werden. Es geht in diesem ersten Schritt zunächst einmal darum, das Kind besser zu verstehen. Allein aus diesem Verständnis heraus lassen sich dann schon sehr konkrete Handlungsmöglichkeiten ableiten für Ihren Alltag mit dem Kind.

Im zweiten Teil des Buches geht es darum, sich selbst besser zu verstehen.

Ich möchte Sie einladen, sich mit der folgenden Fragestellung zu beschäftigen: *Bin ich innerlich gut aufgestellt für die anspruchsvolle Aufgabe der Adoptiv- bzw. Pflegeelternschaft?* Und falls Sie sich nicht gut aufgestellt fühlen, möchte ich Sie dabei unterstützen, sich besser zu positionieren. Ich werde Sie bitten, eine eigene Bestandsaufnahme zu machen, um zu überprüfen, an welchen Stellen es sich lohnt, zu investieren und an sich zu arbeiten.

Im dritten Teil schließlich werden Sie die wichtigsten Methoden und Modelle der Kommunikationspsychologie als Handwerkszeug kennen und nutzen lernen.

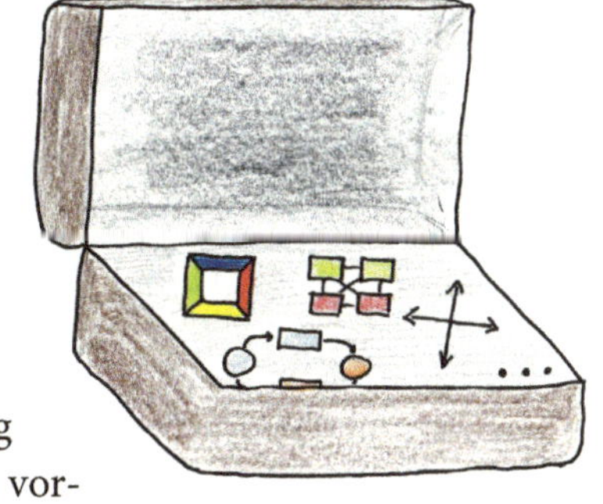

Dieses Handwerkszeug ist sehr wirksam und ich gehe davon aus, dass nicht nur Adoptiv- und Pflegeeltern davon profitieren können. Auch leibliche Eltern können sie für das große Abenteuer, ein Kind ins Leben zu begleiten, gut gebrauchen. Aber da Sie als Eltern von Adoptiv- und Pflegekindern besonders gefordert sind, kann es sehr lohnend sein, sich schon frühzeitig auszurüsten, damit Sie auf stürmische Zeiten vorbereitet sind. Wenn diese schwierigen Zeiten dann gar nicht kommen, umso besser. Aber es wäre leichtsinnig, sich als Kapitän auf große Fahrt (und das ist eine Adoption oder die Aufnahme eines Pflegkindes) zu begeben und naiv darauf zu vertrauen, dass das Wetter immer schön ist und die Sonne ständig scheint. Ein guter Kapitän ist auch in stürmischen Zeiten in seinem Element, hat sich gut vorbereitet und weiß genau, was zu tun ist. So kann er das Schiff sicher durch alle Widrigkeiten hindurch navigieren, ohne dabei an seine Grenzen zu kommen, sich ohnmächtig zu fühlen und seine Souveränität zu verlieren.

Ein kommunikationspsychologisches Modell bekommt eine Sonderrolle und wurde zu Beginn auch schon kurz genannt: Das Modell des Inneren Teams von Friedemann Schulz von Thun.

Das Innere Team, über das ich vor fast dreißig Jahren meine Diplomarbeit geschrieben habe, ist ein sehr hilfreiches Instrument, das ich seither in meiner Praxis als Psychologin und Coach intensiv nutze. Das Besondere daran ist, dass es auf sehr einfache und jedem zugängliche Art und Weise helfen kann, sich selbst und andere besser zu verstehen. So werden eigene, teils unbewusste innere Prozesse so deutlich und klar, dass wir plötzlich verstehen, warum wir uns genau so und nicht anders verhalten, auch wenn uns dieses Verhalten zum Teil gar nicht lieb ist. Mit der daraus resultierenden Einsicht, dem Überblick und der Klarheit, können wir dann anfangen, die Dinge in die Hand zu nehmen, das heißt, unser Verhalten so zu steuern, dass es in unserem Sinne ist. Wir sind unseren unbewussten Vorgängen nicht mehr hilflos ausgeliefert. Das nimmt die Angst und kann enorm motivieren, über eigene Schatten zu springen und das Heimatgebiet zu erweitern.

Das Modell des Inneren Teams kann außerdem auf eindrückliche Weise helfen, unsere Kinder besser zu verstehen. Manchmal erleben wir das Verhalten des Kindes als nicht logisch, nicht rational und es ist uns überhaupt nicht möglich nachzuvollziehen, wieso es sich auf eine bestimmte Art und Weise verhält. Wir fragen uns: *Was ist nur in das Kind gefahren?* Das macht uns hilflos und damit auch häufig unfähig, uns hilfreich zu verhalten. In einem solchen Fall das Innere Team des Kindes zu betrachten und die Logik im Inneren zu verstehen, macht uns wieder handlungs- und vor allem empathiefähig. Außerdem zeigt es uns ein deutliches Ziel auf, in welche Richtung der Kurs zu steuern ist, sodass wir das Ruder auch in stürmischen Zeiten in ruhiger, liebevoller und sicherer Hand halten können.

Dieses Buch gehört nicht in Kinderhände! Es ist zunächst einmal nur für Sie als Eltern (aber auch für Sie als Erzieherin, Pädagoge, Mensch, der mit traumatisierten Kindern zu tun hat) gedacht und soll Ihnen helfen, machtvolle Mechanismen zu durchbrechen, aus Teufelskreisen auszusteigen und durch Wissen zu mehr Gelassenheit zu gelangen, um das Kind liebevoll zu unterstützen und dabei in der eigenen Kraft zu bleiben.

1 Das Kind verstehen

1.1 Warum das Thema Traumatisierung für Adoptiv- und Pflegeeltern wichtig ist

Seit der Adoption unseres Sohnes im Jahre 2007 bin ich sehr viel mit anderen Eltern in Kontakt, am liebsten in Adoptiv- und Pflegeelterngruppen. Den Austausch in diesen Kreisen erlebe ich als deutlich hilfreicher als Gespräche über Erziehungsfragen mit Eltern leiblicher Kinder. Die anderen Adoptiv- und Pflegeeltern wissen sofort und genau, wovon ich spreche und ich fühlte und fühle mich an keinem anderen Ort so gut verstanden. Außerdem gibt es auffallend viele Ähnlichkeiten der Themen und Fragestellungen, mit denen wir uns allesamt beschäftigen.

In Gesprächen mit leiblichen Eltern hatte ich häufiger das Gefühl, dass sie Erfahrungen, die mich besonders herausforderten, gar nicht nachvollziehen konnten. Bei schwierigen Situationen, die ich als Beispiele brachte, runzelten sie vereinzelt die Stirn. Solche Situationen kannten sie aus dem Alltag mit ihren Kindern nicht und meine Not und Hilflosigkeit konnten sie häufig gar nicht verstehen. Manchmal hatte ich sogar das Gefühl, dass einige insgeheim den Eindruck hatten, diese Situationen seien meiner Inkompetenz in Sachen Kindererziehung geschuldet. Man müsse doch einfach nur einmal konsequent sein und sich durchsetzen! Mein Erleben aber war, dass das, was bei anderen Kindern gut zu funktionieren schien, bei uns nach hinten losging und Situationen sogar noch verschlimmerte.

Diese Erfahrungen sowie die Eindrücke, die ich in den vielen Gesprächen mit anderen Eltern wie uns gesammelt hatte, haben mir sehr deutlich vor Augen geführt, dass Adoptiv- und Pflegekinder in bestimmten Aspekten ganz anders sind als leibliche Kinder. Als ich mich dann in diversen Büchern und Fortbildungen mit dem Thema Adoption beschäftigte, rückte mit der Zeit das Thema Traumatisierung in meinen Fokus. Leider wurden dieses und seine Folgen in vielen Büchern, Fortbildungen und Supervisionen, die ich zu der Zeit las und besuchte, nur am Rande oder sogar gar nicht erwähnt. Ich gewann allerdings zunehmend den Eindruck, dass genau hier der Schlüssel liegen könnte. Mir fiel auf, dass die zum Teil besonderen Verhaltensweisen von Adoptiv- und Pflegekindern oftmals typischen Symptomen entsprechen, die mit einer Traumatisierung einhergehen. Mir kam der Gedanke, dass die Frage: *Wie gehen Eltern mit ihrem traumatisierten Kind um?* die Lösung für einen sinnvollen, heilsamen und erfolgreichen Weg sein könnte. Zum Glück stieß ich zu dieser Zeit auf einer Fachtagung der Stiftung zum Wohl des Pflegekindes auf Martin Janning, den Leiter des Heilpädagogischen und Psychologischen Dienstes des Caritas-Kinder- und Jugendheims in Rheine. Er hielt einen Vortrag zum Thema *Die Kraft des einfühlsamen Verstehens angesichts traumatischer Erfahrungen.* Mit einer ausgeprägten Empathie für die Kinder, jahrzehntelanger Erfahrung und beeindruckender Expertise hat Martin Janning ein Konzept für den Umgang mit traumatisierten Kindern entwickelt. Sehr dankbar bin ich für die vielen sehr hilfreichen Anregungen, die ich in Vorträgen und Seminaren bei ihm mitnehmen durfte.

Gerade das Wissen um Traumatisierung und den Umgang damit habe ich als sehr hilfreich empfunden und wünschte mir mehr davon. Ich suchte praktische Ansätze für den Umgang mit meinem Kind und seiner Geschichte. Aus diesem Grund entschied ich mich zu einer Ausbildung in PITT-KID (Psychodynamisch Imaginative Traumatherapie für Kinder und Jugendliche) bei Dr. Andreas Krüger in Hamburg. Was ich dort lernte, war hochinteressant und faszinierend, allerdings war ich hier in einer anderen Rolle angesprochen: Wie gehe ich als Therapeutin mit traumatisierten Kindern um? Als schwieriges Verhalten in Fallbeispielen sichtbar wurde und die übenden Therapeutinnen an ihre Grenzen kamen und sich beschwerten, wie schwierig es doch mit diesen Kindern sei, regte sich in mir plötzlich der Missmut: »Hey, Ihr als Therapeutinnen habt das Kind doch nur ein- oder zweimal für je eine Stunde pro Woche in der Therapie. Ich und andere Eltern leben mit unseren Kindern! Und gehen nicht, wenn die Stunde vorbei ist!« Unter den Seminarteilnehmern saß eine andere betroffene Mutter von zwei Adoptivkindern, die ein sehr ähnliches Empfinden hatte. In dem Austausch mit ihr kam mir plötzlich die Einsicht, dass Adoptiv- und Pflegeeltern an dieser Stelle Unterstützung brauchen! Und zwar konkret zu Fragen wie: Wie gehe ich im Alltag mit traumatisierten Kindern um? Wie verhalte ich mich in Konflikten oder schwierigen Situationen? Was genau tue ich dann?

In der Literatur zur Traumapädagogik findet sich zunehmend der Wunsch von Pädagoginnen nach Zusammenarbeit und Vernetzung. Hier fand ich Unmut über die anhaltende Fokussierung auf Psychotherapie zur Bewältigung von traumatischen Ereignissen. Die Möglichkeiten der Pädagogik werden nicht berücksichtigt, obwohl diese Art von Hilfestellung wesentlich zur Unterstützung von traumatisierten Kindern beitragen kann. Die betroffenen Jungen und Mädchen sind durch ihre traumatischen Erfahrungen oftmals auch im Alltag beeinträchtigt und dementsprechend beinahe täglich mit Krisenbewältigung beschäftigt, sodass die Nähe zur Pädagogik eigentlich nahe liegt. Die fachkundige Interaktion des pädagogischen Personals mit dem Kind trägt dazu bei, dass es ruhiger wird und sein Verhalten besser steuern kann. Es fühlt sich zudem sicherer und steigert sein Selbstwertgefühl, baut seine Entwicklungsmöglichkeiten aus und interagiert besser mit seinem sozialen Umfeld (Weiß, 2016).

Wenn man diese Gedanken konsequent weiterdenkt, dann wird deutlich, dass besonders Adoptiv- und Pflegeltern eine große Bedeutung für den Heilungsprozess eines traumatisierten Kindes haben, denn sie sind diejenigen, die die meiste Zeit mit ihm verbringen. Insofern ist es sinnvoll, diese Zeit gut zu nutzen. Oft wird vorgebracht, dass Adoptiv- und Pflegeeltern keine Therapeuten für traumatisierte Kinder ersetzen können (Brisch, 2006). Je nach Schweregrad der Traumatisierung kann es sein, »dass sich eine die Integrationsprozesse begleitende Psychotherapie als nützlich oder notwendig erweist« (Nienstedt u. Westermann, 2007, S. 25). Überwiegend ist es aber auch so, dass »sich gerade im alltäglichen Zusammenleben mit den Eltern Fantasien, Affekte und Bedürfnisse [entfalten], die, wenn sie verstanden und einfühlend beantwortet werden, zu einer Heilung führen. Gerade psychologische und pädagogische ›Laien‹ können bei guter Vorbereitung auf diese Aufgabe und Beratung große therapeutische Wirkungen erzielen« (S. 25). Laut Bruno Bettelheim trägt »nicht das Erinnern an die Vergangenheit […], sondern […] die Neustrukturierung, die Integration der Persönlichkeit« zur positiven Entwicklung des Kindes bei (1975, zitiert nach Nienstedt u. Westermann, 2007, S. 110). Vor dem Hintergrund seiner Biografie geht es selbstverständlich davon aus, dass es mit den Adoptiv- oder Pflegeeltern wieder die gleichen schlimmen Erfahrungen machen wird und überträgt die schlechten Erlebnisse von früher auf die neuen Eltern. So kann es dazu kommen, dass in dem Kind extreme Wünsche, Gefühle von Ohnmacht, Zorn oder Enttäuschung in ganz belanglosen Situationen wiederbelebt werden. Alltägliche Dinge wie anziehen, waschen, essen und schlafen gehen können die Erinnerung an schlechte Erfahrungen reaktivieren (Nienstedt u. Westermann, 2007). In dieser Wiederbelebung der alten Gefühle liegt für Adoptiv- und Pflegeeltern aber auch eine große Chance, denn sie können dem Kind nun zeigen, dass auch andere Reaktionen möglich sind. Indem sie es zum Beispiel liebevoll versorgen, rücksichtsvoll handeln und sich schützend vor das Kind stellen, formen sie ein neues Bewusstsein. Genau dies »ist therapeutisch wirksam und ermöglicht korrigierende Erfahrungen« (S. 111). Bruno Bettelheim zufolge wird eine

»korrigierende Erfahrung vor allem dann wirksam […], wenn sie in genau der Situation gemacht wird, in der das Trauma ursprünglich entstand (1975, zitiert nach Nienstedt u. Westermann, 2007, S. 111).

Wilma Weiß (2016) fordert in ihrem Buch »Philipp sucht sein Ich« von Psychoanalytikerinnen und Psychotraumatologen, »das notwendige Wissen handhabbar zur Verfügung zu stellen« (S. 226). Sie kritisiert, dass »Pädagoginnen, um einen Überblick über die Psychotraumatologie zu erlangen, sämtliche psychologische Schulen in deren exklusiven Ausbildungsgängen kennenlernen müssen« (S. 226). Diese Forderung sollte meines Erachtens nach genauso für Eltern von Adoptiv- und Pflegekindern sowie für Eltern traumatisierter Kinder gelten. Es wäre wunderbar, wenn in Zukunft wichtige Bezugspersonen des Kindes wie Lehrer, Therapeutinnen und Eltern *mit dem gleichen Verständnis und den gleichen Vorkenntnissen vernetzt* zusammenarbeiten würden.

Mit diesem Buch verfolge ich das Ziel, Sie als Eltern fit und zu Experten zu machen, denn Sie sind diejenigen, die am meisten Zeit mit dem Kind verbringen. Positive neue Erfahrungen finden zu einem großen Teil im Alltag in der Familie statt. Therapien können außerdem sehr hilfreiche Ergänzungen im Heilungsprozess sein. Es geht darum, Anzeichen für Traumatisierungen beim Kind schon möglichst früh zu erkennen, um angemessen handeln zu können und in keine der zahlreichen Fallen zu tappen. Und es geht darum, möglichst selten so zu reagieren, dass problematisches Verhalten ausgelöst wird. Auch bei den Kindern, die keine oder wenige Auffälligkeiten zeigen, sollten Sie präventiv handeln und mögliche Traumata im Blick behalten, um dem Kind durch kompetentes und behutsames Vorgehen heilsame neue Erfahrungen zu ermöglichen. Eltern von Adoptiv- und Pflegekindern sollten darüber hinaus bereit sein, sich zu verändern und als Familie zu wachsen. Das braucht Offenheit für Neues, Flexibilität und Knowhow, aber auch die Fähigkeit zur Selbstreflexion – also eine ehrliche Auseinandersetzung mit Fragen wie: *Was bedeutet das Kind in meinem Leben? Wie offen bin ich für dieses Kind? Inwieweit bin ich bereit, mich auch mit mir und meinen Mustern auseinanderzusetzen und mich weiterzuentwickeln?* Und bei unerfülltem Kinderwunsch: *Wie weit bin ich in meinem inneren Prozess, Abschied von einem leiblichen Kind zu nehmen?*

Bestenfalls sind Sie als Adoptiv- und Pflegeeltern die liebevollen, verlässlichen Bezugspersonen, die Bedürfnisse erfüllen, die dem Entwicklungsstand des Kindes entsprechen und somit heilend wirken können. Deshalb: Werden Sie Experten für Ihr Kind. Es lohnt sich, Bücher zum Thema Adoption oder Pflege zu lesen, Fortbildungen zu besuchen und sich mit anderen Adoptiv- und Pflegeeltern auszutauschen. Entwickeln Sie eine eigene Haltung zu Ihrem Kind und lassen Sie sich dabei nicht von selbsternannten »Profis« verunsichern. Denn

Adoptiv- und Pflegekinder »funktionieren« zum Teil ganz anders als leibliche Kinder und brauchen oft einen anderen Umgang.

Eine Adoptivmutter berichtete von ihren Erfahrungen in einer Mutter-Kind-Kurklinik mit ihrem vierjährigen Adoptivsohn. Juan wollte sich nicht von ihr trennen, um an einer Spielgruppe teilzunehmen. Er kämpfte mit allen Mitteln dagegen an. Das Personal versuchte, sie zu überzeugen, dass das bewährte Vorgehen der Klinik, nämlich auf dieses »Gequängel« keine Rücksicht zu nehmen und das Kind trotzdem in die Betreuung zu geben, das Richtige und sehr erfolgreich sei. Zum Glück ließ die Mutter sich von dieser »Expertise« nicht beeindrucken und behielt Juan bei sich.

In diesem Beispiel wird deutlich, wie wichtig es ist, sich zur eigenen Expertin für sein Kind zu machen. Adoptiv- und Pflegeeltern können in der Regel sehr gut beurteilen, was es gerade braucht. Unter Umständen können sie dies sogar besser einschätzen als Pädagogen, Ärztinnen oder Erzieher. Eine Trennung von der Mutter in dieser konkreten Situation kann für ein Adoptiv- oder Pflegekind aufgrund seiner biografischen Erfahrung sehr bedrohlich sein und manchmal sogar retraumatisierend wirken. Deshalb war es so wichtig für Juan, dass seine Mutter ihrem Gefühl nachging und ihn bei sich behielt. Der Unterschied von Adoptiv- und Pflegekindern zu leiblichen Kindern wurde in dieser Situation von dem Personal leider übersehen. Gerade bei starken Bedenken, etwas umzusetzen, was Fachleute raten, ist es wichtig, die eigenen Gedanken und Gefühle ernst zu nehmen und nicht vorschnell zu handeln. Standardratschläge sind für die betroffenen Eltern nicht immer hilfreich. Manchmal ist es schwer, mutig zu sein, auf das innere Gefühl zu horchen und sich nicht verunsichern zu lassen. Genau in solchen Situationen liegt eine große Chance: Das Kind kann dadurch die Erfahrung machen, dass da jemand ist, der genau schaut, was es braucht und sich wie eine Löwenmutter oder ein Löwenvater für seine Bedürfnisse einsetzt.

Die Aufgabe, Experte für Ihr Kind zu werden, kann keiner so gut übernehmen wie Sie selbst. Es ist so wertvoll, als Eltern möglichst viel Zeit mit dem Kind zu verbringen, denn es gibt einiges nachzuholen. Das braucht manchmal sehr viel Zeit und Geduld, sehr viel Energie und Einsatz. Die Ernte bei aufgegangener Saat ist dafür allerdings umso beglückender.

Ich werde Ihnen im Folgenden eine kurze Zusammenfassung zum Thema Trauma und seinen Folgen geben. Ich werde mich dabei auf die Grundlagen beschränken, um die Theorie anschließend in das anschauliche Modell des Inneren Teams nach Schulz von Thun zu übersetzen. Dieses Modell hilft, die innere Dynamik des Kindes aufgrund des erlebten Traumas zu verdeutlichen. Es zeigt, dass das Kind – gerade wenn wir es als »schwierig« erleben – oft aus einer Not heraus handelt und nicht anders kann. Es stecken keinerlei Absicht oder gar Bosheit in seinem Verhalten. Viel mehr kennt es keine Alternativen. Über das Verständnis für und den klaren Blick auf seine inneren Dynamiken lassen sich neue hilfreiche und erfolgreiche Wege für den Umgang mit dem Kind finden.

1.2 Traumatisierung bei Adoptiv- und Pflegekindern

Die Situation von adoptierten Kindern unterscheidet sich in mehrfacher Hinsicht von der von Pflegekindern. So sind zum Beispiel Adoptivkinder im Verhältnis zu ihren Adoptiveltern auf der rechtlichen Ebene gleichgestellt mit leiblichen Kindern und deren Verhältnis zu ihren biologischen Eltern. Adoptiveltern haben sämtliche Rechte und Pflichten gegenüber dem Kind, das außerdem den Familiennamen und die Staatsangehörigkeit seiner neuen Eltern erhält.

Pflegekinder hingegen bleiben rechtlich betrachtet alleinige Kinder ihrer leiblichen Eltern. Es kann unterschiedlich geregelt sein, wer für das Pflegekind das Sorgerecht hat: Ein ehrenamtlicher Vormund, ein Amtsvormund vom Jugendamt oder es verbleibt für einige Bereiche bei den leiblichen Eltern. Auch die Pflegeltern können unter bestimmten Voraussetzungen das Sorgerecht für das ihnen anvertraute Pflegekind übernehmen. Darüber hinaus bekommen sie den notwendigen Unterhalt. Ein weiterer wichtiger Unterschied zur Adoption ist das Umgangsrecht der Herkunftseltern im Pflegeverhältnis. Es soll zum Wohl des Kindes ausgeübt werden, in der Praxis führt es aber immer wieder zu Problemen in Pflegefamilien.

Trotz dieser zum Teil beträchtlichen Unterschiede haben Adoptiv- und Pflegekinder etwas gemeinsam: Den schwierigen Start ins Leben. Vielleicht war das Kind schon im Mutterleib nicht gewollt oder die Mutter während der Schwangerschaft Gewalt ausgesetzt, vielleicht hat das Neugeborene nicht die Versorgung mit Liebe und Nahrung bekommen, das es gebraucht hätte oder war das Kind eventuell Opfer von Gewalt, Vernachlässigung, Missbrauch?

Was genau ist eigentlich ein Trauma?

Ein Trauma ist mehr als eine verletzende Erfahrung, die uns allen ab und zu in unserem Leben widerfährt, ohne dass dies größere Folgen für unser weiteres Leben hätte. So werden wir vielleicht von unserem Vorgesetzen in ungerechtfertigter Weise gemaßregelt oder bekommen in einem Konflikt mit unserem Partner sehr verletzende Vorwürfe zu hören. Diese Dinge können für uns unangenehm und schmerzhaft sein und wir reagieren innerlich womöglich wütend, traurig oder beleidigt. Aber wir haben die Möglichkeit, damit mehr oder weniger gut umzugehen. Wir können uns die Situation jederzeit wieder ins Gedächtnis rufen, Strategien überlegen oder einen vertrauten Menschen um Rat fragen.

Dies alles kann man nach einem Trauma nicht! Eine traumatische Situation wird subjektiv als extrem angsterregend, qualvoll oder lebensbedrohlich erlebt. Man kann ihr weder aus eigener Kraft entfliehen noch etwas anderes tun. Es entstehen Hilflosigkeit und Ohnmacht. Die Bedrohung wird mit überwältigenden Ängsten vor Vernichtung erlebt und es gibt niemanden, der einem helfen kann. Wird diese Situation als dermaßen übermächtig erlebt und fehlt eine tröstende Beziehung, dann kann es zu einem Punkt kommen, an dem die Eindrücke für die betroffene Person seelisch nicht mehr zu verarbeiten sind. Die Situation ist zu viel, zu schlimm, zu beängstigend, zu bedrohlich und die damit einhergehenden Gefühle sind zu mächtig, um sie auszuhalten.

Die Folgen eines solchen Erlebens sind nicht für alle Menschen gleich – eine traumatische Situation muss nicht automatisch traumatisierend wirken. Ob die Eindrücke verarbeitet werden können, hängt unter anderem davon ab, welche seelische Struktur ein Mensch mitbringt und wie lange er dieser Situation ausgesetzt war, inwieweit er danach Sicherheit und Trost erfährt und ob zeitnah erneut eine stark belastende Situation auftritt. Im schlimmsten Fall entwickelt der Mensch eine Traumafolgestörung.

Nach Arnim Westermann (2015) ist »ein kleines Kind, das noch nicht über eine Zeitperspektive verfügt und das von den Eltern stundenlang allein gelassen wird, [...] seinen Erregungen durch Hunger und Einsamkeit hilflos ausgeliefert.« Es schreit, wird nicht gehört und ist verzweifelt. Für das Kind ist diese ausweglose Situation gleichbedeutend mit einer existentiellen Bedrohung (S. 35). Auch ist ein Kind, das von seinen Eltern verprügelt wird, »seinen Ängsten und Ohnmachtsgefühlen schutzlos ausgeliefert« (S. 36). Eine drohende Vernichtung, bei der das Kind niemanden hat, zu dem es fliehen kann: Ein Säugling, der geschüttelt wird, damit er endlich ruhig ist. Ein Kleinkind, das nicht gewickelt wird, sodass alles wund ist, es vor Schmerzen weint und dafür angebrüllt wird. Ein Kind, das zur Strafe mehrere Tage in einem dunklen Raum verbringen muss oder auf dessen Haut der Vater die Zigarette ausdrückt. All diese Kinder bleiben ohne Trost im Schrecken gefangen und entwickeln Symptome einer Traumafolgestörung.

Laut Jörg Fegert (2015) führt die aus dem Kontext herausgelöste Betrachtung von früh entwickelten Traumata zu Verwirrungen, »weil Kombinationen von

Belastungen die Regel und nicht die Ausnahme darstellen« (S. 26). Unter anderem bei Sorgerechtsentscheidungen würden »bestimmte herausragende Misshandlungen oder Missbrauchsereignisse wie einmalige Übertretungen behandelt,« während man »in der entwicklungspsychopathologischen Realität davon ausgehen [muss], dass in der Regel nur die Spitze eines Eisbergs justitiabel wird und dass eine Fülle von Belastungen unter der Oberfläche verborgen bleibt« (S. 26). So wurden Mädchen, die sexuellem Missbrauch ausgesetzt waren, zu einem früheren Zeitpunkt oft auch schon körperlich misshandelt. Fegert zufolge liegt der Fokus oft auf sexuellem Missbrauch und körperlicher Gewalt, wohingegen die weniger offensichtlichen Folgen einer dauerhaften Vernachlässigung häufig in den Hintergrund geraten. Hinzu kommt, dass die Kriterien zur »Einschätzung der Gefährdung der kindlichen Lebensumstände« nicht klar formuliert sind, sodass die Kinder schon früh im Leben eine Reihe von »Beziehungsabbrüchen« erleben. Als Betroffene wechseln sie »von vernachlässigenden Milieus in versorgende, kehren in die Herkunftsfamilien zurück, bedürfen stationärer Behandlung, um dann wieder in institutionellen Zusammenhängen oder schließlich in Pflegefamilien behandelt zu werden (S. 20). Die aktuelle Hirnforschung bestätigt, dass »eine schwierige Kindheit bereits vor der Geburt beginnen [kann]« (Strüber, 2019, S. 133). Ist eine werdende Mutter extremen Belastungen ausgesetzt, zum Beispiel durch Vergewaltigung, ungewollte Schwangerschaft, misslungene Abtreibungsversuche oder Gewalt, hat dies mitunter nicht nur körperliche Folgen, sondern auch psychische. Diese können wiederum die Persönlichkeit des Kindes beeinflussen (Strüber, 2019).

Traumatische Erfahrungen lassen sich mithilfe der folgenden Merkmale bestimmen:

»Es handelt sich um eine einmalige oder fortdauernde Erfahrung,
- die zu einer psychischen Verletzung führt,
- die für das Kind überwältigend und mit seinen psychischen und physischen Möglichkeiten nicht kontrollierbar ist,
- die Todesangst und Angst vor Vernichtung des physischen oder psychischen Selbst auslöst,
- und bei der das Kind in der Situation auf niemanden zurückgreifen kann, bei dem es Schutz oder Hilfe erfährt« (Scheuerer-Englisch, 2015, S. 67).

Hermann Scheuerer-Englisch führt weiter aus, dass Kinder, die von der Jugendhilfe betreut werden, überwiegend schon traumatische Erfahrungen innerhalb ihrer Familien gemacht haben. Damit sind keine singulären Ereignisse gemeint, sondern wiederkehrende Belastungen, die länger andauern und das Verhältnis des Kindes zu seinen wichtigsten Bezugspersonen nachhaltig beeinträchtigen (Scheuerer-Englisch, 2015).

»Folgende Erfahrungen können nach Vorliegen der genannten Definitionsmerkmale traumatische Erfahrungen sein:
- Kindesmisshandlung durch verbale oder physische Attacken
- Sexueller Kindesmissbrauch
- Extreme Verwahrlosung und emotionale Vernachlässigung oder Zurückweisung
- Traumatische Trennungen und der Verlust von Bindungspersonen, traumatische Konflikte der Eltern (tätliche Auseinandersetzungen und Bedrohungen im Beisein des Kindes)
- Überwältigende Einzelerfahrungen, die dem Kind selbst oder einer nahe stehenden Person widerfahren (Unfall, Überfall, Suizid, Mord)
- Narzisstische Ausbeutung des Kindes in extremen Formen
- Psychische Erkrankung wichtiger Bezugspersonen, wodurch die wesentlichen Elternfunktionen von Schutz und Unterstützung für das Kind nicht gelingen« (Scheuerer-Englisch, 2015, S. 68).

Wie wirkt sich eine Traumatisierung aus?

Nach einer Traumatisierung haben die Betroffenen mit den unerträglichen Eindrücken und Erinnerungen an die schrecklichen Erlebnisse zu tun. Diese Erinnerungen sind tief in ihnen verankert. Haben Kinder traumatisierende Erlebnisse mit engen Bezugspersonen gemacht, ist ihre Entwicklung besonders gefährdet. Denn sind Eltern »nicht die Quelle von Sicherheit und Vertrauen, sondern entweder selber Auslöser von Furcht, Horror, Hilflosigkeit, Bedrohung oder Überforderung […], oder für das Kind nicht als Bezugsperson[en] verfügbar […]«, kann es bei niemandem Zuflucht suchen, um das traumatische Erlebte zu verarbeiten (Scheuerer-Englisch, 2015, S. 73). Den betroffenen Kindern bleibt dadurch nichts anderes übrig, als »sich an eine nicht veränderbare, in höchstem Maße bedrohliche Beziehungswelt anzupassen, die eigenen überwältigenden Gefühlsreaktionen (Todesangst, Hilflosigkeit) zu kontrollieren und sich trotzdem auf die Personen, die es misshandeln, bedrohen oder vernachlässigen zu ›beziehen‹« (S. 73). Für das Kind bedeutet das eine innere Katastrophe. Sein Vertrauen in die Eltern geht verloren und es fühlt sich in ihrer Gegenwart nicht mehr geschützt (Niestroj, 2014). Die Überzeugung, dass Familie kein sicherer Ort ist und dass man von Eltern Schlimmes erwarten muss, wird zu einer inneren Grundüberzeugung des Kindes, die es später wiederum auf die Adoptiv- oder Pflegeeltern überträgt. Negative Beziehungserlebnisse lassen sich durch positive Beziehungserlebnisse reparieren, »aber es erfordert große Anstrengungen und verantwortlichen Einsatz, einem einmal oder fortdauernd gebrannten Kind zu zeigen, dass Feuer auch wärmen kann« (Scheuerer-Englisch, 2015, S. 82).

Bei einer Traumatisierung sind die Eindrücke, Erinnerungen und damit einhergehenden Gefühle nicht aushaltbar, unerträglich und angstbeladen. Damit sie nicht mehr gespürt werden, wird versucht, sie verschwinden zu lassen. Und das mit hoher Dringlichkeit. Anders als bei einer seelischen Verletzung, bei der dies durch bewusste Verarbeitung passiert, lässt sich ein Trauma nur bewältigen, indem das nicht zu verarbeitende Erlebnis mit all seinen Erinnerungen und den damit verbundenen Gefühlen völlig vom Bewusstsein abgetrennt wird. Natürlich ist es dadurch nicht weg, es ist ganz tief im Inneren versteckt und derart eingesperrt, dass es keinen bewussten Zugang mehr dazu gibt. Leider ist dadurch aber auch die Möglichkeit versperrt, die traumatischen Erfahrungen zu verarbeiten. Diese überlebenswichtige Strategie des Abtrennens vom Bewusstsein funktioniert auf Dauer nicht zuverlässig. Die Erlebnisse wollen verarbeitet werden und versuchen immer wieder, an die Oberfläche zu drängen. Das unkontrollierbare Drängen ins Bewusstsein wird von den Betroffenen als bedrohlich, zum Teil sogar lebensbedrohlich empfunden. Und so müssen die aufsteigenden Gefühle wieder und wieder abgewehrt werden, was unendlich anstrengend ist und sehr viel seelische Energie bindet, die der betroffenen Person dann in anderen Bereichen fehlt. Zu den äußerlich sichtbaren Folgen dieser innerlichen und seelischen Hochleistungsarbeit gehören zum Beispiel Schwierigkeiten beim Ein- und Durchschlafen, Konzentrationsschwierigkeiten, körperliche Unruhe oder starke innere Anspannung, fehlende Kontrolle über Gefühle oder Ausraster, Blitzerinnerungen, Alpträume, Vermeidungsverhalten oder tiefe Abwesenheitszustände (Krüger, 2013, S. 32).

In der aktuell gültigen Fassung der Internationalen Klassifikation der Krankheiten (ICD-10) bzw. im diagnostischen und statistischen Leitfaden psychischer Störungen (DSM-5) werden als typische traumaspezifische Symptome beschrieben:

- »Kontrollverluste […];
- Vermeidung von Gedanken, Gefühlen, Aktivitäten und Situationen, die Erinnerungen an das Trauma wachrufen könnten;
- Starkes Träumen oder Albträume sowie vielfältige Schlafstörungen;
- Anhaltende Symptome einer erhöhten psychischen Sensitivität;

- Zustand von vegetativer Übererregtheit mit erhöhter Wachsamkeit und einer übermäßigen Schreckhaftigkeit (Hypervigilanz);
- Konzentrationsmangel und Ablenkbarkeit;
- Negative Gefühle wie Angst, Depression, Scham, Schuld, Entfremdung gegenüber anderen, andauerndes Gefühl von Betäubtsein, emotionale Stumpfheit, Gleichgültigkeit gegenüber anderen Menschen, Teilnahmslosigkeit der Umgebung gegenüber;
- Selbstverletzende, selbstzerstörerische oder waghalsige Verhaltensweisen;
- Suizidgedanken;
- Störungen des Sozialverhaltens, insbesondere Aggressivität oder Rückzug« (Baierl, 2016a, S. 25).

Trauma im Körper

Eine Traumatisierung hat eine tiefgreifende Wirkung. Sie »lässt sich nicht nur anhand einer dauerhaften Veränderung der inneren Dynamik, sondern auch auf biologischer und neurobiologischer Ebene nachweisen« (Kumbier, 2013, S. 41). Der Biologe, Physiker und Psychologe Peter A. Levine (2005) ist davon überzeugt, dass »die Grundlage eines Traumas in erster Linie physiologischer und nicht so sehr psychologischer Natur« ist (S. 22). In einer traumatischen Situation wird der Körper auf Flucht oder Kampf vorbereitet, das gesamte Energiesystem ist hochgefahren. Da die traumatische Situation aber gerade dadurch gekennzeichnet ist, dass selbst Flucht oder Kampf nicht mehr nützen, schaltet der Körper in einen Erstarrungsmodus. Während dieser »Erstarrungsreaktion« ist er zwar scheinbar passiv, »die physiologischen Mechanismen, die den Körper auf Flucht oder Kampf vorbereiten sollten, [sind jedoch] noch voll aufgeladen« (S. 24). Levine hat festgestellt, dass es für die Vermeidung einer Traumatisierung entscheidend ist, dass der Überschuss an Energie vollständig im System verbraucht wird. »Energie, die nicht vollständig entladen wurde, verschwindet nicht einfach; sie bleibt im Körper eingeschlossen und schafft das Potential für traumatische Symptome« (S. 24). Selbst wenn die bewusste Erinnerung an das Trauma nicht zugänglich ist, reagiert der Körper auf damit verbundene Auslösereize mit einer psychologischen Alarmreaktion.

Wie können Adoptiv- und Pflegeeltern helfen?

An dieser Stelle fragt man sich, wie es manche Kinder schaffen, ihr Leben trotz erschwerter Bedingungen zu meistern. Suchen sie zur Verdrängung der traumatischen Erlebnisse eine oder mehrere Verhaltensweisen, die gesellschaftlich akzeptiert sind, so können sie trotz innerlich größter Kraftanstrengung äußerlich ganz unauffällig sein. Die Resilienzforschung beschäftigt sich mit dem Phänomen, dass sich einige Menschen von schweren psychologischen oder körperlichen Belastungen gut erholen und psychisch gesund bleiben. In diversen Studien wurden Faktoren beim Kind gefunden, die es schützen und somit eine gesteigerte Resilienz bewirken. Dazu gehören: Ein zuversichtliches Naturell, hohe Intelligenz und ein positives Selbstbild (Wiemann, 2007).

Ein zuversichtliches Naturell und hohe Intelligenz sind natürliche Eigenschaften, die das Kind mitbringt. Das positive Selbstbild hingegen ist ein Faktor, den wir als Eltern sehr gut beeinflussen können! Dazu kommen wir später noch ausführlich (siehe Abschnitt 1.6 »Heilsamer Umgang mit den inneren Teammitgliedern des Kindes« und Abschnitt 3.1 »Das Kommunikationsquadrat«). Laut Irmela Wiemann (2007) zählen »günstige familiäre Lebensverhältnisse, Vorhandensein einer Vertrauensperson (Erfahrungen von sicherer Bindung) und gute externale Unterstützungssysteme« zu den »sozialen Ressourcen« von Kindern (S. 1). Diese brauchen Liebe und eine stressarme Kindheit. Sie sind auf zugewandte und verfügbare Bindungspersonen angewiesen, die zuverlässig ihre Bedürfnisse erkennen und feinfühlig auf ihre Gefühle eingehen, diese spiegeln und Trost spenden (Strüber, 2019). Gute Systeme der Unterstützung sind zum Beispiel liebevolle und verständnisvolle Großeltern, Adoptiv- und Pflegeelterngruppen, Paten und Freunde oder auch regionale Stiftungen, die sich zum Wohl von Adoptiv- und Pflegekindern engagieren. Die sozialen Ressourcen sind glücklicherweise allesamt Faktoren, die wir als Adoptiv- und Pflegeltern sehr gut mitgestalten können und deswegen unbedingt nutzen sollten.

Abschließend lässt sich sagen, dass davon auszugehen ist, dass viele Adoptiv- und Pflegekinder traumatischen Erfahrungen ausgesetzt waren. Einige dieser Kinder schaffen es dennoch, zufrieden und glücklich ihren Alltag zu verbringen. Man merkt ihnen ihr schweres Schicksal kaum an (Strüber, 2019). Für andere jedoch hat dies weitreichende Folgen. Durch erlebte Traumata entsteht bei ihnen eine besondere innere Dynamik, die sie »anders« macht als leibliche Kinder. Gerade Adoptiv- und Pflegeeltern werden diese spüren, weswegen es gut ist, sie zu kennen. Nur so ist es möglich, ein einfühlsames Verständnis für die Gefühlswelt des Kindes zu entwickeln. Und einfühlsames Verständnis ist genau das, was Eltern im Umgang mit Adoptiv- und Pflegekindern brauchen. Die besondere Dynamik im Inneren eines traumatisierten Adoptiv- oder Pflegekindes werde ich im Folgenden mithilfe des Modells des Inneren Teams veranschaulichen.

1.3 Einführung in das Modell des Inneren Teams

Das Modell des Inneren Teams (Schulz von Thun, 1998) eignet sich in besonderer Weise dafür, die Bedeutung einer Traumatisierung für das weitere Leben eines Kindes und vor allem seine Reaktionen auf die Umwelt anschaulich, prägnant und lebendig darzustellen.

Wir sehen oftmals zunächst nur die äußeren Reaktionen des Adoptiv- oder Pflegekindes. Sind diese unangepasst und anders als normalerweise zu erwarten, erscheinen sie uns häufig als nicht nachvollziehbar. Vielleicht fühlen wir uns sogar durch das als unangemessen wahrgenommene Verhalten verletzt, hilflos oder wütend. Besonders schwierig auszuhalten ist es, wenn wir es doch so gut mit dem Kind gemeint, uns so engagiert haben und dann reagiert es »trotzdem« so unpassend. Gerade in diesen Situationen ist es wichtig, die innere Dynamik des Kindes zu verstehen. Durch dieses Verstehen aus der Perspektive des Kindes heraus kann das äußere Verhalten auf einmal sinnvoll und schlüssig erscheinen – auch wenn die Umwelt es immer noch als unpassend empfindet. Und dies wiederum hilft dabei, uns von unserer eigenen Verletzung, Enttäuschung oder Wut zu distanzieren und stattdessen zu sehen, dass sich das Kind in Not befindet. Es hilft uns zu verstehen, dass das Verhalten des Kindes nicht bösartig ist und absichtlich geschieht, sondern es für diesen kleinen Menschen gerade keinen anderen Ausweg gibt. Genau das gibt uns wiederum die Freiheit und mehr Gelassenheit, angemessen auf das Verhalten des Kindes zu reagieren und das Kind mit vollem Herzen dabei zu unterstützen, sich neue Handlungsmöglichkeiten zu erobern.

Die Grundidee der Arbeit mit dem Modell des Inneren Teams ist, dass die Persönlichkeit des Menschen nicht einheitlich funktioniert, sondern sich aus verschiedenen Teilpersönlichkeiten zusammensetzt und somit vielfältig ist. Diese Teilpersönlichkeiten werden auch »innere Teammitglieder« genannt. Neben diesem Modell haben sich in den letzten zwanzig Jahren verschiedene therapeutische Schulen mit ähnlichen Ansätzen entwickelt (siehe Schwartz, 1995; Reddemann, 2011; Kumbier, 2013). Seit unserer Diplomarbeit zum Modell des Inneren Teams (Lohse u. Bossemeyer, 1995) habe ich es in meiner beruflichen Praxis als Kommunikationspsychologin auf vielfältige Weise eingesetzt. Besonders schätze ich daran seine Anschaulichkeit. Komplexe psychische Prozesse werden auch für psychologische Laien eindrücklich und verständlich erklärt. Durch die Erkenntnisse und das Verstehen von inneren Prozessen werden die Betroffenen wieder handlungsfähig. Sie bleiben nicht mehr Opfer ihrer psychischen Dynamik, sondern lernen, das Zepter selbst in die Hand zu nehmen und können sich dadurch verändern.

Innere Pluralität ist besonders in schwierigen Situationen der Normalfall. Der Mensch ist mit sich selbst nicht immer im Reinen. Gerade für Zustände innerer Unruhe, Ambivalenz oder Zerissenheit ist das Modell des Inneren Teams ein hilfreiches Handwerkszeug. Es nimmt »das Miteinander, Gegeneinander und Nebeneinander innerer ›Mitspieler‹ in Augenschein und deutet es kommunikationspsychologisch: Welche ›Botschaft‹ steckt in den Mitspielern, welches Anliegen verfolgen sie, und wie gehen sie (im inneren Selbstgespräch des Menschen und in seinen inneren Machtkämpfen) miteinander um (Schulz von Thun, Zach und Zoller, 2012, S. 94)? Die inneren Teammitglieder werden als autonome Personen gesehen und behandelt. Sie haben jeweils einen spezifischen Charakter, individuelle Gefühle und Bedürfnisse, eine eigene Geschichte sowie Ziele und Werte. Trotz dieser inneren Vielfalt sagt ein psychisch gesunder Mensch »Ich« und nicht »Wir«. Das macht deutlich, dass es eine Instanz zu geben scheint, die über den inneren Teilen steht, diese zusammenhält, im Idealfall führt und moderiert. Nach dem Modell des Inneren Teams nennen wir diese Instanz das »Oberhaupt«.

Ein kleines Beispiel aus dem Alltag zeigt die Ambivalenz zwischen zwei inneren Teammitgliedern: Wenn mein Sohn mich kurz vor dem Abendessen mit seinem schönsten Augenaufschlag und Lächeln fragt, ob er noch etwas Süßes haben kann, bin ich womöglich hin- und hergerissen. Einerseits denke ich: »Ja, geht klar! Ausnahmsweise! Du hast ja so lieb gefragt«, aber andererseits auch: »Oh nein! Es ist viel zu spät! Es gibt doch gleich Abendessen und dann hast du keinen Appetit mehr.«

Solange ich mich innerlich nicht geklärt habe, kann ich auch mit meinem Kind nicht klar kommunizieren. Das Innere Team kann dabei helfen, zu erforschen, welches der Teammitglieder eigentlich gerade bei der Entscheidung mitmischt. Da gibt es vielleicht eine um-den-Finger-Gewickelte, die förmlich dahinschmilzt bei dieser charmanten Frage und dem äußerst niedlichen Augenaufschlag. Deren großes Herz auch gerne mal Fünfe gerade sein lässt und findet: »Er hat so nett gefragt, das kann doch gerne mal belohnt werden. Das hebt die Stimmung und es bricht mir doch damit kein Zacken aus der Krone!« Und dann gibt es vielleicht noch die konsequent Prinzipientreue, deren Lebensmotto ist: »Vor dem Essen wird nicht genascht! Und außerdem: Bloß keine Ausnahmen machen, wo kommen wir denn da hin? Es gibt sinnvolle Abläufe, die müssen eingehalten werden«.

Wenn diese beiden Teammitglieder gleichzeitig in mir auftauchen und dann auch noch gleich laut sind, können sie sich so in mir verstricken, dass ich völlig entscheidungsunfähig bin. Aus mir heraus kommt dann vielleicht ein: »Mmmmhhhppff! Ääähhhh … Ich weiß nicht … Vielleicht später … Oder nicht?«, sodass das Kind keine klare Antwort bekommt, sondern sich eher eingeladen fühlt, noch einmal nachzuhaken. Vielleicht entscheide ich mich aber auch für die eine Möglichkeit, zum Beispiel Süßigkeiten herauszugeben. Dann allerdings kann es passieren, dass sich die konsequent Prinzipientreue während des Abendessens mit aller Vehemenz meldet. Wenn mein Sohn dann nämlich wie vorhergesehen keinen Hunger mehr hat, besteht die Gefahr, dass die Prinzipientreue lospoltert: »Das habe ich doch gleich gesagt! Jetzt hast du keinen Hunger mehr und hast nur ungesunde Sachen gegessen!« Oder umgekehrt: Die Prinzipientreue setzt sich durch und verbietet die Süßigkeit. Damit ist die schöne Stimmung dahin und es gibt ein riesiges Gequengel. Die schlechte Laune zieht sich vom Abendessen bis zum Einschlafen meines Sohnes durch und ich sitze abends ebenfalls schlecht gelaunt und völlig erledigt auf dem Sofa. Da meldet sich die um-den-Finger-Gewickelte und sagt: »Das hast du nun davon, dass du immer so eine Prinzipienreiterin bist. Wir hätten es so schön haben können. Dieses blöde Durchsetzen hat uns den ganzen Abend verdorben! Selbst schuld!«

So etwas passiert häufig – man ist sich unsicher und dadurch entweder völlig blockiert oder entscheidet sich irgendwie. Anschließend wundert man sich dann, dass man schlechte Laune hat und nicht zu der Entscheidung stehen kann.

Die Chance dieses Modells liegt darin, dass wir es nutzen können, um uns selbst besser zu verstehen im Sinne von: »Ah, ja! Da gibt es also diese zwei Teile in mir, die unterschiedliche Meinungen vertreten, deshalb kann ich mich nicht entscheiden.« Nach dieser Erkenntnis kann man an einer Entscheidung arbeiten, die für beide Teile tragfähig ist. Das funktioniert nicht unmittelbar. Aber gerade für immer wiederkehrende ähnliche Situationen lohnt es sich, mithilfe des Inneren Teams Regungen und Strebungen anzuschauen, um für die Zukunft besser aufgestellt zu sein. Wenn ich eine Haltung gefunden habe, die von beiden Teammitgliedern getragen wird, kann ich diese meinem Sohn gegenüber klar vertreten. Eine entsprechende Lösung könnte zum Beispiel so aussehen: »In zehn Minuten gibt es schon Abendbrot und ich möchte nicht, dass du dir vorher den Bauch mit Süßigkeiten vollschlägst. Aber ich mache dir eine Schale mit Gummibärchen fertig. Du darfst dir ausnahmsweise schon einmal drei nehmen und den Rest nach dem Abendbrot essen, okay?« Es kann natürlich sein, dass mein Sohn auch mit dieser Lösung nicht einverstanden ist und mault. Trotzdem ist etwas Entscheidendes passiert: Ich habe eine klare Haltung eingenommen, die zu mir und meiner Ambivalenz passt. Allein dadurch, dass ich diese klar nach außen vertrete, hat die Ansprache viel mehr Kraft und die Wahrscheinlichkeit, dass ich mit meinem Sohn eine gute Lösung finde, ist deutlich höher.

Bisher hatten wir es nur mit zwei Mitgliedern des Inneren Teams zu tun. Häufig ist die Reaktion auf eine Situation aber deutlich komplexer und es zeigen sich mehr als zwei Teammitglieder, die ein Mitspracherecht einfordern. Es ist hilfreich, erst einmal zu verstehen, wer da gerade in einem aktiv ist, diesen Persönlichkeiten einen passenden Namen zu geben und zu hören, was sie zu dem Thema zu sagen haben. Weiterhin lohnt es sich, diese Akteure genauer kennenzulernen, ihr individuelles Bedürfnis sowie eventuelle Befürchtungen zu verstehen. Und besonders erhellend ist es, zu beobachten, wie die inneren Anteile aufeinander reagieren, das heißt, die Dynamik, die zwischen den Teilen besteht, nachzuvollziehen.

Dies sollte als kurze Einführung in das Modell des Inneren Teams zunächst reichen. Nun kommen wir zur Anwendung in der Praxis. Als ich anfing, mit der Brille des Inneren Teams auf die speziellen Herausforderungen von Adoptiv- und Pflegeeltern zu schauen, stellte ich fest, dass es tatsächlich typische innere Teammitglieder bei traumatisierten Kindern zu geben scheint. Ist man diesen erst einmal auf die Spur gekommen, machen sie plötzlich sehr deutlich, warum die betroffenen Kinder sich anders verhalten als leibliche, nicht traumatisierte. Natürlich sind alle Kinder einmalig und jedes für sich ist besonders! Auch die Hintergründe von Adoptiv- und Pflegekindern sind sehr individuell. Trotzdem habe ich versucht, die typischen Teammitglieder herauszuarbeiten – ohne Anspruch auf Vollständigkeit und mit großer Neugier und Offenheit für Ergänzungen. Bleiben Sie also auch neugierig und schauen Sie, wer Ihnen in Ihrem Kind vielleicht noch begegnet.

1.4 Das typische Innere Team von Adoptiv- und Pflegekindern

Im Folgenden werde ich innere Teammitglieder beschreiben, die typisch für Adoptiv- und Pflegekinder sind und Ihnen als Eltern das Leben schwer machen können. Das Modell des Inneren Teams ist nämlich ein phänomenologisches und somit gut für die Beschreibung von sichtbaren Phänomenen geeignet. Auch meine Erfahrungen sind Beobachtungen dessen, was ich bei unserem Sohn und vielen anderen Adoptiv- und Pflegekindern im Freundeskreis sowie in entsprechenden Netzwerken erlebt und gehört habe. Gleichzeitig haben mich Fachliteratur und Vorträge in meinen Vermutungen bestätigt. Aufgrund des unterschiedlichen Alters und der Schwere der Traumatisierung finden sich bei den Kindern natürlich unterschiedliche Erscheinungsformen und Ausprägungen der beschriebenen Teammitglieder. Trotzdem ist deren Grundqualität deutlich sichtbar und wiederkehrend. Viele der beschriebenen Besonderheiten im Umgang mit Adoptiv- und Pflegekindern lassen sich mit denen von mir gefundenen Teammitgliedern erklären – darüber hinaus gibt es im Leben Ihres Kindes aber noch weitere. Das ist völlig individuell. Vielleicht gibt es einen Clown, einen Schelm oder einen Kuschelbären, also Teammitglieder, die uns viel Freude bereiten, wenn sie äußerlich sichtbar werden. Ich habe lediglich die »schwierigen« Teammitglieder herausgearbeitet. Kennt man diese, kann man situativ besser mit ihnen umgehen und wird seltener überrumpelt.

Was Adoptiv- und Pflegekinder von Beziehungen erwarten, befürchten und wie sie in Beziehung gehen, ist laut Dagmar Kumbier (2013) geprägt von Erfahrungen, die sie früh in ihrem Leben mit wichtigen Bezugspersonen gemacht haben. Diese Erlebnisse »werden als grundlegende Beziehungsmuster verinnerlicht und bilden die Schablone dafür, wie [sie] später Menschen und Interaktionen wahrnehmen und interpretieren« (S. 84). Diese Muster bilden sich in den inneren Teammitgliedern des Kindes ab. So spricht man zum Beispiel von »Übertragung«, wenn ein Kind in seiner Wahrnehmung und seinem Verhalten anderen gegenüber stark unter dem Einfluss früherer Beziehungserfahrungen steht. Es überträgt ein altes Muster auf eine aktuelle Situation und folgt somit dem Drehbuch einer vergangenen prägenden Erfahrung. Dadurch nimmt es nur das wahr, was zu dem Drehbuch passt – alles andere gerät aus dem Blickfeld und wird neu interpretiert. Unweigerlich folgt auch sein Verhalten der alten Logik, denn das Kind hat damals bestimmte Teammitglieder entwickelt, die ihm geholfen haben, mit der Situation fertigzuwerden. Diese agieren im Hier und Jetzt immer noch so wie damals. Dadurch geraten Adoptiv- und Pflegeeltern in einen Sog, der sie in Rollen zwingt, die aus Sicht des Kindes noch nega-

tiv besetzt sind. Wenn Eltern dem Kind gegenüber zum Beispiel intensive Gefühle von Ablehnung oder Aggression spüren, dann ist es möglich, dass sie in das alte Drehbuch eingestiegen sind und die ihnen zugedachte Rolle ausfüllen: »In der psychodynamischen Theorie wird die emotionale Reaktion des Gegenübers auf das Übertragungsangebot ›Gegenübertragung‹ genannt. Eine starke Übertragungstendenz wirkt wie ein Käfig, der das Kind in einer alten leidvollen Erfahrungswelt einsperrt und dazu führt, dass es sich immer wieder bestätigt sieht« (Kumbier, 2013, S. 85). Wenn die neuen Eltern diese Mechanismen erkennen und verstehen, können sie sich besser davor schützen, in die Falle zu tappen und die ihnen zugedachte Rolle aus dem alten Drehbuch zu übernehmen. Durch Kenntnis der Teammitglieder des Kindes können sie ein neues Drehbuch schreiben und so zu einer positiven Entwicklung beitragen.

Falls Sie es selten oder nie mit »schwierigen« Teammitgliedern zu tun bekommen, ist das wunderbar. Ihr Kind hat scheinbar andere Strategien gefunden, seine Erfahrungen zu bewältigen. Freuen Sie sich und genießen Sie das Leben mit Ihrem Kind!

In der Abbildung auf Seite 32 bekommen Sie zunächst einen Überblick über alle typischen Teammitglieder von Adoptiv- und Pflegekindern. Im Anschluss werde ich jedes Mitglied einzeln erläutern und dessen jeweilige Bedeutung für das Kind und seine Umwelt herausarbeiten. Die Besonderheiten behalte ich dabei im Blick.

Das gebrannte Kind

Dieses Teammitglied, das gebrannte Kind, ist die zentrale Figur! Wenn Eltern zum Beispiel einen Säugling stundenlang allein lassen, ihn weder füttern noch wickeln und auch nicht auf sein hilfloses Weinen reagieren, dann kann er sich so ohnmächtig, ausgeliefert und von Angst überflutet fühlen, dass er in eine große innere Not gerät und sein Bewusstsein die Eindrücke nicht mehr verarbeiten kann. Es ist zu viel – es geht um Leben und Tod! Das Kind kann nichts tun, fühlt eine absolute Ohnmacht und ist allein. Niemand ist da, um zu helfen. Diese Gefühle sind überwältigend, sie sind größer als es für das Kind in dieser Situation verkraftbar ist. Und damit es diese unerträgliche Überflutung nicht mehr spüren muss, wird ein Teammitglied, das gebrannte Kind, mit all diesen Eindrücken, Erinnerungen und damit einhergehenden Gefühlen vom Bewusstsein abgespalten (vgl. Abschnitt 1.2). Es ist dadurch nicht weg, sondern nur ganz tief im Inneren versteckt und so eingesperrt, dass das Kind keinen bewussten Zugang mehr zu ihm hat. Trotzdem bestimmt dieses Mitglied zu einem großen Teil die gesamte innere Mannschaftsaufstellung. Es ist paradox, dass gerade das gebrannte Kind unsichtbar bleibt und trotzdem so einen Einfluss auf das gesamte System hat! Genau dieses Teammitglied muss man also unbedingt kennen, um das Kind heilsam und hilfreich begleiten zu können. Denn die meisten anderen Mitglieder des Inneren Teams orientieren sich an ihm und gruppieren sich um das gebrannte Kind herum. Man könnte das Zusammenspiel der Teammitglieder mit einem Schachspiel vergleichen, bei dem der König unsichtbar ist. Alle anderen Figuren orientieren sich am König, stellen sich auf bestimmte Positionen, um ihn gut zu schützen, denn sonst wäre das Spiel verloren. Wenn der König aber unerkennbar bleibt, macht das Verhalten der anderen Figuren für einen äußeren Betrachter zunächst keinen Sinn.

Die Strategie, das gebrannte Kind vom Bewusstsein abzuspalten und zu verbannen, funktioniert auf Dauer nicht. Es versucht immer wieder, sich ins Bewusstsein zu drängen. Dieses unkontrollierbare Drängen wird von der Gesamtperson als bedrohlich, zum Teil sogar als lebensbedrohlich erlebt. So muss das Teammitglied wieder und wieder weggesperrt werden – dieser Prozess ist unendlich anstrengend und bindet sehr viel körperliche und seelische Energie, die dem Kind dann nicht mehr für andere Dinge zur Verfügung stehen.

Wie wirkt sich das im Alltag aus? Unter einem Flashback, auch »Blitzerinnerung« oder »Blitzbild« genannt, wird nach Andreas Krüger (2013) verstanden, dass Betroffene »sich an eine traumatische Erfahrung anders erinner[n] als an andere schlimme oder auch schöne Dinge« (S. 33). Diese Erinnerungen kommen blitzartig und sind plötzlich da mit all dem Ballast aus der Vergangenheit. Das kann auch durch einen Albtraum passieren. Das Kind durchlebt in diesen Momenten wieder den traumatischen Stress von früher und hat einen Flashback. Die Erinnerung – manchmal tritt sie erst Jahre nach dem Ereignis auf – ist so traumatisch wie das Ereignis selbst. Ausgelöst werden Flashbacks meist durch sogenannte Trigger (Krüger, 2013). Das gebrannte Kind ist zwar tief im Inneren eingesperrt, kann aber trotzdem jederzeit reaktiviert werden. Das Wort »Trigger« kommt aus dem Englischen und heißt übersetzt »Auslöser« (Pschyrembel, 1994, S. 1566). Unter Triggern versteht man gegenwärtige Reize, die das Kind an vergangene furchtbare, lebensbedrohlich wirkende Situationen erinnern und zum Wiederbeleben der damit verbundenen Gefühle sowie eventuell weiterer Wahrnehmungen führen. Dafür reichen schon Kleinigkeiten aus: Zum Beispiel ein bestimmter Geruch, ein Geräusch oder andere Merkmale, die der traumatischen Situation ähnlich sind (Schroeder, 2016).

Mit dem Ziel, das gebrannte Kind besser zu schützen, werden andere Teammitglieder um es herumgruppiert. Ihre Aufgabe ist, dieses Teammitglied und die anderen verletzlichen Teile unter Kontrolle zu behalten. Das kostet viel Lebensenergie!

Wenn wir es im Hier und Heute mit unangepasstem Verhalten des Kindes zu tun bekommen, ist die Wahrscheinlichkeit sehr hoch, dass es sich um alte und bewährte Strategien des Selbstschutzes handelt. Auch wenn diese Strategien heute keinen Sinn mehr machen und sich destruktiv auswirken, waren sie in der Vergangenheit entweder sehr sinnvoll oder die einzige verfügbare Verhaltensweise. Insofern lassen die schützenden inneren Teammitglieder nicht so schnell von ihren bewährten Strategien ab. Um etwas Neues zu lernen, brauchen sie Zeit, Liebe und zuverlässige andere Erfahrungen.

Der*die Überlebenskämpfer*in[1]

Traumatisierte Kinder sind Überlebende! Aufgrund ihrer Geschichte haben sie sehr machtvolle Strategien entwickelt. Diese sorgen zum einen dafür, dass bestimmte Erlebnisse nie wieder vorkommen und zum anderen, dass das gebrannte Kind gut im Inneren geschützt ist und sich nicht zu Wort meldet. Denn wird dieses getriggert, droht die Überflutung mit der alten Todesangst, die in der Gegenwart immer noch so real wahrgenommen wird wie zum Zeitpunkt der Traumatisierung. Für genau solche Situationen hat ein traumatisiertes Kind eine stark ausgeprägte Überlebenskämpferin in seinem Inneren Team ausgebildet.

> Die sechsjährige Sonja soll für die Schule ein Stück auf ihrer Blockflöte üben. Mehrfach spielt sie an einer schwierigeren Stelle den falschen Ton. Sie wird darüber so wütend, dass sie ihre Blockflöte laut brüllend mit aller Kraft an die Wand wirft, der Putz abbröckelt und das Mundstück zerbricht.

1 Nachdem bisher vor allem die alternierende Schreibweise verwendet wurde, um beide Geschlechter anzusprechen, habe ich mich an dieser Stelle dafür entschieden, die Bezeichnungen der einzelnen inneren Teammitglieder mit dem Gendersternchen zu versehen. So wird deutlich, dass diese in der männlichen und der weiblichen Form auftreten können, wobei die Teammitglieder von Jungen in der Regel männlich sind und die der Mädchen eher weiblich. Innerhalb der jeweiligen Abschnitte und der Fallbeispiele verwende ich dann aber wieder ausschließlich die männliche oder weibliche Form, um den Sinn des Textes – bei gleichzeitiger Ansprache beider Geschlechter – nicht zu entstellen.

Dieses Teammitglied mobilisiert eine extreme Energie. Bei Sonja stellt sich durch die mehrfachen Misserfolge beim Spielen ihrer Blockflöte ein Gefühl von Ohnmacht ein. Dieses Gefühl kann das gebrannte Kind in ihr triggern und die alten Gefühle hervorrufen. Damit das nicht passiert, wird die Überlebenskämpferin aktiv. Sie erlebt diese Situation als totalen Stress. In Stresssituationen reagiert das Gehirn wie folgt: Der stammesgeschichtlich älteste Teil des Gehirns, das sogenannte Stammhirn – auch Reptiliengehirn genannt – übernimmt die Steuerung des gesamten Systems. Das Reptiliengehirn ist für das Überleben zuständig und sorgt dafür, dass der Blutdruck steigt, die Atmung schneller und flacher wird, die Schweißdrüsen aktiviert werden und die Spannung im Körper steigt. Das sind alles biologisch sinnvolle Maßnahmen, um den Körper auf Kampf und Flucht vorzubereiten. Dabei reagiert er in einem Maße, als wenn es wirklich um das pure Überleben ginge. Der Neocortex, für vernünftige Gedanken zuständig und stammesgeschichtlich der jüngste Teil des Gehirns, wird komplett ausgeschaltet. Der Körper befindet sich in einer vegetativen Hocherregung.

Das heißt, dass es keinen Sinn macht, die Vernunft des Kindes anzusprechen, wenn die Überlebenskämpferin gerade aktiv ist. Das funktioniert nicht! Wenn Eltern mit diesen Energien in Kontakt kommen, geht es für das Kind innerlich um Leben und Tod, äußerlich vielleicht nur um »Nebensächlichkeiten« wie das Zähneputzen.

Der 15 Jahre alte Tom blockiert seit dreißig Minuten das Badezimmer. Zuerst hat er nach Meinung seines Adoptivvaters viel zu lange geduscht und jetzt steht er seit einer gefühlten Ewigkeit vor dem Spiegel und arrangiert seine Frisur. Der Rest der Familie ist unter Zeitdruck, weil die anderen Familienmitglieder sich auch für die Schule und Arbeit fertigmachen wollen. Seit zwanzig Minuten wird schon um Eile gebeten und an die Tür geklopft. Als der Vater das unabgeschlossene Badezimmer betritt, um seinen Sohn sanft und nachdrücklich aus dem Raum zu schieben, rastet dieser aus und fängt an, wie von Sinnen die Badezimmereinrichtung zu demolieren.

Der Überlebenskämpfer ist natürlich bei jedem Kind unterschiedlich stark ausgebildet und kann sich dementsprechend unterschiedlich äußern und agieren. Wenn wir mit diesem Teil des Kindes zu tun bekommen, empfinden wir das Verhalten häufig als völlig unangemessen und extrem. Vielleicht provoziert es aus heiterem Himmel Streit oder droht Ihnen, versucht etwas zu zerstören oder die Wohnung zu demolieren. Möglicherweise beschimpft es Sie mit wüsten Ausdrücken, tritt nach Ihnen oder beginnt einen Kampf. Völliges Ausrasten wird in der Fachsprache mit dem Ausdruck »mangelnde Impulskontrolle« bezeichnet. Es kann auch sein, dass das Kind flieht, sich versteckt, auf einen Baum klettert und sich weigert, herunterzukommen.

Der*die Träumer*in

Der Träumer im Inneren Team des Kindes agiert in verschiedenen Abstufungen – je nach Schwere der Bedrängnis, in die es innerlich gerät. Manchmal driftet es nur kurz weg oder verliert sich in Tagträumen. In anderen Situationen kann es aber auch völlig weggetreten sein. Dieser Mechanismus wird als »Dissoziation« bezeichnet und tritt alltäglich bei allen Menschen auf, unter anderem beim Fernsehen oder Lesen. Dissoziationen kann man also bewusst steuern und einsetzen – zum Beispiel bei kreativen Prozessen (Schroeder, 2016).

Der Träumer agiert als inneres Teammitglied sehr clever. Wie auch der Überlebenskämpfer schützt er das gebrannte Kind im Hintergrund und sorgt dafür, dass es nicht berührt wird. Er reagiert, wenn das innere System durch äußere Reize aus dem Gleichgewicht gerät und sich dadurch eine innere Unruhe entwickelt. Der Träumer lenkt die Aufmerksamkeit des Kindes dann weg von seiner externen Umgebung, sodass es für die Außenwelt nicht mehr erreichbar ist. Trigger für das gebrannte Kind können unter anderem Ohnmachtserfahrungen sein. Insbesondere im schulischen Bereich gibt es viele Konfliktpunkte, die eine solche Ohnmacht auslösen: Schlechte Noten, als ungerecht empfundene Lehrerinnen und Versagensängste. Es ist nicht verwunderlich, dass der Träumer vor allem im schulischen Umfeld eines Kindes sehr aktiv sein kann.

Vielleicht ist er als inneres Teammitglied des Kindes phasenweise auch mit dem Thema Adoption beschäftigt und mit allen damit verbundenen Fragen, sodass das Kind sich von der Außenwelt abschottet. Der Träumer sorgt dafür, dass es wichtige Themen innerlich verarbeitet. Dies kann Grübeleien und gedankliche Abwesenheit hervorrufen. Fragen können zum Beispiel sein: *Was wäre gewesen, wenn ich bei meiner leiblichen Mutter geblieben wäre?* Gerade in Phasen, in denen das Kind unglücklich ist, kann es sich in den Träumer zurückziehen und sich ein ganz anderes Leben ausmalen. Es stellt sich zum Beispiel vor, wie das Leben mit der leiblichen Mutter wohl wäre. Der Träumer bindet Energie, sodass Gedanken oft in Sackgassen enden oder sich im Kreis drehen. Für das Kind entsteht aus seiner Vorstellung heraus Realität.

Dissoziation ist mitunter so schwer zu erkennen, dass sie auch als ein vorübergehender »Aufmerksamkeitsabfall« interpretiert werden könnte, der sich zum Beispiel in Abgeschlagenheit oder einem träumerischen Verhalten äußert (Levine u. Kline, 2005, S. 88). Auch Verleugnung ist eine milde Ausprägung von Dissoziation. Sie verleitet Kinder zu Aussprüchen wie: »Mir geht es gut!« oder »Alles in Ordnung!«, wenn sie nach ihrem Befinden gefragt werden. Da das Kind unter Umständen Schwierigkeiten hat, in der Schule dem Unterricht zu folgen, wird nicht selten ein Aufmerksamkeitsdefizitsyndrom (ADS) diagnostiziert. Achtung! Wir sollten immer daran denken, dass sich die Kinder unter Umständen in einem stark erregten Zustand befinden, der ihnen nicht bewusst ist.

Auf der anderen Seite sind Dissoziationen auch eine Art »Überlebensstrategie«. In extremen Situationen bedeuten sie einen Ausweg und ermöglichen so, dass der betroffene Mensch weiterlebt (Schroeder, 2016). Dies passt auch zur Lebensrealität von traumatisierten Adoptiv- und Pflegekindern: »Wenn eine innere Erregung in Form von Angst oder Nervosität einen unerträglichen Grad erreicht, ist Dissoziation der störungssichere Mechanismus, der einen jungen Menschen davor bewahrt, verrückt zu werden. So werden schmerzvolle Erfahrungen daran gehindert, die Schwelle zum Bewusstsein zu überschreiten, als hätte es sie nie gegeben. Dieser Mechanismus tritt nicht aufgrund einer willentlichen Entscheidung in Kraft«(Levine u. Kline, 2005, S. 88). Viel mehr sorgt die Dissoziation dafür, dass das Kind wie »ausgeschaltet« ist. Es verliert den Bezug zu seiner Umgebung und die Kontrolle. Typische Anzeichen sind unter anderem Apathie, schaukelnde Bewegungen, schluchzende Geräusche oder auch ein leerer Blick (Schroeder, 2016).

Dissoziation durch den Träumer ist also ein zentraler Schutz vor Gefühlen, welche für das Kind nicht auszuhalten sind. Zugleich ist der Eindruck von Leere und Fremdheit, der damit einhergeht, für das Kind oft kaum erträglich. Der Rückweg ins Erleben ist häufig schwer zu finden. Mitunter führt der Weg aus dem dissoziativen Zustand zurück zum Gefühl durch die Selbstverletzung. Dann sorgt die Überlebenskämpferin dafür, dass das Kind aus diesem unerträglichen Zustand des Nicht-Fühlens herausfindet. Selbstverletzendes Verhalten und Dissoziation treten oft zusammen auf (Kumbier, 2013). Auch fremdaggressives Verhalten, bei dem sich die Aggression gegen andere Personen richtet, ist möglich. Da die Kinder diese Verhaltensweisen nicht bewusst steuern können, erinnern sie sich später teilweise auch nicht mehr daran.

Der*die Selbstentwerter*in

Eine Traumatisierung geht mit dem Gefühl einer existentiellen Ohnmacht einher. In dieser großen Not gibt es für das Kind eine klitzekleine Rettung, einen Trick, der im Moment der großen Ohnmacht ein wenig hilft: Das Kind gibt sich eine Mitschuld oder die Alleinschuld an den schlimmen Erlebnissen. Wenn es davon ausgeht, dass es selbst schuld an diesen schlimmen Erlebnissen ist, trägt es die Verantwortung dafür. Dann braucht es die Ohnmacht und Hilflosigkeit, der es ausgesetzt ist, nicht zu spüren, denn es wird selbst zum Akteur. Für Kinder ist diese Sichtweise oft leichter zu ertragen, als »anzunehmen, dass die Eltern – oder andere wichtige Bezugspersonen, die ihnen Schlimmes angetan haben – böse wären. Das Konzept, dass Bösen Böses und Guten Gutes geschieht, hilft ihnen dabei, ein Grundgefühl von Kontrollierbarkeit aufrechtzuhalten« (Baierl, 2016a, S. 31). Langfristig hat dieser Trick jedoch fatale Auswirkungen: *Wenn ich nur nicht so dumm, so böse wäre, dann wäre das Schlimme nicht passiert!* Die Ohnmacht ist durch diese Strategie zwar gebannt, aber der Preis dafür ist hoch. Das Kind muss wirklich glauben, dass es an allem schuld ist. An dieser Stelle übernimmt die Selbstentwerterin als inneres Teammitglied. Ihre Aufgabe ist es, das Kind immer wieder daran zu erinnern. »So trägt es nun eine Last. Ein großer Sack hängt über den Schultern des Kindes, gefüllt mit Schuld, dem Gefühl nichts wert zu sein und dem Selbsthass« (Krüger, 2015, S. 109).

Aufgrund des Gefühls der eigenen Schuldhaftigkeit durchschreitet das Kind sein Leben mit der Frage im Hinterkopf: *Was ist an mir nicht richtig?* Es ist überzeugt davon, nichts zu können, schlecht, böse oder nichts wert zu sein. Aus dem geringen Selbstwertgefühl entsteht eine ebenfalls geringe Frustrationstoleranz, denn jedes Scheitern ist eine neue Bestätigung der eigenen Überzeugung. Dementsprechend ist auch die Kritikfähigkeit des Kindes stark eingeschränkt, denn, um sich Kritik anhören und verdauen zu können, braucht man ein stabiles Selbstwertgefühl.

Schule ist in der Regel ein defizitorientiertes System und richtet seinen Fokus leider zu häufig auf das, was das Kind nicht gut macht. Die Erfahrung, nicht zu genügen, nicht zu verstehen oder ohnmächtig zu sein, wirken oft als Trigger für alte, unangenehme Gefühle. Um solche Gefühle zu vermeiden, wird Leistung zum Teil von vornherein schon verweigert. Wer nichts tut, kann auch nichts falsch machen. Wenn das Kind etwas nicht versteht, kritisiert wird oder eine schlechte Note bekommt, dann fährt die Selbstentwerterin sofort eine Mauer hoch und es geht nichts mehr! Das Kind ist dann nicht mehr für Lerninhalte erreichbar, es verweigert sich und alle Bemühungen der Eltern Laufen ins Leere.

Der*die Fremde

Adoptiv- und Pflegekinder leben oft mit dem Gefühl, anders zu sein. Der Fremde im Inneren Team hat sehr feine Antennen und nimmt seine Umwelt sehr genau wahr. Auch wenn das Kind schon früh in seine neue Familie gekommen ist, hat es genau registriert, dass alle anderen Kinder bei ihren leiblichen Eltern leben. Wenn das Adoptiv- oder Pflegekind noch dazu aus einem anderen Kulturkreis kommt, ist die Herausforderung an dieser Stelle besonders groß, denn das Anderssein ist auch äußerlich für alle sichtbar. Es ist ein allzeit präsentes Thema, bei dem es kaum Einflussmöglichkeiten gibt – ob die Umwelt nun darauf reagiert oder nicht. Die Reaktion der Umwelt kann für das betroffene Kind sehr verletzend sein, denn bei jeder Bemerkung zu diesem Thema fühlt sich der Fremde im Inneren unangenehm berührt. Zum Beispiel, wenn er einen Kommentar zur Hautfarbe hört, der gar nicht böse gemeint ist. Grundschulkinder reagieren auf Andersartigkeit oft, indem sie diese einfach ansprechen. Aber schon eine freundliche Ansprache reicht aus, um die Fremdheit zu bestätigen. Für Adoptiv- und Pflegekinder ist dies unter Umständen fatal: Sie wollen nicht anders sein, sondern genauso wie ihre Freunde oder die anderen Kinder im Kindergarten, der Schule, auf dem Spiel- oder Sportplatz. Manchmal können die Reaktionen der Umgebung aber auch fies oder sogar rassistisch geprägt sein und im schlimmsten Fall dazu führen, dass ein Kind komplett ausgeschlossen wird. Dieser Zustand ist nicht nur für den Fremden eine Katastrophe, sondern ebenso für das gebrannte Kind. Außerdem fühlt sich der Selbstentwerter wieder bestätigt.

Großen Einfluss auf das Wohlbefinden des Fremden hat zunächst einmal das Klima in der Familie. Fühlt sich das Kind gut aufgehoben, geborgen, zugehörig und zwar so zugehörig wie alle anderen Mitglieder der Familie auch? Oder werden Unterschiede gemacht? Wenn in der neuen Familie neben dem Adoptiv- oder Pflegekind noch leibliche Kinder leben, kann es für den Fremden im Kind brenzlig werden. Der Vergleich mit den »Geschwistern« wird zum Dauerthema, die Antennen sind ausgefahren und Unterschiede, die sogar den Eltern gar nicht bewusst sind, werden hochsensibel wahrgenommen.

Auch der größere Familienkreis ist für das Wohlbefinden des Fremden entscheidend. Wie wird das Kind zum Beispiel von den Großeltern, Cousins und Cousinen aufgenommen? Wird es gleichwertig behandelt oder ist Blut »dicker als Wasser«? Adoptiv- und Pflegeeltern und Kinder sind oft gleichermaßen für diese feinen Schwingungen sensibilisiert.

Der* die Loyale

Viele Adoptiv- und Pflegekinder sind ihren leiblichen Eltern gegenüber scheinbar loyal, auch wenn sie schon über einen längeren Zeitraum in ihrer neuen Familie leben. Menschen sind soziale Wesen und benötigen soziale Bindungen. Die Bindung zu den Eltern sichert einem kleinen Kind das Überleben. Es gibt also eine Loyale im Inneren Team des Kindes. Gerade kleine Kinder haben keine Alternative – sie können nicht einfach gehen und sich jemand anderes suchen. Sie sind von ihren Eltern abhängig. Die Ausprägung dieses loyalen Teammitgliedes richtet sich stark nach der individuellen Biografie des jeweiligen Kindes und kann sich sehr unterschiedlich zeigen. Dabei spielt vor allem eine Rolle, wie die Betroffenen den Kontakt zu ihren leiblichen Eltern erlebt haben.

Eine zuverlässige Bindung zu elterlichen Bezugspersonen ist wesentlich für die Entwicklung eines Kindes: »Im Sinne der Bindungstheorie ist der Begriff ›Bindung‹ reserviert für die Entstehung einer intimen und abhängigen Beziehung zwischen Kind und seiner fürsorglichen und schützenden Hauptbezugsperson bzw. Hauptbezugspersonen. Dabei ist für ein Kind noch einige Wochen nach der Geburt unerheblich, ob dies die leiblichen Eltern sind oder andere Bezugspersonen. Um sein Überleben zu sichern, bindet sich ein Kind an diejenigen […], die es kontinuierlich, angemessen und rechtzeitig versorgen und schützen« (Janning, 2018, S. 169 f.). Grundsätzlich ist es für ein Neugeborenes also erst einmal wichtiger, Fürsorge und Wärme zu erfahren – die Blutsverwandtschaft rückt an zweite Stelle. Erst etwa acht Wochen nach der Geburt fangen Kleinkinder an, zu fremdeln.

Es ist sehr unterschiedlich, was Adoptiv- und Pflegekinder in ihrer Herkunftsfamilie erlebt haben. Bei einigen Kindern ist noch keine Bindung zu ihren leiblichen Eltern entstanden, weil sie direkt nach der Geburt oder in den ersten Lebenswochen vermittelt wurden. Andere wiederum haben sehr positive Erfahrungen in ihrer Herkunftsfamilie gemacht, eine starke Bindung zu ihren leiblichen Eltern entwickelt und wurden durch einen Schicksalsschlag von diesen Eltern getrennt. Wieder andere Kinder mussten womöglich erleben, dass sie von ihren leiblichen Eltern, also den Personen, die sie eigentlich liebevoll, schützend und nährend versorgen sollten, misshandelt wurden. Diese unterschiedlichen Erfahrungen haben großen Einfluss auf die Entwicklung des loyalen Teammitgliedes.

Wenn ein Kind noch keine Bindung zu seinen leiblichen Eltern entwickelt hat, ist die Loyale in der Regel nicht stark ausgeprägt. Das Adoptiv- oder Pflegekind bindet sich an die neuen Eltern, sofern diese alle Kriterien eines liebevollen und positiven Umgangs erfüllen. Dass ein Kind, das positive Erfahrungen mit seinen leiblichen Eltern gemacht hat, ein loyales Teammitglied entwickelt, ist verständlich.

Was aber passiert, wenn ein Kind Schlimmes durch seine leiblichen Eltern erlebt hat? Wenn diese – vielleicht aufgrund von psychischer Krankheit, Drogenabhängigkeit oder aus anderen Gründen – nicht in der Lage waren, sich ausreichend zu kümmern? Kinder sorgen sich oft selbst um ihre Eltern und versuchen, deren Rolle zu übernehmen (Janning, 2018). Kinder sind sensibel für die offenen und verdeckten Bedürfnisse und Nöte der Eltern, die sie zu beantworten versuchen. Sie entwickeln Mitleid und wollen helfen. So besetzen sie zum Beispiel die Rolle des fehlenden Partners, die Rolle der fehlenden, versorgenden Mutter für ein Geschwisterkind oder sie versuchen, die Mutter vor dem gewalttätigen Vater zu schützen. Darüber hinaus fühlen sich manche Kinder auch wie durch einen »Treuevertrag« mit ihren Eltern verbunden und übernehmen Muster der Herkunftsfamilie sowie früherer Generationen. Sie sollen Aufträge der Eltern erfüllen, wie zum Beispiel die Eltern glücklich zu machen oder unerfüllte Träume der leiblichen Familie zu verwirklichen.

Wie oben bereits beschrieben, sind Kinder, vor allem kleine, ihren Eltern auf Gedeih und Verderb ausgeliefert. Wenn diese sie schlecht behandeln – beziehungsweise misshandeln – können sie nicht einfach gehen. Aus Angst um ihr Leben sind sie an die Eltern gebunden. Sie sind abhängig, ohnmächtig und ausgeliefert. In diesem Fall schützt die Loyale im Inneren Team das Kind dadurch, dass es das Verhalten der Eltern völlig normal findet, denn sich zu wehren oder aufzubegehren ist für das Kind unter Umständen sehr gefährlich. Das loyale Mitglied ist auch dafür verantwortlich, dass das Kind die Selbstentwerterin in sein Inneres Team holt: *Mama und Papa sind okay und liebenswert (loyal), ich trage die Schuld an ihrem Verhalten (Selbstentwertung).* Das Kind folgt der Logik: *Wenn ich doch die Verantwortung dafür habe, dass ich schlecht behandelt werde, dann kann ich wieder etwas tun und bin nicht mehr so ohnmächtig und ausgeliefert* (Krüger, 2015, S. 107 ff.).

Eine alternative Möglichkeit, gegen diese Ohnmacht anzugehen, ist, »so zu werden wie der Täter« (Krüger, 2015, S. 120). Denn wenn andere zum Opfer gemacht werden, kann so das eigene Gefühl von Ohnmacht »mit Gewalt« verdeckt werden (S. 120). Das ehemalige Opfer wird mitunter selbst zum Täter, obwohl es dies eigentlich gar nicht will. Überlebende von familiärer Gewalt sind oft erst bereit, über das Geschehene zu sprechen, wenn sie sich aus der Abhängigkeit des Täters befreit haben. Bis dahin kämpfen die Opfer mit einer Mischung aus Gefühlen der Schuld und Ungerechtigkeit, Hass und Verantwortung sowie Trotz und Sehnsucht. All diese Emotionen wirken wie »Bindemittel« und sorgen dafür, dass die Überlebenden sich nur schwer von den Tätern von früher lösen können (Huber, 2011, S. 93).

Gelingt die Integration des Kindes in die Adoptiv- oder Pflegefamilie nicht, fühlt es sich als Fremdling und nicht in seiner Individualität angenommen. In der Pubertät kann es dann passieren, dass Trauer über die Trennung der mittlerweile idealisierten leiblichen Eltern entsteht. Das Bedürfnis, seine eigenen Wurzeln zu kennen, mag unterschiedlich stark ausgeprägt sein, aber die häufig vertretene Auffassung oder Erwartung, dass es zur Identitätsfindung im Jugendalter zwingend dazugehört, wieder mit den leiblichen Eltern in Kontakt treten zu wollen, bestätigt sich empirisch nicht. Viel eher ist es so, dass Studien zufolge nur eine kleine Gruppe von Adoptierten und Pflegekindern im Jugendalter den direkten Kontakt zur leiblichen Familie sucht (etwa 20 %). Unter diesen finden sich überdurchschnittlich häufig Heranwachsende, die das Verhältnis zur Adoptivfamilie als eher negativ empfinden oder aber ein ausgesprochenes Interesse an ihrer Herkunft haben (Nienstedt u. Westermann, 2007, S. 262 ff.).

Der Wunsch des älteren Pflege- oder Adoptivkindes, das schon viele Jahre in der Familie lebt, Kontakt zur Ursprungsfamilie herzustellen, kann ganz verschiedene Gründe haben (Nienstedt u. Westermann, 2007, S. 263). Dabei ist es wichtig, zwei Fälle zu unterscheiden. Zum einen kann es sich um den Wunsch handeln, das Wissen um die eigene Herkunft zu konkretisieren. Es handelt sich um Wünsche und Bedürfnisse eines jungen Menschen, der sich mit seiner Lebensgeschichte auseinandersetzt und sich von den Adoptiv- oder Pflegeeltern löst. Dies geschieht nur dann, wenn der Integrationsprozess positiv verlaufen ist. Zum anderen kann es sich aber auch um die Aufspaltung in negative reale Familienbeziehungen in der Pflege- oder Adoptivfamilie und positive, idealisierte Familienbeziehungen in der Ursprungsfamilie handeln. Die Herstellung von Kontakt mit der Herkunftsfamilie dient in diesem Fall der Flucht aus negativ erlebten Beziehungen in der Adoptiv- oder Pflegefamilie – wie zum Beispiel im Falle von grundlegenden Störungen der Beziehung zwischen Eltern und Kind oder aktuellen Konflikten. Wenn Jugendliche Interesse an ihrer Ursprungsfamilie zeigen, wird dies von den leiblichen Eltern und den Pflegeeltern oft gleichermaßen falsch verstanden. Die Pflegefamilie sieht das Verhalten als Hinweis darauf, dass sich nun doch die »biologische« Bindung durchsetzt, obwohl es sich lediglich um ein »Interesse an der eigenen Geschichte« handelt und aus den Treffen mit den leiblichen Eltern meistens kein intensiverer Kontakt entsteht (Nienstedt u. Westermann, 2007, S. 266).

Der*die Autonome

Der Autonome im Inneren Team hat gelernt, dass man allein ist auf dieser Welt und sich niemandem anvertrauen kann. Gerade mit den Menschen, von denen das Kind abhängig ist und die eigentlich zuverlässig da sein sollten, um seine Bedürfnisse empathisch und angemessen zu beantworten, hat es schlechte Erfahrungen gemacht. Es geht davon aus, dass Bindungen nicht dauerhaft sind, sodass man besser alleine klarkommt. Das Kind ist vielleicht nicht ausreichend versorgt oder sogar misshandelt worden. Die Erfahrung, sich anzuvertrauen und existentiell enttäuscht zu werden, will das Kind verständlicherweise nie wieder erleben. Deshalb hat es den Autonomen als Teammitglied geschaffen. Dieser ist völlig unabhängig und erinnert an »Pipi Langstrumpf« von Astrid Lindgren: *Wir machen uns die Welt, wie sie uns gefällt!*

Der Autonome sorgt dafür, dass das Kind sehr gut und ohne die Hilfe anderer für sich selbst sorgen kann. Er reagiert allergisch auf Einschränkungen seiner Autonomie! Jegliche Form von Begrenzung fühlt sich für diesen Teil so bedrohlich an, dass er sich gerne den Überlebenskämpfer an die Seite holt und sie gemeinsam in die Schlacht ziehen, um ihre Unabhängigkeit zu verteidigen. Wenn sich das Kind zum Beispiel wehtut, sorgt der Autonome dafür, dass das Kind nicht nach Trost sucht, sondern sich zurückzieht, bis der Schmerz vorbei ist. Dieses Teammitglied pfeift auf Anpassung in Gruppen und macht lieber sein eigenes Ding. Soziale Regeln und Normen zählen nicht. Es ist dem Autonomen einfach nicht so wichtig, im sozialen Umfeld gut anzukommen. Insofern ist das Potential für Überschreitungen von Grenzen gerade von diesem Teil leicht zu mobilisieren.

Auf der anderen Seite hat der Autonome auch sehr positive Seiten. Er ist ein Macher, der Sachen anpackt und mutig ist, eigene Fähigkeiten entwickeln will und auf sich selbst vertraut. Er sorgt dafür, dass sich das Kind bestimmtes Wissen oder Fertigkeiten selbständig aneignet. Andererseits kann dieses Teammitglied zu einem großen Problem werden, wenn es Dinge lernen soll, die es als langweilig empfindet.

Besonders – aber nicht nur – während der Autonomiephase (zweites bis viertes Lebensjahr), in der sich das Kind von der Hauptbezugsperson löst und selbständiger wird, kann es für Eltern schmerzhaft sein, ihren Sprössling so autonom zu erleben. Auch in der Pubertät bekommen sie es verstärkt mit diesem Teil zu tun, denn das, was andere Jugendliche erst einmal entwickeln müssen, also sich alleine in die Welt hinauszutrauen, haben Adoptiv- und Pflegekinder mithilfe des Autonomen schon ausgebildet.

Der*die Genießer*in im Hier und Jetzt

Ein traumatisiertes Kind hat die Erfahrung gemacht, dass das Leben nicht sicher und verlässlich ist. Es hat erlebt, dass plötzlich schlimme Dinge passieren können. Umso wichtiger ist es, ein Teammitglied einzustellen, das den Genuss im Hier und Jetzt im Blick behält.

Die Genießerin im Hier und Jetzt sorgt für eine schnelle Bedürfnisbefriedigung: »Lieber den Spatz in der Hand als die Taube auf dem Dach!« In dem berühmten Marshmallow-Test hätte sie das Kind dazu gebracht, sich die Süßigkeit sofort in den Mund zu stecken. Bei diesem Test wurde ein Marshmallow auf einem Tisch vor dem jeweiligen, etwa vier Jahre alten, Versuchskind platziert. Der Versuchsleiter verließ für einige Zeit den Raum. Vorher gab er das Versprechen, dass das Kind einen zweiten Marshmallow bekäme, wenn es den ersten während dieser Zeitspanne nicht anrührte. Untersucht wurde der Lebenserfolg dieser Kinder in späteren Jahren. Es stellte sich heraus, dass die Kinder, die zum Bedürfnisaufschub fähig waren, als junge Erwachsene zielstrebiger und erfolgreicher Schule und Ausbildung absolvierten. Sie konnten besser mit Rückschlägen umgehen, wurden als sozial kompetenter beurteilt und waren seltener drogenabhängig als jene, die dem Marshmallow als Vierjährige nicht widerstehen konnten (Mischel, Shoda und Rodriguez, 1989).

Die Genießerin im Hier und Jetzt kann keinen Bedürfnisaufschub aushalten, sodass sie auch keine reiflich überlegten Entscheidungen trifft. Der Impuls siegt, das Verhalten erscheint Außenstehenden unvernünftig.

> Jeder gemeinsame Jahrmarktbesuch mit seinen Adoptiveltern endet für den fünfjährigen Stefan in einem riesigen Drama. Dabei hatten die Eltern vorher alles genau mit ihm besprochen. Sie hatten mit ihm abgemacht, dass er genau drei Mal in dem Polizeiauto des Kinderkarussells fahren dürfe – dann sei aber wirklich Schluss, denn es gab ja auch schon Zuckerwatte und Dosenwerfen. Trotzdem weigert sich Stefan nach der dritten Fahrt, das Karussell zu verlassen. Er weint und schreit und ist auf dem gesamten Heimweg nicht mehr zu beruhigen.

Der Genießer im Hier und Jetzt lebt für den Augenblick, das kurzfristige Glück zählt. Er sorgt dafür, dass das Kind Schwierigkeiten im Umgang mit der Zeit hat. Es ist für ihn kaum erträglich, wenn sich schöne Dinge dem Ende neigen.

Es wird nach dem Lustprinzip gelebt. Tägliche Pflichten wie das Aufstehen, Zähneputzen, Anziehen, Hausaufgaben erledigen oder im Haushalt helfen werden am liebsten umgangen und erst nach einigen Aufforderungen erledigt. Das Taschengeld wird sofort ausgegeben, sehr großzügig und auch für andere. Der Genießer im Hier und Jetzt ist trotz vieler Glücksmomente nie richtig satt und zufrieden, sondern versucht sofort, den nächsten Lustpunkt anzusteuern.

Auch wenn dieses Teammitglied für Eltern manchmal sehr herausfordernd ist und Sie sich zeitweise, wenn es zum Beispiel um die Erledigung täglicher Pflichten geht, vielleicht wie Eselstreiber fühlen, bringt der Genießer auch eine wichtige Fähigkeit mit: Er kann sich am Augenblick erfreuen. In unserer leistungsorientierten Gesellschaft und schnelllebigen Zeit ist dies eine große Ressource für unsere seelische Gesundheit. Auch wir Erwachsenen sollten uns wieder mehr auf diese Fähigkeit besinnen!

Der*die Bestimmer*in

Aus dem Wunsch, das Gefühl der absoluten Ohnmacht und Hilflosigkeit nie wieder spüren zu müssen, entsteht der Drang, immer die Kontrolle haben zu wollen. Deshalb hat sich ein traumatisiertes Kind einen inneren Bestimmer geschaffen. Dieser Teil versucht permanent, andere zu steuern, zu beherrschen, zu manipulieren und die Regie zu übernehmen. Der Bestimmer verhält sich wie ein kleiner Chef, das Kind versucht alles zu lenken und übernimmt, wenn man als Elternteil nicht aufmerksam ist, schnell das Kommando über die gesamte Familie.

Jedes Mal, wenn sich die Familie zu einem gemütlichen Spielenachmittag zusammensetzt, will der sechsjährige Jannik alles bestimmen. Papa muss rechts neben ihm sitzen, auch seinen beiden Freunden weist er einen festen Platz zu. Er entscheidet, wer anfangen darf und in welche Richtung der Würfel weitergegeben wird. Dabei duldet er keinen Widerspruch. Wenn etwas nicht so ist, wie er es sich vorstellt, springt er sofort vom Tisch auf und will nicht mehr mitspielen.

Der*die Tester*in

Frühe Verluste führen zu einem bewussten oder auch unbewussten Programm: Das Kind prüft, ob die neuen Bezugspersonen es wirklich ernst meinen oder ob sie es doch nur wieder loswerden wollen, sobald es sich unangemessen verhält. Darüber hinaus prüft es die neue Beziehung auf Zuverlässigkeit: *Bekomme ich Hilfe, wenn ich sie brauche? Werde ich aus meiner Not gerettet? Werde ich versorgt oder geschlagen?* Dafür hat das Kind die Testerin in seinem Inneren Team. Es geht davon aus, dass die Beziehung zu den Adoptiv- oder Pflegeeltern ebenfalls nicht sicher ist und dass es sowieso wieder weggegeben wird. Um dies zu beweisen, wird die Testerin vorgeschickt. Eigentlich steht die folgende Frage hinter ihren Aktionen: *Haben Mama und Papa mich auch wirklich lieb?* Sie will genau wissen, was passiert, wenn sie Grenzen überschreitet. Phasenweise kommt dieses Teammitglied sehr stark durch. Das Kind verhält sich dann teilweise destruktiv und provoziert gerne.

Die Testerin ist gut darin, zu erkennen, wo die speziellen Knöpfe sind, die man drücken muss, um Mutter oder Vater herauszufordern. Jeder Mensch hat seine individuellen Empfindlichkeiten und genau dafür hat dieses Teammitglied ein gutes Gespür. Wenn Ihnen also zum Beispiel Ihre Katze sehr am Herzen liegt, könnte es sein, dass das Kind diese permanent ärgert, erschreckt oder verjagt. Oder wenn dem Vater die hellen Sitze im neuen Auto lieb und wichtig sind, dann wären diese vor der Testerin nicht sicher.

Die fünfjährige Lisa lebt erst seit einem halben Jahr bei ihren Pflegeeltern. Obwohl sie genau weiß, dass sie es nicht soll, zieht sie dem schon altersschwachen und wehrlosen Kater an den Schnurrhaaren. Trotz mehrfacher Ermahnung fängt sie mit Blick auf die Mutter immer wieder damit an. Diese hat das Gefühl, den armen alten Kater schützen zu müssen, wird ungeduldig und böse auf Lisa und zieht sie laut schimpfend in ihr Zimmer, um die beiden zu trennen. Sofort fängt das Kind untröstlich an zu weinen und kauert sich in einer Ecke des Zimmers zusammen. Unter Tränen sagt sie schluchzend und bestimmt: »So - und jetzt holt ihr euch ein neues Kind!«

In diesem Beispiel wird deutlich, wie die Testerin des Kindes von der Selbstentwerterin vorgeschickt wird, um die Überzeugung des Kindes, schlecht und böse zu sein und nicht geliebt zu werden, erneut zu beweisen.

Der*die Situations-Checker*in

Der Situations-Checker ist ein Teammitglied, das eng mit dem Überlebenskämpfer zusammenarbeitet. Es ist misstrauisch und intensiv damit beschäftigt, das Umfeld dahingehend zu überprüfen, ob womöglich wieder Gefahr droht und der Überlebenskämpfer aktiv werden muss.

Ist der Situations-Checker aktiv, was in der Gegenwart anderer Menschen eigentlich permanent der Fall ist, wirkt das Kind nach außen unkonzentriert und nervös. Es ist mit seiner Aufmerksamkeit intensiv mit der Außenwelt beschäftigt. Hierfür benötigt es sämtliche Ressourcen. Daher fehlt es ihm oft an der seelischen Energie, die nötig wäre, um seine Begabungen zu entfalten und zu leisten. Jegliche Kraft wird schon für das »Checken« der Situation verbraucht. So kann das Kind zum Beispiel genau berichten, wer mit wem in der Schule einen Konflikt hatte, was genau passiert ist und wer angefangen hat, aber vom Unterricht ist oftmals nicht viel hängen geblieben.

Es ist nicht ungewöhnlich, dass Personen, die das Kind erleben, schnell den Verdacht, es habe ADHS (Aufmerksamkeits- Defizit-Syndrom mit Hyperaktivität), in den Raum werfen. Lassen Sie sich nicht durch die Ratschläge von selbst ernannten ADHS-Diagnostikern verunsichern! Denn das Verhalten des Kindes wirkt zwar ADHS-typisch, könnte aber genauso gut auf den Situations-Checker zurückzuführen sein. Eine kleine, mandelförmige Struktur im Mittelhirn – Amygdala genannt – ist dafür zuständig, eine schnelle Reaktion zu aktivieren, wenn das Kind Gefahr wittert. Sie reagiert hochsensibel auf optische Eindrücke und Geräusche. Dieses Frühwarnsystem, das den Körper in Alarmbereitschaft versetzt (der Überlebenskämpfer ist aktiviert) und ihn auf Gefahr vorbereitet, kann bei nicht traumatisierten Menschen durch das denkende und schlussfolgernde Frontalhirn wieder beruhigt werden. Das funktioniert bei traumatisierten Menschen leider nicht. Bei ihnen »befindet sich der Kortex in der Geiselhaft einer launischen Amygdala« (Levine, 2005, S. 29). Traumatisierte Menschen sind darauf eingestellt, selbst auf minimale Reize so zu reagieren, als ob ihr Leben in Gefahr sei. Die Stärke dieses Teammitgliedes ist die ausgeprägte Fähigkeit und Sensibilität, feine Schwingungen im Zwischenmenschlichen wahrzunehmen. Es hat feine Antennen und beobachtet soziale Situationen genau.

Der*die Angepasste

Wenn ein älteres Adoptiv- oder Pflegekind in die Familie kommt, begegnen die neuen Eltern zunächst der Angepassten. Ebenso kann die Selbstentwerterin dafür sorgen, dass diese im Inneren Team des Kindes sehr präsent ist. Es hat die Vorstellung, dass es bei den neuen Eltern bleiben darf, wenn es bloß alles richtig macht. Die Angepasste ist somit extrem bemüht, den Eltern zu gefallen. Das Kind strengt sich fürchterlich an und unterdrückt seine Impulse, es ist brav und pflegeleicht.

Die kleine Estelle, die im Alter von viereinhalb Jahren zu ihren Adoptiveltern kommt, putzt in der ersten Zeit viermal täglich unaufgefordert die Zähne und zieht sich abends völlig selbständig aus, um zu duschen. Nach einem halben Jahr fängt sie jedoch an, beim Thema Zähneputzen anstrengend zu werden. Estelle kann plötzlich nur noch auf Anfrage und mit Begleitung zweimal täglich mühsam zu dieser Maßnahme gebracht werden.

Die Integration von Adoptiv- und Pflegekindern in ihre neuen Familien verläuft in der Regel in drei Phasen. Diese haben bestimmte Merkmale, lassen sich aber nicht immer eindeutig voneinander unterscheiden: In der ersten Phase passt sich das Kind den Eltern an. Es versucht, den Erwartungen gerecht zu werden (Nienstedt u. Westermann, 2007). Dadurch kommt es häufig zu »einer Art Überanpassung auf die neue Familiensituation« (S. 380). In der zweiten Phase entstehen sogenannte »Übertragungsbeziehungen« – das heißt, das Verhältnis zu den Pflegeeltern wird gestört, indem die Erfahrungen, die das Kind mit den leiblichen Eltern gemacht hat, wieder aufleben und sich auf die neuen Bezugspersonen übertragen. In der Übertragung liegt die Möglichkeit der Korrektur von negativen Erlebnissen mit den leiblichen Eltern. Übertragungsbeziehungen sind somit wesentlich für die dritte Phase, denn in dieser Phase der Regression kehrt das Kind in das frühkindliche Entwicklungsstadium zurück und kann für diese Zeit typische Erfahrungen noch einmal unter neuen Vorbedingungen machen (Nienstedt u. Westermann, 2007).

Erst wenn sich das Kind bei den neuen Eltern sicher fühlt, kann es der Angepassten eine Pause geben. Wird es nach einer Phase extremer Anpassung also plötzlich anstrengend und eigenwillig, können sich die Eltern auf die Schulter klopfen. Dies ist lediglich ein Zeichen dafür, dass Ihr Kind gut angekommen ist und sich sicher genug fühlt, mehr von sich zu zeigen. Dass Estelle nach einem halben Jahr anfängt, anstrengend zu werden, ist also als Fortschritt zu sehen. Ihre Adoptiveltern können sich freuen und stolz darauf sein, dass sie sich langsam traut, ihren eigenen Impulsen zu folgen (auch wenn das für die Eltern natürlich unbequemer ist).

Nun haben Sie die zwölf Teammitglieder eines traumatisierten Kindes kennengelernt, mit denen Sie es als Adoptiv- oder Pflegeeltern zu tun bekommen können. Vielleicht begegnen Ihnen zusätzlich noch weitere, die wiederum aus anderen negativen Erfahrungen resultieren. So kann sich zum Beispiel bei einem Kind, das nicht ausreichend mit Nahrung versorgt wurde, ein Teammitglied entwickeln, das wir den »Hamster« nennen könnten. Dieser sorgt dafür, dass überall versteckte Vorräte angelegt werden. Die Eltern merken es daran, dass sie an ungewöhnlichen Orten verschimmelte Brotreste, Apfelstücke oder andere Essensreste finden. Vielleicht entdecken Sie aber auch einen Clown in Ihrem Kind, einen Gewitzten, einen Charmeur, einen Sehnsüchtigen oder einen »Hansdampf in allen Gassen«? Diese Teile sind sehr individuell, können erfrischend und auf Anhieb liebenswert sein. Sie machen unser Kind und seinen besonderen Charakter aus. Auf solche Teile wird im Buch nicht näher eingegangen, denn es sind eher die bisher beschriebenen, die uns als Adoptiv- und Pflegeeltern besonders herausfordern. Daher gilt: Bleiben Sie offen und neugierig!

1.5 Die Dynamik im Inneren Team von Adoptiv- und Pflegekindern

Aus systemischer Sicht beschreibt Richard Schwartz (1995) ein Trauma und seine Folgen für ein menschliches System wie folgt: »Wenn ein beliebiges menschliches System – eine Familie, ein Unternehmen oder ein Land – unter einer Form von bedrohlichem oder überwältigendem Trauma leidet, organisiert sich das System, um seine Führung wie auch seine empfindsamsten und verletzlichsten Mitglieder zu schützen« (S. 76). Genauso wie Schwartz die Organisation für diesen Fall in einem äußeren System beschreibt, organisiert sich auch das innere System bzw. das Innere Team. Um seine Dynamik zu verstehen, macht es Sinn, die Visualisierung des Inneren Teams des Kindes noch einmal zu betrachten.

Grundsätzlich haben alle inneren Teammitglieder etwas Gutes im Sinn. Ihre Absicht ist, das traumatisierte Gesamtsystem vor überwältigenden Gefühlen zu schützen. Dabei realisieren die Teammitglieder allerdings nicht, dass die schlimmen Zeiten schon längst vorbei sind. Sie sind in der Vergangenheit stecken geblieben und reagieren so, als ginge es immer noch ums Überleben.

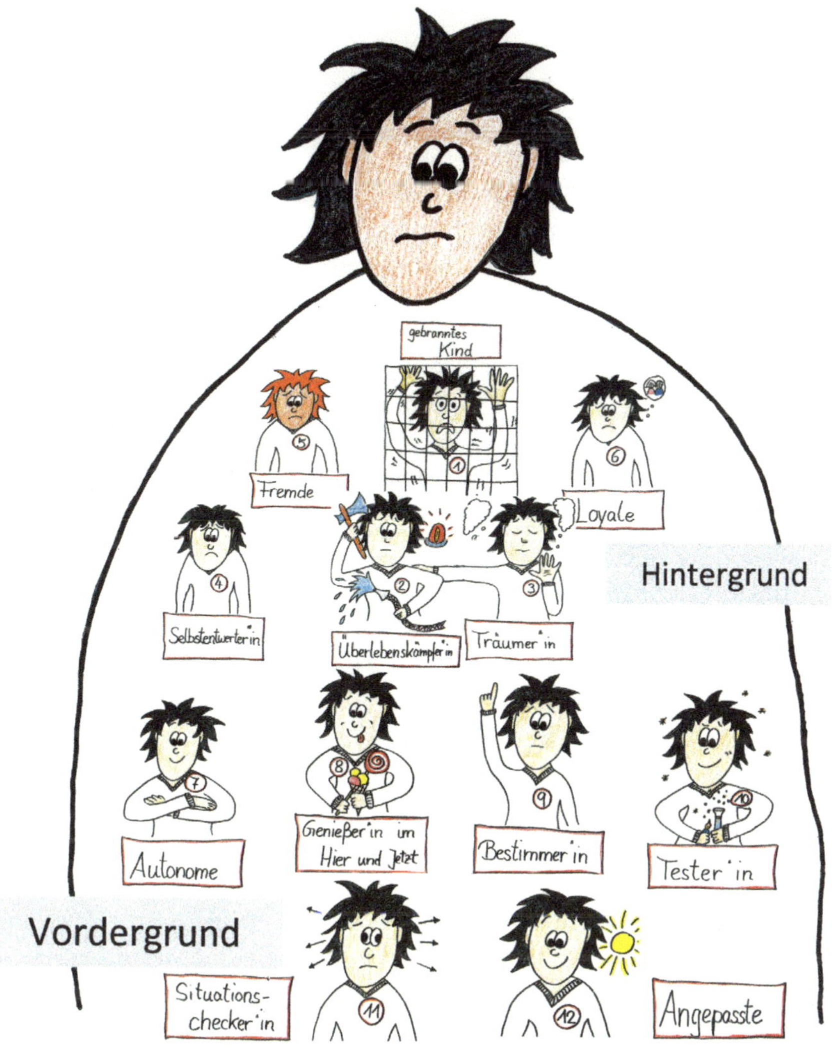

Manche Teammitglieder bewegen sich eher im Hintergrund der inneren Bühne und sind nach außen meistens nicht sichtbar. Hier finden wir besonders die empfindsamen, verletzlichen oder sogar verletzten Teile, wie in unserem Fall den Selbstentwerter, die Fremde und den Loyalen. Sie werden zum Schutz in die hinteren Reihen verbannt, damit das Kind den Schmerz, den es mit diesen Teilen verbindet, möglichst selten oder am besten gar nicht spürt. Auf diesen Plätzen sind sie für das Gegenüber kaum sichtbar. Jedoch ist die Verbannung keine grundsätzliche. Die Teammitglieder machen sich beim Kind weiterhin bemerkbar – meist zwar schmerzlich, aber nicht überwältigend. Im Gegensatz dazu werden schwer verletzte Teile wie das gebrannte Kind zu ihrem eigenen Schutz oder zum Schutz des gesamten Systems in die innere Dunkelkammer verbannt und dort eingesperrt (vgl. Abschnitt 1.2). Die endgültige Verbannung wird durch die Gitterstäbe im Bild unten symbolisiert. Ein Teammitglied, das in diese seelische Dunkelkammer verbannt wurde (vgl. Abschnitt 1.4), ist dem Bewusstsein nicht mehr zugänglich, sondern wurde davon abgespalten.

Je weiter ein Teammitglied im Vordergrund der inneren Bühne steht, desto dichter ist es an der Kontaktlinie nach außen, das heißt desto sicht- und spürbarer wird es im Außenkontakt für das Gegenüber. Direkt an der Kontaktlinie, ganz im Vordergrund, stehen meistens die sogenannten »Stammspieler«. Das sind Teammitglieder, die sich im Laufe des Lebens sehr bewährt und erfolgreiche Strategien entwickelt haben, um dem gesamten System Sicherheit zu geben. In der Regel sind sie die Beschützer der Teammitglieder, die sich im Hintergrund befinden. Die Stammspieler versuchen, alles unter Kontrolle zu halten und vor einer erneuten Traumatisierung zu schützen.

Richard Schwartz (1995) unterscheidet in seiner Arbeit mit der inneren Familie drei verschiedene Arten von inneren Teilen: »Verbannte«, »Feuerbekämpfer« und »Manager« (S. 79 ff.). Die als »Verbannte« benannten Teile sind die empfindsamsten Mitglieder des Systems. Wenn sie verletzt oder wütend sind, werden die Mitglieder dieser Gruppe zu ihrem eigenen Schutz oder zum Schutz des gesamten Systems eingesperrt bzw. im Inneren sehr weit in den Hintergrund geschoben. Das erste Teammitglied, das gebrannte Kind, gehört zu dieser Kategorie.

Die sogenannten »Manager« haben das Ziel, für den Schutz der verletzlicheren Teammitglieder zu sorgen. Sie neigen dazu, sich schützend und strategisch zu verhalten und sind daran interessiert, die Umgebung zu kontrollieren, um möglichst viel Sicherheit zu garantieren. Sie streben danach, die Aktivierung von Verbannten zu verhindern, indem sie diese zu allen Zeiten unter Kontrolle halten. Bei Adoptiv- und Pflegekindern haben sich die Manager in zwei Teams aufgeteilt. Während die Autonome, der Genießer im Hier und Jetzt, die Bestimmerin und der Tester sowohl nach außen als auch nach innen versuchen, alles im Blick zu behalten und unangenehme Gefühle zu unterdrücken, haben sich der Situations-Checker und die Ange-

passte auf den Außendienst spezialisiert. Sie stehen ganz vorne an der Kontaktlinie und agieren Hand in Hand. Die anderen Manager bilden eine Reihe dahinter und versuchen mit aller Kraft, die Schutzmauer aufrechtzuerhalten.

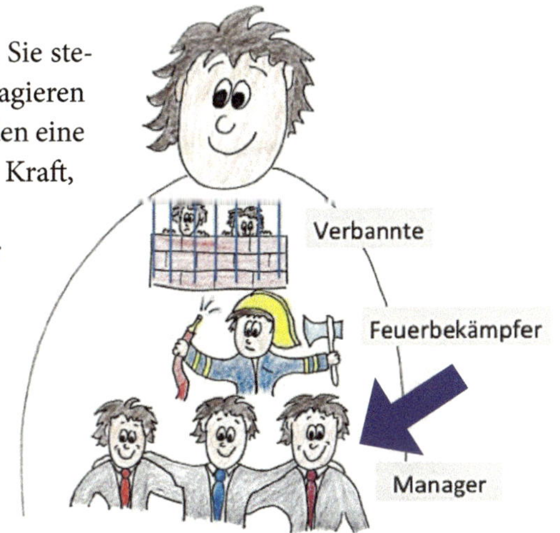

Einige dieser Manager, vor allem der Autonome, die Genießerin im Hier und Jetzt, der Bestimmer, die Testerin und der Situations-Checker, können uns als Eltern das Leben sehr schwer machen! Aber mit dem Wissen um ihre Funktion ist es uns möglich, ihnen gegenüber eine andere Haltung einzunehmen. Während wir vielleicht bisher eher den Impuls hatten, diese Teile beseitigen zu wollen, können wir jetzt verstehen, wie wichtig sie für unser Kind waren und sie entsprechend würdigen. Vielleicht können wir sogar ihre Stärken und Fähigkeiten sehen und anerkennen. So müssen wir die Teammitglieder nicht mehr bekämpfen, sondern ihre Funktion verstehen, damit wir wissen, was bei dem Kind im Hintergrund gerade los ist. Es gilt die Regel: Je stärker die verletzten Teile in Bedrängnis kommen, desto aktiver werden die Manager, um genau dies zu verhindern. Wenn wir als Eltern in einer solchen Situation noch zusätzlich anfangen, gegen die Manager zu kämpfen, ist damit nichts gewonnen. Wir gießen lediglich Öl in das Feuer. Stattdessen sollten wir die Situation entschärfen, für Ruhe und Sicherheit sorgen und das Kind darin unterstützen, sich wieder zu beruhigen. Die Manager müssen überzeugt werden, dass ihre Aktionen nicht mehr nötig sind. Sobald dies der Fall ist, treten sie ein Stück zur Seite und machen die Bühne frei für die verletzten Teile, die sich nun zeigen und versorgt werden wollen. Es geht also für uns als Eltern darum, den übermächtigen Managern die Arbeit abzunehmen und dem Kind in einer anderen konstruktiveren Weise Schutz zu geben. Auf diese Weise kann es sich flexibler verhalten.

Die sogenannten »Feuerbekämpfer« kommen zum Einsatz, wenn die Manager versagt haben und die Verbannten sich zu Wort melden. Feuerbekämpfer reagieren dann automatisch und sehr heftig. Sie versuchen, die Gefühle der Verbannten zu unterdrücken oder zu besänftigen. Diese Aufgabe übernehmen insbesondere die Überlebenskämpferin und der Träumer. Beide Teile haben sich direkt vor dem Gefängnis des gebrannten Kindes postiert und sorgen mit aller ihnen zur Verfügung stehenden Kraft dafür, dass es ruhig bleibt und nicht angetastet wird. Sobald die Feuerbekämpfer spüren, dass sie gebraucht werden, ist es so, »als

würde eine Alarmsirene losheulen und sie würden hektisch mobil machen, um das Feuer der Gefühle zu löschen« (Schwartz, 1995, S. 85). Um dies zu erreichen, greifen sie auch zu radikalen Maßnahmen wie zum Beispiel selbstverletzendem Verhalten.

Eigentlich haben Feuerbekämpfer und Manager dasselbe Ziel: Nämlich »die Verbannten in der Verbannung zu halten« (Schwartz, 1995, S. 86). Ihre Vorgehensweise unterscheidet sich dabei allerdings stark. Während die Manager versuchen, das Kind ständig zu kontrollieren und so zu verhindern, dass die Verbannten sich wieder einen Weg an die Oberfläche bahnen, reagieren die Feuerbekämpfer erst, wenn es bereits zu spät ist. Sie löschen das Feuer, retten, bergen und konzentrieren sich voll und ganz auf ihre Aufgabe. Dabei achten sie mitunter nicht darauf, welche Schäden entstehen. Die jeweilige Reaktion auf Traumata führt bei vielen Menschen zu einer zeitweilig konfliktreichen Dynamik zwischen verbannten, schützenden und leitenden Teilen. Je stärker die verbannten ausgeschlossen werden, desto heftiger treten die Manager im Falle einer Reaktivierung auf. Auch die Feuerbekämpfer fürchten sich dann – zu Recht – vor der Befreiung der Verbannten (Schwartz, 1995).

1.6 Heilsamer Umgang mit den inneren Teammitgliedern des Kindes

Wenn wir uns Gedanken darüber machen, wie wir positiv auf die inneren Teammitglieder des Kindes einwirken können, müssen wir uns einer Tatsache bewusst sein. Grundsätzlich sind alle Mitglieder »verbeamtet«, das heißt, sie sind unkündbar! Wir brauchen gar nicht erst darüber nachzudenken, wie man diejenigen, die dem Kind bzw. uns Eltern das Leben schwer machen, loswerden kann. Das würde nicht funktionieren. Im Gegenteil, je stärker die einzelnen Akteure in Bedrängnis geraten, desto vehementer wehren sie sich und der Druck im Inneren des Kindes steigt. Es ist hilfreich, sich zu verdeutlichen, dass alle Teammitglieder ausnahmslos positive Absichten haben. Einige von ihnen sind jedoch in der Vergangenheit stecken geblieben. Ihr Ziel ist es, das Überleben zu sichern, weil sie noch nicht realisiert haben, dass die Bedrohung nun vorüber ist. Dieses alte, bewährte Verhalten allerdings erscheint der Außenwelt nicht angemessen und nachvollziehbar. In der Arbeit mit traumatisierten Menschen ist es wichtiger, »darauf zu achten, was wir fördern wollen, als darauf, was beseitigt werden soll« (Grawe, 2004, zitiert nach Baierl, 2016b, S. 52). Insofern ist die Devise: »Heiße erst einmal jeden so willkommen, wie er kommen will!« (Schulz von Thun, 1998, S. 125). Darüber hinaus haben Symptome einen tieferen Sinn, sodass es falsch wäre, sie einfach »wegzumachen«. Stattdessen sollten sie überflüssig werden. Erst wenn dieser Sinn verstanden ist, kann man herausfinden, wie das damit verbundene Ziel auch anders erreicht werden kann.

Die gute Nachricht ist, dass Kündigungen im Inneren Team zwar nicht funktionieren, Neueinstellungen hingegen schon! Dadurch bietet sich die Möglichkeit, unserem Kind dabei zu helfen, den Zustand seines Inneren Teams zu befrieden. Erfahrungsgemäß sind einzelne Mitglieder sehr dankbar, ihren anstrengenden Job nicht mehr ausführen zu müssen. So entlastet wandeln sie sich dann häufig in konstruktive Unterstützer des inneren Systems.

Neben dem Umgang mit den einzelnen Teammitgliedern ist es grundsätzlich wichtig, das Oberhaupt des Inneren Teams in seiner Rolle zu stärken. Trotz aller inneren Vielfalt sagen wir »Ich« und nicht »Wir«. Das zeigt, dass es eine Instanz geben muss, die gewissermaßen über dieser inneren Vielfalt steht. In dem Modell des Inneren Teams nennen wir diese Instanz das »Oberhaupt«. Das Oberhaupt nimmt im Idealfall verschiedene Rollen ein: Zeuge, Moderatorin, Integrator und letzte Instanz. Das heißt, ein starkes Oberhaupt hat zunächst einmal die Fähigkeit, die innere Vielfalt wahrzunehmen. Im Konfliktfall kann es moderierend eingreifen und sich um die einzelnen Anteile so kümmern, dass sie wieder in die innere Mannschaft integriert werden. Im Zweifelsfall kann das Oberhaupt eine Entscheidung herbeiführen. Dies wäre der Idealfall, den wir uns in der Regel aber erst erarbeiten müssen (Schulz von Thun, 1998).

Manchmal ist das Oberhaupt eines Inneren Teams jedoch so schwach, dass ihm die Mitglieder auf der Nase herumtanzen. Innerlich tobt ein Sturm der unterschiedlichen Absichten und Bedürfnisse, nach außen ist die Person dadurch kaum noch handlungs- geschweige denn entscheidungsfähig. Unter Umständen verschmilzt das Oberhaupt mit einem der Teammitglieder so sehr, dass die betroffene Person gar nicht mehr spürt, wer gerade das Zepter in der Hand hält. Oder ein Teammitglied ist so durchsetzungsstark, dass es die anderen in den Hintergrund drängt.

Bei traumatisierten Kindern ist dies oft zu beobachten: Innere Teammitglieder wie zum Beispiel die Überlebenskämpferin, der Träumer oder die Autonome reißen das Zepter zeitweise an sich. Das Verhalten des Kindes wird dann in einer Weise gesteuert, dass es gar nicht anders kann, als genauso zu handeln. Deshalb ist es langfristig wichtig, das Oberhaupt des Kindes zu stärken und ihm so zu helfen, seine Steuerungsfähigkeit wiederzuerlangen. Dadurch gewinnt es die Freiheit, sich zwischen verschiedenen Verhaltensweisen zu entscheiden.

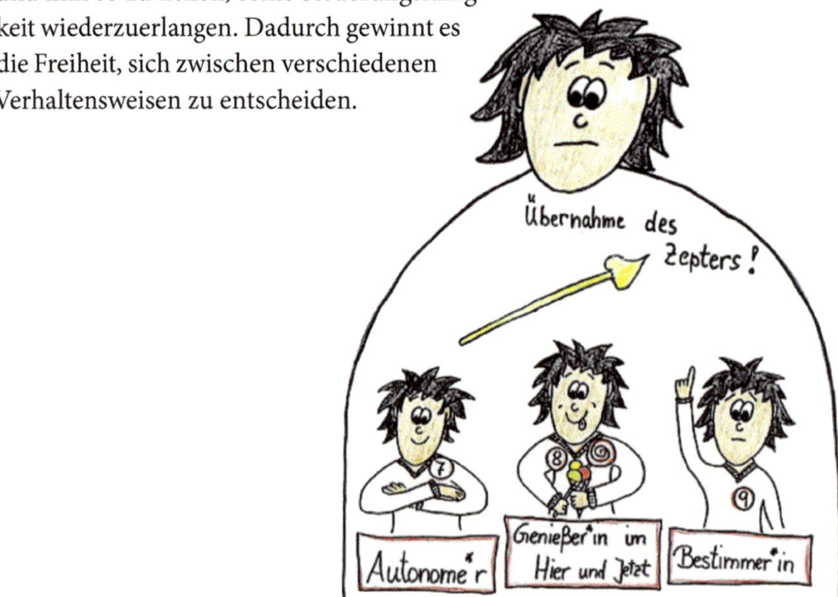

Der sechs Jahre alte Lucas darf seine Lieblingssendung im Fernsehen bis zum Ende anschauen, obwohl es schon spät ist. Seine Eltern hatten vorher mit ihm abgesprochen, dass es danach sofort ins Bett geht. Als die Sendung vorbei ist, schnappt sich Lucas plötzlich die Fernbedienung, zappt sich durch die Programme und bleibt an einer Dokumentation über Vulkane hängen. Auch nach mehrfacher Bitte der Mutter macht er den Fernseher nicht aus und hält die Fernbedienung mit aller ihm zur Verfügung stehenden Kraft fest.
Welche Teammitglieder sind in ihm wohl gerade aktiv und führen zu diesem Verhalten? Wahrscheinlich ist der Genießer im Hier und Jetzt im Spiel, der fernsehen am späten Abend sehr genießt. Außerdem ist die Doku doch gerade so spannend, dass er sie unbedingt schauen möchte! Möglicherweise hat auch der Autonome seine Finger im Spiel, ebenso wie der Bestimmer, der sich gerade die Fernbedienung geschnappt hat. Außerdem kann es sein, dass der Tester neugierig die neue Situation erforschen möchte. Diese Teammitglieder haben dem Oberhaupt das Zepter aus der Hand gerissen – es ist entmachtet. Lucas ist nicht mehr ansprechbar und reagiert auch nicht auf vernünftige Vorschläge. Wird die Mutter dann aus Verzweiflung laut oder reißt Lucas sogar die Fernbedienung aus der Hand, könnte zusätzlich noch der Überlebenskämpfer in das Spiel einsteigen. Auch wenn es in dieser Situation nicht wirklich ums Überleben geht, kann sie sich für Lucas trotzdem genauso anfühlen. Droht ein Gefühl von Ohnmacht, übernimmt der Überlebenskämpfer die Macht im Inneren des Kindes und kämpft mit allen Mitteln. Es gibt in diesem Moment keine wirkliche Lösung, ein Sich-Durchsetzen-Wollen der Mutter führt nur zum Machtkampf und damit zu einer Eskalation des Konfliktes.

Das Oberhaupt kann gestärkt werden, indem Situationen wie die eben beschriebene nach Abkühlen der Gemüter gemeinsam und in Ruhe besprochen werden. Diese Aussprache sollte zunächst einmal absichtslos erfolgen. Das heißt, das einzige Ziel in dem Gespräch sollte sein, genau herauszufinden, was los war. Seien Sie neugierig und interessiert, wie das Kind die Situation erlebt hat und vor allem wie es sich gefühlt hat. Über die genaue Erforschung lernt es zunächst einmal, seine innere Vielfalt wahrzunehmen. Dies ist die Voraussetzung dafür, langfristig die Steuerung über die innere Vielfalt zu erlangen.

Im Folgenden wenden wir uns nun den Teammitgliedern des Kindes zu mit der Frage, was genau jeder einzelne von ihnen für einen besonderen Umgang braucht, um zu kooperieren und etwas Positives zum Gesamtsystem beizutragen.

Das gebrannte Kind

Das gebrannte Kind ist der Teil im Inneren Team des Kindes, der vom Bewusstsein abgespalten und verbannt wurde, damit es die unerträgliche, schmerzliche Überflutung nicht mehr spüren muss. Diese Strategie funktioniert aber nicht. Das Teammitglied versucht immer wieder, sich ins Bewusstsein zu drängen. Das wird von dem betroffenen Kind zum Teil als lebensbedrohlich erlebt. So muss das gebrannte Kind immer wieder weggesperrt werden, was wiederum sehr anstrengend ist und viel seelische Energie bindet, die dem Kind dann nicht mehr für andere Dinge zur Verfügung steht.

Was das gebrannte Kind vor allem braucht, sind Ruhe, Schutz, Geborgenheit und Stabilität! Heilung kann nur dann passieren, wenn Abstand zu den schlimmen Erfahrungen der Vergangenheit gewährleistet ist. Das Kind muss mit allen zur Verfügung stehenden Mitteln vor einer Retraumatisierung – zum Beispiel durch Täterkontakt – geschützt werden. Dies ist für Pflegeeltern durch ihre Abhängigkeit von richterlichen Entscheidungen zum Besuchsrecht leider nicht immer durchzusetzen (Janning, 2020).

Luise Reddemann (2002) schreibt, dass jeder Mensch über »Selbstheilungskräfte verfügt und dass unsere wichtigste Aufgabe darin besteht, diese zu unterstützen« (S. 13). Entsprechend ressourcenorientiert ist ihre Arbeit. Dies bedeutet, sich bei jedem Verhalten zu fragen: *Welche Ressource muss dieser Mensch haben, um sich angemessen verhalten zu können?* Je weniger stabil die Kinder sind, desto stärker sollte der Fokus auf dieser Fragestellung liegen. In ihrem Buch »Verwundete Kinderseelen heilen« nennen Levine und Kline (2005) sowohl äußere als auch innere Ressourcen des Kindes, wobei unter »Ressource« alles verstanden wird, »was ein Gefühl von geistigem, körperlichem und spirituellem Wohlbefinden unterstützt und fördert« (S. 178). Kinder verfügen von Geburt an über gewisse innere Ressourcen, benötigen aber die Unterstützung von äußeren Ressourcen – also Erwachsenen – die sie fördern und ihnen Kraft geben. Nach Levine und Kline (2005, S. 178 f.) sind:

Äußere Ressourcen:
- Bezugspersonen, die sich dem jeweiligen Entwicklungsstand entsprechend verhalten, zugewandt und verlässlich sind
- Haustiere, Freunde und weitere unterstützende Mitglieder der Familie
- die Natur (zum Beispiel Wälder, Parks und Strände)
- Gegenstände, die die Sinne anregen (zum Beispiel Kuscheltiere und Spielsachen), aber auch weiche Materialien, Musik und harmonisches Licht

- Eine entsprechende Umgebung, in der sich die Kuscheltiere etc. befinden
- Ein Umfeld, das die Entwicklung fördert und dem Kind Fürsorge widerspiegelt (dies kann zum Beispiel durch soziale, religiöse und kulturelle Einrichtungen sowie Sportvereine positiv beeinflusst werden)

Innere Ressourcen:
- natürliche Begabungen (zum Beispiel in den Bereichen Kunst, Sport, Naturwissenschaften oder Sprache)
- energetische und kinästhetische Eigenschaften, die Motorik, Konstitution, Energie und Humor beeinflussen
- Charakterzüge wie zum Beispiel Eigeninitiative, Großzügigkeit und Einfallsreichtum
- Vorhandensein eines inneren Zentrums, das ein Gefühl von Ganzheit beschert

Um Vertrauen aufbauen zu können, benötigt ein Kind laut Annette Tenhumberg und Maria Michelbrink (2015) ein sicheres, stabiles und warmes Nest. Deshalb ist es wichtig, eine Alltagsstruktur in der Familie zu schaffen, die – über Vorhersehbarkeit und Planbarkeit hinaus – Sicherheit bietet und viele schöne Rituale in den Alltag einbindet. Unnötige Unruhe belastet das Kind, weswegen Bezugspersonen nicht ständig wechseln sollten. Je mehr Kontinuität und Verlässlichkeit es erlebt, desto besser. Adoptiv- und Pflegekinder müssen den Aufbau von Beziehungen zu einem späteren Zeitpunkt nachholen, weil es ihnen in der Vergangenheit oft nicht möglich war, funktionale und beständige Beziehungen zu den leiblichen Eltern aufzubauen. Um optimale Bedingungen für diesen nachträglichen Bindungsaufbau zu schaffen, sollten sich die Adoptiv- und Pflegeeltern zu Beginn allein um das Pflegekind kümmern und ihren Berufsalltag so organisieren, dass erst einmal keine Außenstehenden in die Kinderbetreuung miteinbezogen werden müssen. Wird ein Adoptiv- oder Pflegekind von weiteren und womöglich wechselnden Personen betreut, kann dies die Entwicklung der Eltern-Kind-Beziehung beeinträchtigen (S. 120).

Im Hinblick auf das gebrannte Kind im Inneren Team sollte das Thema Trauma immer im Hinterkopf bleiben – selbst dann, wenn sich das Kind unauffällig verhält. Soweit möglich und bekannt, sollten Erfahrungen vermieden werden, die negative Erinnerungen triggern könnten und so das gebrannte Kind aktivieren. Es ist unter anderem wichtig, das Kind nicht zu früh alleine zu lassen, sehr zuverlässig und pünktlich zu sein und es nicht zu überfordern (zum Beispiel mit zu hohen Erwartungen).

Das Thema Überforderung begegnet Adoptiv- und Pflegeeltern häufig, sobald das Kind zur Schule geht. Nicht unbedingt, weil es den schulischen Anforderungen intellektuell nicht gewachsen wäre. Vielmehr kann unser Schulsystem, dadurch dass es ein tendenziell defizitär orientiertes System ist, sehr schnell ein Gefühl von Ohnmacht auslösen. Dieses Gefühl kann wiederum ein Trigger für das gebrannte Kind sein und sollte deshalb unbedingt vermieden werden. Aus diesem Grunde gilt es, bei der Auswahl der Schule auf das eigene Gefühl zu hören und gut abzuwägen. Sie kennen Ihr Kind am besten. Trauen Sie ihm zu, mit Überforderungssituationen fertig zu werden? Oder ist es vielleicht von vornherein sinnvoll, eine Schulform zu wählen, die dem Kind nicht durch Leistungsorientierung zusetzt und in der das Kind angstfrei seine Persönlichkeit entfalten kann, vielleicht sogar ohne eine Bewertung durch Schulnoten? Für einige Kinder ist es sinnvoll, gefordert zu werden, weil sie dadurch merken, was ihnen zugetraut wird. Für andere wiederum ist dies der falsche Weg, weil bei ihnen schnell ein Gefühl von Überforderung aufkommt. Das hängt sehr davon ab, wie das Kind individuell auf Misserfolge reagiert und diese wegsteckt. Reagiert es schnell frustriert und fühlt sich ohnmächtig? Droht das gebrannte Kind, aktiviert zu werden?

Eine Möglichkeit dem Gefühl der Ohnmacht zu entkommen, ist die totale Verweigerung: *Mathe kann ich sowieso nicht! Ich lerne nicht, ich kriege sowieso eine Sechs!* Wenn das Kind sich erst einmal in diese Schutzhaltung begeben hat, ist es sehr schwer, es zu motivieren, diese wieder zu verlassen. Vielleicht ist Ihrem Kind das schlechte Abschneiden in einer Klassenarbeit aber auch eher unwichtig, weil es sich viel mehr für die Freizeitgestaltung am Nachmittag interessiert. Vielleicht macht es nur das Allernötigste für die Schule aus der Haltung heraus, dass Schulnoten doch nicht so wichtig seien. Wenn es aus diesem Grund schlecht abschneidet, dabei aber sehr intelligent ist, könnten Sie darüber nachdenken, eine eher herausfordernde Schulform zu wählen. Das Kind würde dort zwar wahrscheinlich keine guten Noten bekommen, aber das würde es im Rahmen einer anderen Schulform auch nicht. Stattdessen wäre der Lernertrag höher.

Für Sie und Ihr Kind ist es sehr von Vorteil, sich aller Trigger bewusst zu sein. Je besser Sie als Familie diese kennen, desto besser können Sie Ihr Kind davor schützen, durch bestimmte Reize getriggert zu werden und desto geringer ist auch die Gefahr, dass es seine Kontrollfähigkeit verliert (Schroeder, 2016). Eskalation sollten Sie, wenn irgendwie möglich, vermeiden. Grundsätzlich lohnt sich ein deeskalierendes Verhalten. Wenn man die Anzeichen für beginnenden Stress zu erkennen gelernt hat, ist es möglich, schon zu einem frühen Zeitpunkt entsprechend gegenzusteuern.

Wenn es gelingt, »all diese Dynamiken zu verstehen, den jungen Menschen, seine Not wie dessen Fähigkeiten zu würdigen und uns konsequent an der jeweiligen positiven Absicht hinter diesen Verhaltensweisen zu orientieren (z. B. Überleben, Sicherheit, Kontrolle), schaffen wir den Rahmen dafür, diese Teufelskreise in Engelskreise zu verwandeln« (Baierl, 2016a, S. 40). Die meisten Krisen lassen sich umgehen, indem man weniger auf das unter Umständen störende Verhalten achtet und stattdessen stärker auf die dafür verantwortlichen Emotionen – wie zum Beispiel Ohnmacht, Angst, Gefühl des Ungeliebtseins und der Wertlosigkeit – eingeht (S. 40).

Es ist außerdem hilfreich, wenn Sie als Eltern den Lehrern, Kinderärztinnen, Jugendgruppenleitern und Sporttrainerinnen, die mit Ihrem Kind in Kontakt stehen, möglichst frühzeitig »traumaspezifische Kenntnisse« vermitteln, das heißt, ihnen die Besonderheit Ihres Kindes erklären, damit diese die besondere Verhaltensweisen Ihres Kindes besser verstehen, kompetent handeln und »unnötige Eskalationen und Krisen vermeiden können« (Baierl, 2016c, S. 84). Ist das Kind noch klein, können die genannten Personen hervorragend in das Unterstützungssystem Ihres Kindes eingebunden werden. Manchmal müssen Sie für dieses regelrecht »werben« – besonders, wenn es sich für die Umwelt anstrengend und unbequem zeigt!

Lehrer werden oft unterschätzt, obwohl sie in ihrer Funktion als Vertrauens- und Autoritätsperson eine große Bedeutung für das Kind haben. Darüber hinaus beobachten sie genau und können wichtige Informationen aus dem Alltag Ihres Kindes weitergeben, weil sie neben den Eltern die meiste Zeit des Tages mit diesem verbringen. Eine »gute Vernetzung mit der Schule und einzelnen Lehrern ist daher nur zu empfehlen« (Baierl, 2016d, S. 117). Außerdem können Sie mit dem Lehrpersonal besprechen, »wer welchen Beitrag zu welcher Aufgabe (nicht) leisten kann und will. Dabei gilt es zu klären, was die Schule […] wissen muss, um dem jungen Menschen gerecht zu werden und die Sicherheit aller Beteiligten zu gewähren bzw. wo es Intimität zu wahren gilt« (S. 117). Es ist zum Beispiel wichtig, dass eine Lehrerin ihre Verpflichtung, die Anwesenheit in der Schule und die Hausaufgaben zu überprüfen, ernst nimmt. So wurde von Adoptiveltern berichtet, dass die Abwesenheit ihres Kindes in der Schule über Monate unbemerkt blieb, da es sich selbst Entschuldigungen schrieb. Eine zuverlässige Rückmeldung blieb aus.

Um das gebrannte Kind zu schützen ist es hilfreich, das Umfeld des Adoptiv- oder Pflegekindes aktiv auf sein Wohl ausgerichtet zu gestalten. Dieses gelingt beispielsweise, indem man das zukünftige Lehrpersonal an der Grundschule schon vor der Einschulung kennenlernt. Erscheint ein Lehrer oder eine Lehrerin davon besonders überzeugend, könnte man sich die Freiheit herausnehmen und versuchen, die Schulleitung zu überzeugen, dass das Kind genau zu dieser Person kommt. Denn wenn es schon einen schlechten Start in das Leben hatte, dann sollte es doch wenigstens einen guten Start in der Schule ermöglicht bekommen! Seien Sie aufmerksam, welche Freunde Ihrem Kind guttun und welche eher nicht. Mit welchen Kindern kommt es zur Ruhe und wirkt ausgeglichen? Welche Kinder regen es eher auf? Mit wem gibt es häufig Streit? Indem Sie bestimmte Kinder zum Spielen zu sich nach Hause einladen oder aber konfliktträchtige Freundschaften hinterfragen, können Sie aktiv Einfluss auf den Freundeskreis Ihres Kindes nehmen.

Ist eine Therapie erforderlich, ist es sehr wichtig, eine Therapeutin zu finden, die sich mit dem Thema Trauma auskennt. Denn »wird keine traumaspezifische Anamnese erhoben, wird schnell übersehen, dass Mädchen und Jungen, welche zum Beispiel Symptome einer Störung des Sozialverhaltens, ADHS oder einer Depression zeigen, dies als Folge einer Traumatisierung tun und der Symptomatik ursächlich traumatypische Dynamiken zugrunde liegen« (Baierl, 2016a, S. 24). Erhält Ihr Kind keine spezifische Traumatherapie oder landet bei einer Therapeutin, die es nicht als hilfreich empfindet, besteht die Gefahr, dass es die Therapie als nutzlos erlebt. Möglicherweise ist es dann bald nicht mehr motiviert und wehrt sich später auch gegen andere Therapien, weil es diese grundsätzlich anzweifelt. Die Beziehung zur Therapeutin ist ein entscheidender Faktor, der nicht unterschätzt werden sollte. Achten Sie also darauf, dass Ihr Kind seine Therapeutin mag.

Neben dem Ansatz des »Somatic Experiencing«, einer auf den Körper fokussierten Methode zur Lösung von traumatischem Stress, haben sich folgende traumaspezifische Therapieverfahren als hilfreich erwiesen (Baierl, 2016d, S. 119):

- EMDR (Eye Movement Desensitization and Reprocessing)
- Narrative Expositionstherapie für Kinder (KIDNET)
- Traumazentrierte Spieltherapie
- Psychodynamisch imaginative Traumatherapie für Kinder (PITT-KID)
- EDxTM (Energy Diagnostics and Treatment Methods)

Für das Kind ist es in der Regel hilfreich, seine traumatischen Erfahrungen besser zu verstehen. Dadurch gewinnt es Selbstsicherheit und kann erkennen, dass es völlig normal ist. Das hingegen, was es erleben musste, ist verrückt. Um traumatisierten Kindern das Verständnis von Traumatisierung und seinen Folgen zu erleichtern, hat Andreas Krüger das Wissen um die Psychotraumatologie in seinen beiden Büchern »Powerbook 1« (2013) und »Powerbook 2« (2015) in eine sehr einfache, anschauliche und bildhafte Sprache für Kinder übersetzt.

Um die richtigen Worte zu finden, bieten diese Titel eine gute Inspiration. Der Autor bietet Möglichkeiten zur Selbstheilung, die zu schneller und spürbarer Entlastung führen können. Er zeigt Wege auf, wie sich ein seelisch verletzter Mensch selbst Halt geben kann. Durch praktische Tipps und Übungen eignen sich die Bücher auch zum Vorlesen für Kinder.

Der*die Überlebenskämpfer*in

In einer Situation, in der die Überflutung mit alten Gefühlen droht, gerät die Überlebenskämpferin unter extremen Druck. Aus diesem Grund übernimmt sie das Zepter und das Kind als Oberhaupt verliert die Kontrolle. Es reagiert impulsiv, gedankenlos und reaktiv mit einer Energie, als würde es tatsächlich um die Sicherung seines Überlebens gehen. Ein solches Verhalten empfindet das Umfeld häufig als völlig unangemessen und extrem.

Die ersten inneren Impulse, die man als Gegenüber in diesen Situationen verspürt, sind häufig so etwas wie: *Das kann ich mir doch so nicht bieten lassen! Da muss ich hart durchgreifen! Ich lasse mir doch nicht auf der Nase herumtanzen!* Diesen Gedanken spontan nachzugeben, wäre allerdings ein großer Fehler! Überdenken und kontrollieren Sie Ihre Gefühle, verschaffen Sie sich dazu notfalls Zeit. Wenn Sie in eine Auseinandersetzung mit dem Kind einsteigen, bei der die Überlebenskämpferin mitmischt, können Sie diesen Kampf nur verlieren! Versuchen Sie stattdessen, sich vor Augen zu führen, was gerade bei Ihrem Kind abläuft und dass lediglich ein kleiner Teil des Inneren Teams das Zepter übernommen hat. Und zwar ein Teil, der für das Kind überlebenswichtig war und noch nicht verinnerlicht hat, dass sich die Umstände geändert haben. Realisieren Sie die große, innerliche Not Ihres Kindes, das nun all seine Energie mobilisiert. Verwenden Sie besser Ihre Kreativität darauf, die Situation zu beenden. Vermeiden sie Verhalten, das in der Situation zusätzlich eskalierend wirkt. Je ruhiger Sie in solchen Situationen bleiben, desto handlungsfähiger sind Sie und können Ihrem Kind in seiner Not zu helfen und es wieder beruhigen. Nutzen Sie Ihre Erfahrung, um möglichst nicht wieder in solche Situationen zu kommen, agieren Sie vorausschauend.

Die Überlebenskämpferin kann nur überzeugt werden, dass sie nicht mehr gebraucht wird, indem das Kind immer wieder gute Erfahrungen mit seinen Adoptiv- oder Pflegeeltern macht. Sie muss verstehen, dass die Eltern von nun an ihre Rolle übernehmen und das Überleben des Kindes sichern. Ein schönes Beispiel für den konstruktiven Umgang mit der Überlebenskämpferin findet sich in dem Buch »Das kindliche Entwicklungstrauma« von Elke Garbe (2015):

Die fünf Jahre alte Lotte lebt seit einem Jahr bei ihren Pflegeeltern und gerät in einem Moment, in dem sie sich nicht verstanden fühlt, in einen Zustand größter Wut. Sie schreit ihre Pflegeeltern aus vollem Halse an und schubst sie von sich weg. Diese schaffen für das Kind einen »sicheren Raum« und reden ihm gut zu: »Du bist hier bei uns, du bist fünf Jahre und in Sicherheit, alles ist gut. Wir haben dich nicht verstanden, aber wir wollen dich verstehen. Du musst uns helfen, dann schaffen wir es gemeinsam. Wir haben dich lieb« (S. 89). Nachdem Lotte ihr Geschrei zunächst noch verstärkt, wird sie langsam wieder leiser, um die Worte ihrer Pflegemutter verstehen zu können: »Ich komme nun langsam zu dir, ich bringe deinen Teddy mit und eine Decke, damit du dich einkuscheln kannst, alles ist gut« (S. 90). Berühren lassen möchte sich das Mädchen zwar noch nicht, aber es nimmt sein Stofftier und lässt sich die Decke um die Schultern legen. Die Pflegemutter redet weiter mit leiser Stimme auf Lotte ein, langsam wird sie ruhiger und richtet sich dann an die Erwachsene: »Ich wollte doch nur sagen, dass ich hingefallen bin und die Hose ein Loch hat.« »Achso, das kriegen wir schon wieder hin, wir hatten dich nicht verstanden, das tut uns leid« (S. 90).

Dieses Fallbeispiel zeigt, mit wie viel Geduld und Einfühlungsvermögen es schließlich gelingen kann, dass sich das traumatisierte Kind wieder beruhigt. Damit können basale Entwicklungsprozesse nachgeholt werden. Wird das Kind dagegen mit der Aufforderung in sein Zimmer geschickt, erst wiederzukommen, wenn es sich beruhigt hat, sieht es sich in der Ansicht bestätigt, dass nach wie vor niemand seine Not versteht. Der Überlebenskämpferin wird dadurch vermittelt, dass es eben doch keine Eltern gibt, die ihre Aufgabe übernehmen könnten.

Umso wichtiger ist es, in der Familie eine gute Streitkultur zu etablieren. So kann es zum Beispiel in einem Konflikt mit dem Kind eine sinnvolle Maßnahme sein, als Elternpaar nicht gemeinsam und damit als geschlossene Einheit aufzutreten. Das Kind würde sich lediglich klein und ohnmächtig fühlen. Eine wunderbare Möglichkeit in einem solchen Fall ist es, dass einer der beiden Elternteile die Moderation des Konfliktes übernimmt und vielleicht sogar ein bisschen Partei für das Kind ergreift. Dieses kann so zum einen die Erfahrung machen, dass es nicht allein gegen eine Übermacht antritt. Stattdessen lernt es, dass da jemand ist, der ihm zur Seite steht und wirklich versucht, ihn zu verstehen. Gegebenenfalls den anderen Elternpart auch mal in seine Schranken weist. Zum anderen lernt das Kind dadurch, wie man auf eine gute Art und ohne sich zu verletzen konstruktiv mit Konflikten umgehen kann. Es erlebt, wie wichtig es ist, die andere Person ausreden zu lassen und gut zuzuhören und dass die besten Lösungen diejenigen sind, die man gemeinsam erarbeitet hat und denen beide Seiten zustimmen. Solch eine gemeinsam in der Familie entwickelte Konfliktkultur ist eine der besten Investitionen, besonders auch im Hinblick auf die Pubertät.

Es kann auch lohnenswert sein, nicht jeden Konflikt sofort lösen zu wollen, sondern sich in Geduld zu üben und eine gute Gelegenheit abzupassen. Nach einem Konflikt, wenn sich die Gemüter wieder beruhigt haben, kann das Durchlebte dann aufgegriffen und in Ruhe besprochen werden. Hier geht es nicht darum, dem Kind gegenüber Recht zu haben und sich zu behaupten, sondern vor allem darum, die Hintergründe zu verstehen. Also hören Sie dem Kind zu. Wie hat es sich gefühlt? Warum hat es sich so verhalten? Unterstellen Sie ihm gute Gründe für sein Handeln und versuchen Sie gemeinsam herauszufinden, was der Auslöser des Konfliktes gewesen sein könnte. Planen Sie gemeinsam, wie Sie sich beide in einer zukünftigen Situation besser verhalten wollen, damit der Konflikt nicht wieder eskaliert. Fragen Sie ihr Kind, was es in so einer Situation von Ihnen braucht, denn es ist in Bezug auf diese Frage ein sehr kompetenter Ratgeber. Nutzen Sie diese Kompetenz.

Entwickeln Sie gemeinsam mit Ihrem Kind Alternativstrategien für die Überlebenskämpferin. Dies setzt natürlich voraus, dass der Konflikt noch nicht so sehr eskaliert ist, dass er noch beeinflusst werden kann und das Kind nicht bereits von dem Teammitglied überwältigt wurde. Das heißt, das Kind muss lernen, selbst Kontrolle über diesen Teil zu bekommen. Ein sehr anschauliches Bild hierfür, besonders für Kinder, die sich für »Star Wars« interessieren, ist der Vergleich mit der Ausbildung der Jedi-Ritter. Hier geht es für die jungen Padawans (Schüler in der Ausbildung zum Jedi-Ritter) darum, die Macht kontrollieren zu können. Ziel ist also, nicht mehr einfach auszurasten, sondern Macht über die eigenen Gefühle zu haben. Hierbei kann regelmäßiger Sport helfen, denn er reguliert den Energiehaushalt Ihres Kindes.

Ist die Überlebenskämpferin im Kind bereits aktiviert, ist es wichtig, dieses mit seiner Wut und Aggression anzunehmen und zu versuchen, es mit viel Empathie zu verstehen – selbst wenn Sie damit zur Zielscheibe werden. Denn es ist in gewisser Weise so, als hätte das Kind »die Adresse verloren«: Seine Aggression richtet sich in diesen Momenten innerlich immer noch gegen die leiblichen Eltern, mit denen es in seiner Vergangenheit negative Erfahrungen gemacht hat. Unter Umständen verschwimmen also die Eindrücke. Nehmen die Adoptiv- oder Pflegeeltern die Gefühle des Kindes ernst, empfindet es seine Wut und Aggression als berechtigt und die Situation kann besser gesteuert werden. Zum Beispiel mithilfe von alternativen Handlungsangeboten – statt mit den

Fäusten zu schlagen, lieber Boxhandschuhe verwenden oder mit Kissen statt mit Vasen werfen usw. (Nienstedt u. Westermann, 2007, S. 116 ff.).

Nehmen Sie Ihr Kind sehr aufmerksam wahr und achten Sie auf die feinen Signale (Mimik, Gestik und Erregungszustand), die die Überlebenskämpferin ankündigen. Verhalten Sie sich deeskalierend und beruhigend. Eine große Ressource ist die Fähigkeit, die eigenen körperlichen Empfindungen zu verändern und das Kind dementsprechend zu motivieren, intensiv auf die eigenen Signale zu lauschen. Auf diese Weise kann es sich aktiv verändern (Levine u. Kline, 2005). So können Sie unter anderem folgende Formulierungen vorschlagen: »Was spürst du in deinem Körper? Wo spürst du das in deinem Körper? Was erlebst du gerade?«

Laut Peter A. Levine und Maggie Kline (2005) ist die Grundvoraussetzung für ein gutes Selbstbewusstsein »die Fähigkeit, nach einer Erfahrung von Verletzlichkeit zu Stärke und Kompetenz zurückzukehren«, weil so Vertrauen geschaffen wird (S. 183). Ein traumatisiertes Kind, das Kontakt zu seinen inneren Empfindungen hat, achtet auf Impulse aus dem Kern des Reptiliengehirns. In der Folge wird es wahrscheinlich subtilere Veränderungen und Reaktionen feststellen. Durch diese veränderte Wahrnehmung kann es besser Einfluss nehmen und muss sich nicht mehr als Opfer seiner überbordenden Erregung fühlen. Unabhängigkeit von äußeren Ereignissen bewirkt eine innere Stabilität. In der Sprache des Inneren Teams bedeutet das, dass nicht mehr die Überlebenskämpferin das Zepter in der Hand hat, sondern dass das Kind wieder aus der übergeordneten Position des Oberhaupts heraus wahrnimmt und steuert.

Darüber hinaus ist es für die Überlebenskämpferin von entscheidender Bedeutung, wie sie Sie als Eltern wahrnimmt. Das Teammitglied kann sich besser entspannen, wenn Sie Stärke zeigen. Mit starken Eltern sind Eltern gemeint, die die Aufgabe übernehmen, gut für ihr Kind zu sorgen und besonders auch die verletzlichen Teile zu schützen. Sie agieren für das Kind, achten auf seine Bedürfnisse und erkennen, wenn alte Überlebensstrategien aktiv sind. Sie lassen sich nicht in diese verwickeln, sondern bleiben liebevoll, ruhig und präsent im Kontakt. Auf diese Weise gelingt es, die Überlebenskämpferin auch langfristig überflüssig zu machen.

Im Zusammenhang mit der Überlebenskämpferin sollten Sie besonders das Thema Medienkonsum im Blick behalten – auch wenn es gegen den Trend ist (Kinder haben immer früher einen nahezu unbeschränkten Zugang zu Medien) und Ihnen sehr viele Auseinandersetzungen mit Ihrem Kind einbringen wird. Was dieses als Gegenpart zu der von Reflexen bestimmten Überlebenskämpferin lernen muss, ist Selbstkontrolle. Das heißt, zunächst eigene Impulse wahrzunehmen, sich über die Folgen einer Handlung Gedanken zu machen und sich dann dafür oder dagegen zu entscheiden. Bei Selbstkontrolle geht es immer darum, Reflexe zu unterdrücken – zum Beispiel bestimmte Süßigkeiten nicht zu essen, sich nicht ablenken zu lassen und den eigenen Ärger nicht zeigen. Gelingt es uns, bewusst Nein zu sagen und uns zu beherrschen, wird das Gehirn entsprechend trainiert (Spitzer, 2012). In den meisten Computerspielen passiert genau das Gegenteil: Reflexartiges Verhalten wird gefordert, überlegendes und abwägendes hingegen nicht. Das intensive und dauerhafte Trainieren dieses reflexartigen Verhaltens hinterlässt Spuren im Gehirn und wird damit leider auch auf Alltagssituationen übertragen.

Hinzu kommt, dass viele Computerspiele Gewalt beinhalten. Laut Nicole Strüber (2019) benötigen Kinder in jungen Jahren viele »nicht-digitale Erfahrungen«. Zudem entstehen durch den unter Umständen grenzenlosen Konsum von digitalen Medien oft Probleme, die vor allem Kinder mit einer »Neigung zu aggressivem und unempathischem Verhalten« negativ beeinflussen können. Ursache und Wirkung sind hier allerdings noch nicht abschließend geklärt (S. 234).

Da Adoptiv- und Pflegekinder durch ihre Vorgeschichte erheblich belastet sein können und schon allein damit eine erhöhte Wahrscheinlichkeit für die Ausprägung von Konzentrationsstörungen oder Schwierigkeiten in der Impulskontrolle mitbringen, macht es meines Erachtens nach Sinn, den Medienkonsum dieser Kinder stark einzuschränken und zu steuern, mit welchen Inhalten sie sich in der medialen Welt beschäftigten.

Der*die Träumer*in

Der Träumer hilft dem Kind dabei, sich ab und zu aus der gegenwärtigen Situation herauszuziehen und in eigene Welten abzutauchen. Das ist eine gute Möglichkeit (nicht nur für Adoptiv- und Pflegekinder!), den ständigen Anforderungen zu entfliehen – besonders dann, wenn sie als unangenehm erlebt werden. In die Luft zu schauen, an nichts denken zu müssen oder nur an Dinge, die einen interessieren, kann eine erholsame Pause vom anstrengenden oder langweiligen Alltag sein. Diese sogenannten Dissoziationen lassen sich bewusst steuern und sind vor allem für kreative Prozesse wichtig (siehe Abschnitt 1.4), können für ein Kind aber auch einen Ausweg aus einer belastenden Situation darstellen. Denn wenn die innere Erregung in Form von Angst oder Nervosität einen unerträglichen Grad erreicht, sorgt der Träumer dafür, dass das Kind wie »ausgeknipst« ist. Es verliert dann jeglichen Bezug zu seiner Umwelt, verliert die Kontrolle und lässt einfach geschehen. Mit diesem Zustand können Apathie, Vor- und Zurückschaukeln, ins Leere starren und auch fremdaggressives Verhalten oder Selbstverletzung einhergehen.

Wenn sich das Kind in einem solchen dissoziativen Zustand befindet, ist es wichtig, diesen schnellstmöglich zu unterbrechen und es aus seiner Trance zurückzuholen. Je nachdem, welche Erfahrungen bei dem Kind zum Trauma geführt haben, kann eine Berührung die Dissoziation noch verschlimmern. Es empfiehlt sich daher, akustische Signale zu erzeugen (zum Beispiel ein Schnipsen oder Klatschen) oder das Kind mit seinem Namen anzusprechen, um seine Aufmerksamkeit wieder auf die Außenwelt zu lenken. Visuelle Reize irritieren ebenfalls und bieten die Möglichkeit einer Unterbrechung des dissoziativen Zustandes. Hilfreich sind auch Orientierungshilfen für das Kind, die ihm sagen, wo es gerade ist, wie es heißt und was als nächstes passieren wird. Am wichtigsten ist es, ruhig zu bleiben, dem Kind Sicherheit zu vermitteln und langsam wieder Kontakt zu ihm aufzunehmen (Schroeder, 2016).

Der*die Selbstentwerter*in

Die Selbstentwerterin im Inneren Team des Kindes sorgt dafür, dass es die eigene Ohnmacht nicht spüren muss, indem es sich die Schuld an dem Trauma gibt. Es ist davon fest überzeugt und glaubt, nichts wert zu sein. Deshalb ist es wichtig, dem Aspekt der Wertschätzung große Aufmerksamkeit zu schenken und erst einmal grundsätzlich davon auszugehen, dass ein Kind sich immer gerade so verhält, wie es ihm möglich ist. Soll sich das Verhalten ändern, müssen zunächst die inneren und die äußeren Umstände dahingehend angepasst werden, dass in Zukunft »mehr Wahlmöglichkeiten zur Verfügung stehen« (Baierl, 2016b, S. 47). Aus dem Bereich der Resilienz- und Hirnforschung ist außerdem bekannt, dass Menschen positive Emotionen wie Optimismus und Freude später im Leben noch erlernen können – selbst wenn sie bislang wenig gute Erfahrungen gemacht haben (Bruchholz u. Tscherny, 2016).

Eine wichtige Aufgabe für die Eltern eines Adoptiv- und Pflegekindes ist es, dem Kind zu helfen, ein positives Selbstbild zu entwickeln. Da innere Teammitglieder unkündbar sind, können wir davon ausgehen, dass die Selbstentwerterin dauerhaft bleibt. Es geht also darum, einen Gegenspieler zu diesem Teammitglied zu entwickeln, der dem Kind hilft, sich selbst in einem anderen Licht zu sehen. Doch wie geht das? Dies ist nicht einfach und ein langer Weg, der sehr viel Unterstützung von Ihnen erfordert. Aber es lohnt sich, an dieser Stelle zu investieren! Der Aufbau eines selbstbestärkenden Teammitglieds lässt sich mit einem Samen vergleichen, den man auf einem steinigen Acker sät. Das ist mühsam und erfordert in der ersten Zeit einen hohen Einsatz. Es muss regelmäßig gedüngt und gewässert werden, die jungen Pflanzen benötigen liebevollen Schutz. Aber irgendwann werden diese Pflänzchen bei guter Pflege groß und stark und fangen an zu blühen. Dies zu erleben, ist eine unglaubliche Freude!

Helfen Sie Ihrem Kind bei der Suche nach seiner Identität in wertschätzender und unterstützender Weise. Bestärken Sie es in seiner Persönlichkeit: »So wie du bist, bist du genau richtig! Du musst dich nicht anstrengen, verbiegen, irgendetwas Besonderes leisten, nein, genauso wie du bist, haben wir dich lieb!«. Genau das kann das Kind noch nicht glauben. Seien Sie geduldig, denn bevor die Selbstentwerterin sich ändert und leiser wird, möchte sie gesehen und verstanden werden.

Die sechs Jahre alte Philippa macht seit zwei Jahren Judo und ist ein richtiges Naturtalent. Sie hat viel Kraft und ist blitzschnell in ihren Bewegungen. Ihre Trainerin möchte, dass sie an einem Wettkampf teilnimmt, weil sie sicher ist, dass Philippa Erfolg haben wird und wahrscheinlich sogar einen der ersten Plätze belegen könnte. Als Philippa in der Judohalle bei den ersten Kämpfen anderer Kinder zuschaut, verkriecht sie sich auf den Schoß ihrer Pflegmutter und möchte plötzlich nicht mehr teilnehmen. Mehrfach geht die Trainerin liebevoll auf sie zu, um sie zu überzeugen, doch noch mitzumachen, bis sich die Pflegemutter klar und bestimmt für Philippa einsetzt und deren Entscheidung unterstützt. Danach entspannt sich das Mädchen und schaut plötzlich sehr interessiert den anderen Kindern beim Kämpfen zu. Nach kurzer Zeit sagt sie sehr klar zu ihrer Pflegemutter: »Ich mache da mit, wenn ich zehn Jahre alt bin! Jetzt bin ich noch zu klein!«. Die Pflegemutter sagt daraufhin bewundernd zu ihr: »Wie toll, dass du schon weißt, was für dich gut ist! Das ist doch eine gute Idee!«

Suchen Sie nach Stärken des Kindes und spiegeln Sie ihm diese wider, suchen Sie nach dem, was dem Kind Spaß und Freude bereitet. Da es andere genetische Voraussetzungen als Sie hat, sind Unterschiede an dieser Stelle sehr wahrscheinlich. Finden Sie gemeinsam mit ihrem Kind heraus, was genau sein individuelles Wesen ausmacht, was es gerne mag und was es gut kann. Nehmen Sie die Herausforderung an, wirklich sein Inneres zu sehen und schauen Sie, welche Begabungen es mitbringt. Fördern Sie diese Begabungen! Seien Sie ehrlich mit sich selbst. Warum soll das Kind einer bestimmten Sportart nachgehen? Weil es selbst so viel Freude daran hat oder seine Begabungen genau dort liegen? Oder vielleicht, weil Sie selbst so viel Freude an dieser Sportart haben und sich wünschen, dass Ihr Kind genau das teilt? Das könnte natürlich eine schöne Verbindung hervorbringen, aber hier lauert auch eine Falle: Das Kind hat vielleicht gar nicht so viel Spaß an der Sache oder kein Talent für diese Sportart, möchte es Ihnen aber recht machen, um Ihnen zu gefallen. Dann merkt es, dass es Ihren Ansprüchen nicht gerecht wird und erlebt das, was eigentlich Freude machen soll, als Misserfolg. Wie viele bedauernswerte Kinder spielen Fußball, Handball, Basketball, Tennis oder Hockey nur deshalb, weil es Papa (der heute am Spielfeldrand steht und genervt und unzufrieden rumbrüllt) auch schon gemacht hat und richtig gut darin war?

Im Umgang mit der Selbstentwerterin ist wichtig, die Bindung während eines Konflikts aufrechtzuerhalten! Jede Auseinandersetzung ruft sie auf den Plan. Sie sieht sich schnell bestätigt und geht davon aus, dass am Ende doch alles nur eine Lüge war und man schlecht und ungenügend ist und nicht geliebt wird. Die Bindung ist für ein Adoptiv- oder Pflegekind nicht sicher. Genau dann, wenn das Kind es »am wenigsten verdient«, braucht es am meisten Liebe und Unterstützung. Deshalb bauen Sie unbedingt immer wieder Brücken, reichen Sie immer wieder die Hand zur Versöhnung, ganz gleich, wie schlimm sich das Kind verhält und wie verletzt Sie selbst sind. Dies ist Ihr Job.

Traumatisierte Kinder haben nach Martin Baierl (2016e) »das Vertrauen darin verloren, ausreichend gut für sich zu sorgen und sich schützen zu können. Kontrollverluste beängstigen und stellen das Selbst in Frage. Um wieder bei sich selbst sicher sein zu können, müssen Mädchen und Jungen die Erfahrung machen, das Leben wieder selbst in der Hand zu haben, Herausforderungen eigenständig begegnen zu können, in der Lage zu sein, sich selbst zu schützen bzw. zu wehren, zu erleben, keine Gefahr für sich oder andere zu sein, und zu erleben, selbst wertvoll zu sein« (S. 68). Dabei ist es hilfreich, die unkomplizierten Anteile im Kind und seine natürlichen Begabungen in den Fokus zu nehmen. Außerdem sollten Eltern gut darauf achten, dass es nicht überfordert wird und darüber nachdenken, wie man dem vorbeugen kann, um ein erneutes Scheitern zu verhindern (S. 68).

An dieser Stelle kommt wieder die Ressourcenorientierung ins Spiel, die gerade im Zusammenleben mit traumatisierten Kindern ein hilfreiches Werkzeug ist. Stellen Sie sich also die Frage, was Sie tun können, welche Ressourcen Ihr Kind zur Verfügung hat, damit es sich auf eine bestimmte Art und Weise verhalten kann. Überlegen Sie gemeinsam mit dem Kind, wie es diese nutzen kann und stellen Sie die Aspekte, die Sie fördern möchten, in den Vordergrund (Baierl, 2016b). Talente und Hobbys, die als Energiequelle dienen und somit stabilisieren können, hat jedes Kind. Diese Ressourcen müssen lediglich gefunden, gestärkt und entsprechend entwickelt werden. Je mehr davon vorhanden sind, desto eher gelingt es, dem Kind Handlungsangebote zu machen, die zu seiner Stabilisierung beitragen können. Ob es nun besonders sportlich ist oder sprachbegabt, ist dabei nicht entscheidend. Stattdessen ist es am wichtigsten, dass das Kind spürt, dass es seine Ziele erreichen kann (Kuczynski, 2016). Dazu gehört auch, viele Erlebnisse zu schaffen und viel gemeinsam zu unternehmen (zum Beispiel in der Natur).

Positive Verstärkung ist laut Manuela Schroeder (2016) »neben der Verhaltensänderung eine Notwendigkeit zur Stärkung des Selbstwertgefühles« (S. 220). Traumatisierte Kinder sind oft nicht in der Lage zu sehen, wie wertvoll sie sind und was sie leisten. Um ihnen durch positive Verstärkung zu zeigen, dass sie wahrgenommen werden, reichen häufig schon Kleinigkeiten aus (S. 220). Auch hier gilt wieder: Stellen Sie in den Vordergrund, was gelingt! Und versuchen Sie, Ihre Anerkennung unabhängig von der Qualität der erbrachten Leistung zu zeigen (zum Beispiel in Bezug auf ein selbst gemaltes Bild). Denn gerade Kindern mit einem schlechten Selbstwertgefühl kann dies sehr helfen.

Mit Kritik sollten Sie sparsam umgehen. Wenn Sie sich kritisch äußern, beziehen Sie sich dabei nicht auf die Person, sondern auf ihr Verhalten! Seien Sie nicht zu ehrgeizig beim gemeinsamen Spiel, denn es wäre sehr schade, wenn das Kind durch dauerndes Verlieren die Lust daran verlöre. Es schadet nicht, das Kind ruhig häufiger einmal gewinnen zu lassen. Es kann sogar den Reiz eines Spieles für den Erwachsenen erhöhen, wenn das Kind immer gerade knapp gewinnt, weil sich dies oft nicht so einfach steuern lässt und somit auch eine spannende Herausforderung für den Elternteil ist. Oder Sie könnten anbieten: »Ich darf nur mit links Tischtennis spielen und du mit rechts. Du darfst immer zwei Mal würfeln, ich nur ein Mal. Das ist ja sonst ungerecht, weil ich ja schon groß bin!«. Spaß und Lebensfreude sind nicht nur »tolle Begleiterscheinungen des Lebens«, sondern können »wesentlich zur Genesung und zu einer positiven Entwicklung und Lebenseinstellung« beitragen (Lohmann, 2016, S. 131).

Lebensfreude wird auch durch körperliche Aktivitäten wie Sport und Bewegung verstärkt. Die Kinder können so ihre Grenzen austesten und entwickeln ein besseres Körpergefühl. Darüber hinaus werden ihre Emotionen positiv verstärkt, weil sie etwas geleistet haben (Lohmann, 2016). Spiritualität und der Glaube an »eine wie auch immer geartete Macht«, die das Kind schützt, begleitet und ihm Halt gibt, ist ebenfalls ein starker Faktor für die Ausprägung von Resilienz (Baierl, 2016e, S. 69).

Wenn sich das Kind für Tiere interessiert, ermöglichen Sie ihm den Umgang mit Tieren. Es müssen keine eigenen Haustiere sein. Der Kontakt zum Pferd beim Reiten, eine Wanderung mit Esel im Urlaub, der Hundespaziergang mit einem Hund aus dem Tierheim oder das Aufpäppeln eines aus dem Nest gefallenen Vogels reichen schon aus. Obwohl die positive Wirkung von Tieren auf Menschen schon seit Jahrtausenden bekannt ist, wurde erst vor etwa fünfzig Jahren damit begonnen, diese wissenschaftlich zu untersuchen (Greiffenhagen u. Buck-Werner, 2012). So konnte zum Beispiel belegt werden, dass der Entwicklungsprozess eines Kindes durch den Kontakt zu Tieren positiv unterstützt wird. Schon die Anwesenheit von Tieren allein fördert die Leistungsfähigkeit und hellt die Stimmung auf (Julius, Beetz, Kotrschal, Turner u. Uvnäs-Moberg, 2014). Tiere beruhigen und puffern damit physiologische Stressreaktionen ab. Es wurde sogar festgestellt, dass die Anwesenheit eines Tieres in Stresssituationen zu einer Senkung der Herzfrequenz oder des Blutdrucks führen kann. Dies gilt besonders, wenn man sich mit einem vertrauten und geliebten Haustier umgibt. Dessen Zuneigung vermittelt das Gefühl vorbehaltloser Akzeptanz, die wiederum eine große Bedeutung für eine gesunde emotionale Entwicklung hat (Beetz, 2003). Auch der Selbstentwerterin kommt diese bedingungslose Akzeptanz zugute, denn sie wirkt wie eine stetig sprudelnde Quelle von Liebe, Anerkennung und Bestätigung und kommt in der Regel ohne Beurteilung und Kritik aus. Das Kind spürt dies und fühlt sich angenommen. Besonders für schüchterne oder traurige Kinder wird es so leichter, sich zu öffnen (Schwarzkopf u. Olbrich, 2003). In belastenden Situationen – zum Beispiel bei Stress in der Schule oder Konflikten mit den Eltern – kann ein Tier die Funktion einer Vertrauensperson einnehmen (Greiffenhagen u. Buck-Werner, 2012) und auch als wichtiger Gesprächspartner dienen (Bergler, 2009). Das Zusammenleben mit einem Tier kann ein Kind überdies darin unterstützen, sich in die Gefühle und Bedürfnisse anderer besser hineinzuversetzen. Dadurch wird die soziale Entwicklung unterstützt (Beetz, 2003). Tiere sind zudem gute »Feedbackgeber« für ein Kind, weil sie sehr feinfühlig und spontan, auch auf non-verbale Botschaften, reagieren (Beetz, 2003). Kinder, die mit Tieren zusammenleben, sind zu guter Letzt kooperativer und können sich leichter in Gemeinschaften einfügen (Greiffenhagen u. Buck-Werner, 2012). In diesem Zusammenhang ist wichtig, dass die Fürsorge für das Tier beim Erwachsenen liegt und der Kontakt von Kind und Tier beidseitig begleitet wird.

Es geht also nicht vorrangig darum, dass das Kind Verantwortungsbewusstsein lernt – das wäre eher ein schöner Nebeneffekt. Es sollte auf keinen Fall mit der Verantwortung für ein Tier überfordert werden.

Wie bereits beschrieben, ist das System Schule für die Selbstentwerterin eine große Herausforderung. Das Kind schreitet mit der Überzeugung durch sein Leben, nichts wert zu sein. Aus dem geringen Selbstwertgefühl entsteht eine ebenso geringe Frustrationstoleranz, denn jedes Scheitern ist eine neue

Bestätigung der Überzeugung, nichts zu taugen, nichts zu können und einfach schlecht zu sein. Damit geht wiederum eine nur schwach ausgeprägte Kritikfähigkeit einher, denn um sich Kritik anhören und verdauen zu können, braucht es ein stabiles Selbstwertgefühl. Da in der Schule eventuelle Schwächen des Kindes durch die Notenvergabe deutlich hervortreten, wird die Selbstentwerterin im Inneren des Kindes unweigerlich angesprochen. Umso wichtiger ist es, dass Sie sich im »System Schule« auf die Seite Ihres Kindes stellen und nicht als Verbündete des Systems agieren! Das würde dem Kind nur unnötig Druck machen und nützt sowieso nichts. Andererseits: Mal nicht für eine Klassenarbeit lernen und dann mit den Konsequenzen zu leben, kann für manche leibliche Kinder eine lehrreiche Erfahrung sein, für Adoptiv- und Pflegekinder ist es dies in der Regel jedoch nicht. Für die Eltern bedeutet dies ein unlösbares und anstrengendes Dilemma. Sie geraten mit einem schulpflichtigen Kind schnell in einen Zielkonflikt: Auf der einen Seite wollen sie das Kind vor den Anforderungen schützen, auf der anderen Seite wollen sie ihm dabei helfen, am Ball zu bleiben und müssen es kontinuierlich bei seinen Aufgaben unterstützen und voranbringen. Dieser Spagat kann eine Zerreißprobe für die elterlichen Nerven sein.

Wenn das Kind in dem regulären Schulsystem Schwierigkeiten hat, ist es sinnvoll, möglichst rechtzeitig nach Alternativen zu suchen. Dafür sind unter anderem Schulen geeignet, die zunächst ohne Notensystem arbeiten und die Persönlichkeit sowie die Entwicklung der Kinder in den Vordergrund stellen (zum Beispiel Waldorf- oder Montessori-Schulen). Planen Sie viel Zeit ein, um Ihr Kind bei den zu bewältigenden Aufgaben zu unterstützen. Und vergegenwärtigen Sie sich: Ein glückliches Leben ist auch ohne den perfekten Schulabschluss möglich! Wenn es Probleme mit bestimmten Lehrern gibt, suchen Sie zügig den Kontakt zu ihnen und zeigen Sie Engagement. Werden Sie zu Löweneltern und halten Sie Ihrem Kind den Rücken frei (Rech-Simon u. Simon, 2008). Lassen Sie sich nicht zu schnell von einem Schulwechsel überzeugen. Fühlt Ihr Kind sich an einer Schule nicht wohl, weil es für die Lehrkräfte »unbequem« ist und von diesen zurückgewiesen wird, versuchen Sie, dort bessere Umstände zu schaffen. Bei Schwierigkeiten kann es sehr hilfreich sein, das Lehrpersonal und die Schulleitung mit ins Boot zu holen und für Ihr Kind zu »werben«. Für die Lehrkräfte kann es wichtig und hilfreich sein, die Hintergründe Ihres Kindes zu verstehen und Grundlagenwissen zum Thema Trauma vermittelt zu bekommen. Es lohnt sich deshalb, Psychoedukation für die Lehrer zu betreiben, die viel mit dem Kind zu tun haben: Erklären Sie ihnen die Besonderheiten Ihres Kindes und arbeiten Sie Hand in Hand. Es ist viel wert, wenn es zuverlässig zur Schule geht und dort ein stabiles Umfeld hat.

Der*die Fremde

Der Fremde im Inneren Team des Kindes leidet darunter, anders zu sein als die anderen und sich nicht zugehörig zu fühlen. Dieses Teammitglied hat sehr feine Antennen und nimmt seine Umwelt sehr genau wahr. Wenn Sie die schmerzlichen Gefühle des Fremden ein wenig lindern möchten, empfiehlt es sich, Kontakte zu Kindergarten- und Schulfreunden zu fördern. Laden Sie Kinder zu sich ein, die Ihrem Kind guttun. Gerade im Kindergartenalter hat man bezüglich des Freundeskreises noch sehr gute Möglichkeiten einzugreifen und zu steuern. Gestalten Sie die Einladungen an die anderen Kinder zu sich nach Hause attraktiv und sorgen Sie dafür, dass diese gerne zu Ihnen kommen. Am Anfang sollten Sie dabei sein.

Behalten Sie bei der Wahl einer neuen Schule auch die Freundschaften Ihres Kindes im Hinterkopf. Trennen Sie es zum Beispiel nicht unnötig von seinen besten Freunden, wenn Sie das Gefühl haben, dass diese gut für Ihr Kind sind. Nehmen Sie es dementsprechend ernst, wenn es eine Schule besuchen möchte, die auch seine Freunde besuchen. Schauen Sie sich den Umgang der Kinder untereinander an den in Frage kommenden Schulen an. Dafür eignet sich zum Beispiel ein »Tag der offenen Tür«, den Schulen in der Regel anbieten. Oder schauen Sie während einer großen Pause bei einer der Schulen vorbei. Wie erleben Sie die Kinder? Ist das ein gutes Umfeld für Ihr Kind? Denn je älter Ihr Kind wird, desto wichtiger werden auch seine Peers – also die Gleichaltrigen. Wenn Sie in der Pubertät nur noch begrenzt erzieherisch einwirken können, ist es wertvoll, wenn das Kind in einem guten Freundeskreis vernetzt ist und sich in einem geschützten Umfeld bewegt.

Für den Fremden im Inneren Team ist es wohltuend, wenn Sie sich mit anderen Adoptiv- oder Pflegefamilien vernetzen und es gemeinsame Treffen in der Freizeit gibt. Dieses Netzwerk sollte gepflegt werden, denn im Kreis dieser Familien ist das Kind plötzlich genau wie alle anderen Kinder auch. Da geht dem Fremden das Herz auf! Je älter das Kind wird, desto mehr kann es sich mit den anderen über Fragen austauschen, die seine besondere Situation betreffen. Für Pflegekinder, die in den Kindergarten oder zur Schule gehen und sich bereits zu ihrer neuen Familie zugehörig fühlen, ist es außerdem schön, den Nachnamen der Pflegeeltern tragen. So kann man sie finden und besuchen und sie müssen niemandem erklären, wo sie hingehören (Nienstedt u. Westermann, 2007).

Der*die Loyale

Für den Umgang mit der Loyalen im Inneren Team des Kindes sind zwei Themenbereiche von Bedeutung, die Adoptiv- und Pflegeeltern unterschiedlich stark betreffen: Herkunft und Besuchsrecht. Auf der einen Seite gibt es Adoptiv- oder Pflegekinder, die nicht in Kontakt mit ihren leiblichen Eltern stehen und vielleicht keine oder nur wenige Informationen über die Herkunftsfamilie und die eigene Biografie haben. Bei ihnen kann das Bedürfnis bestehen oder entstehen, die eigene Herkunftsfamilie kennenzulernen, um mehr über sich zu erfahren. Für Adoptiv- und Pflegeeltern ist dies eine Herausforderung, die oft mit einer großen Verunsicherung einhergeht. Sie fragen sich, ob und wie sie auf das Bedürfnis des Kindes eingehen sollen. Manchmal steht auch die Befürchtung im Raum, dass sich das Kind von der neuen Familie abwendet, um sich seinen biologischen Wurzeln zuzuwenden. Im Leben von vielen Pflegekindern spielen die leiblichen Eltern allein durch die rechtliche Situation häufig eine große Rolle – dementsprechend brisant ist die Frage nach dem Umgangsrecht für die Pflegeeltern. Wie geht man als Pflegefamilie mit den vom Gericht beschlossenen regelmäßigen Besuchskontakten um, wenn man das Gefühl hat, sie schaden dem Kind? Wie sollte man sich dann dem Kind gegenüber verhalten?

Für die Loyale im Inneren Team des Kindes ist ein offener Umgang mit dem Thema Adoption wichtig. Je selbstverständlicher Sie bereit sind, Fragen ohne jegliche Tabus zu beantworten, desto besser geht es der Loyalen. In der Auseinandersetzung des Kindes mit seiner Herkunftsfamilie braucht es eine liebevolle Begleitung. Dabei muss es sein eigenes Tempo gehen dürfen. Sie können Themen anbieten, aber das Kind entscheidet, ob es diese aufgreifen möchte oder lieber nicht. Ein solches Vorgehen schützt davor, das Kind zu überfordern!

Während der Pubertät sind jugendliche Adoptiv- und Pflegekinder in Bezug auf ihre eigene Identität oft sehr verunsichert. Darin unterscheiden sie sich nicht unbedingt von leiblichen Kindern, die diese Herausforderung in der Entwicklung ebenfalls meistern müssen. Denn Jugendliche fragen sich immer, wer sie sind und inwiefern sie den Eltern ähneln oder sich von ihnen unterscheiden – so verabschieden sie sich langsam aus der Kindheit. Während dieser Zeit sind auch die Eltern gefordert: Sie müssen die wachsende Distanz akzeptieren und Veränderung zulassen, ohne das Verhältnis zu ihrem Kind dabei grundsätzlich anzuzweifeln. Sie müssen den Versuch des Kindes, sich abzuwenden, unterstützen und gleichzeitig ertragen, dass es sich im einen Moment lösen will und im nächsten wieder ihre Nähe sucht. Es lässt sich kaum vermeiden, dass die Beziehung zwischen Eltern und Kind während dieser Phase leidet. Aggressionen und negative Gefühle können das Verhältnis zeitweise bestimmen und sind zwangsläufig Begleiterscheinungen von Trennungen, da sie Distanzierung überhaupt erst möglich machen (Nienstedt u. Westermann, 2007).

Die Suche nach der biologischen Herkunft in der Phase der Identitätsfindung ist für ein Adoptiv- oder Pflegekind manchmal hilfreich. Aber nicht jeder junge Mensch möchte sich zu jeder Zeit mit seiner Biografie beschäftigen, manche vielleicht sogar gar nicht. Das ist in Ordnung und zu akzeptieren. Was für das Kind im Hinblick auf dieses Thema richtig ist, entscheidet es selbst. Ihm etwas vorzugeben, wäre nicht angemessen. Darüber hinaus ist die Suche nach den eigenen Wurzeln nur eine positive Erfahrung, wenn der Wunsch danach vom Kind ausgeht. Mir erschien das Thema »Wurzelsuche« in Adoptivelterngruppen zum Teil wie ein »Must-do« nach dem Motto: »Als gute Adoptiveltern will man alles zum Wohle des Kindes tun und deshalb muss es doch wohl auch seine Wurzeln suchen und vielleicht sogar seine leibliche Mutter kennenlernen wollen.« Wenn Eltern mit einer solchen Einstellung an die Auseinandersetzung mit der biologischen Herkunft herangehen, kann bald nicht mehr unterschieden werden zwischen dem, was das Kind möchte und dem, was noch nicht seinen Bedürfnissen entspricht: Will es die Suche und den Kontakt zur Herkunftsfamilie wirklich? Oder will es das, weil es spürt, dass die Adoptiv- oder Pflegeeltern es wollen?

Mit dem Ziel der größtmöglichen Transparenz ist es bei dieser Fragestellung wichtig, zu jedem Zeitpunkt genau darauf zu achten, welche Informationen seiner eigenen Geschichte für das Kind von Bedeutung, altersgemäß und zu verkraften sind. Und wenn der Impuls wirklich vom ihm ausgeht, sollte es dabei aus vollem Herzen unterstützt werden.

Allerdings ist es für Adoptiv- und Pflegeeltern sinnvoll, im Vorfeld schon zu klären, worum es dem Kind unter Umständen eigentlich geht, anstatt seinem Wunsch blind zu folgen (Nienstedt u. Westermann, 2007). Hinzu kommt, dass man heutzutage durch Suchmaschinen wie Google und soziale Netzwerke wie Facebook eine Fülle von Informationen hat, die von Jugendlichen ohne Probleme gefunden werden können. Sie suchen einfach nach dem Namen ihrer Eltern oder ihrer Geschwister und bekommen Ergebnisse geliefert. Das kann alle Beteiligten, sowohl die Herkunftsfamilie, als auch das Adoptiv- oder Pflegekind und ebenso die neue Familie überfordern. Für die Herkunftsfamilie, die das Kind verlassen oder zur Adoption freigegeben, es vielleicht vernachlässigt oder misshandelt und dadurch verloren hat, bleiben in der Regel Verletzung und Trauer zurück. Wenn nun durch den unvorbereiteten Kontakt über soziale Medien die Konfrontation mit der Vergangenheit erfolgt, werden psychische Schutzmechanismen womöglich ausgehebelt. Deshalb ist es bei der Auseinandersetzung mit der eigenen Biographie und der Herkunftsfamilie für alle Seiten am wichtigsten, behutsam vorzugehen. Außerdem kann es sinnvoll und hilfreich sein, sich dabei professionelle Unterstützung zu holen.[2]

Für die Loyale ist die Selbstreflexion der Adoptiv- oder Pflegeeltern in Bezug auf die leiblichen Eltern des Kindes mitunter sehr wichtig. Nehmen Sie sich also Zeit und erkunden Sie Ihr eigenes Inneres Team im Hinblick auf die Herkunftsfamilie. Wie man das macht, wird ausführlich im zweiten Kapitel beschrieben. Gibt es zum Beispiel einen Teil in Ihnen, der die bessere Mutter bzw. der bessere Vater sein will und vielleicht sogar unbewusst mit den Herkunftseltern konkurriert? Auch Ihre Teammitglieder wirken nach außen und lassen sich nicht verheimlichen. Kinder haben gute Antennen und sind in der Lage, feine Schwingungen bei Ihnen wahrzunehmen. Daher der Rat, sich hinsichtlich dieses Themas selbst zu hinterfragen.

Ein großer Teil von Pflegekindern wird wegen Vernachlässigung, Misshandlung oder Missbrauch aus ihren Familien genommen. Aus der Psychotraumatologie weiß man, dass der Aufbau eines stabilen und sicheren Umfelds eine Grundvoraussetzung für den Heilungsprozess ist. Die Kinder selbst sind nicht autonom genug, um »sich effektiv von einem Täter aus dem familiären Umfeld zu distanzieren« (Krüger u. Reddemann, 2016, S. 140).

Wird ein Kind gezwungen, die eh schon von Angst geprägte Beziehung zu den leiblichen Eltern durch Besuchskontakte weiter aufrechtzuerhalten, hat dies zum Teil schwerwiegende Konsequenzen, denn »es hält an den in der Beziehung zu den misshandelnden und vernachlässigenden Eltern entwickelten negativen Selbstdefinitionen fest« (Tenhumberg u. Michelbrink, 2015, S. 115). Annette Tenhumberg und Maria Michelbrink (2015) zufolge ist es »nicht in der Lage, die traumatischen Erfahrungen realistisch zu verarbeiten und zu bewältigen, sondern hält die Angstabwehrmaßnahmen (Verdrängung und Verleugnung traumatischer Erfahrungen, Identifikation mit dem Angreifer, Idealisierung der leiblichen Eltern und Überanpassung an deren Erwartungen) aufrecht« (S. 115). Diese »Angstabwehrmaßnahmen« hat das Kind entwickelt, »um mit seiner Angst überleben zu können, ohne verrückt zu werden« (S. 115). Kontakt zu den leiblichen Eltern erlebt das Kind nach Monika Nienstedt und Arnim Westermann (2007) so, dass diese weiterhin Macht und Einfluss über sein Leben haben. Aufrechterhaltende Beziehungen sind häufig mit den Erwartungen verbunden, dass das Kind zu seinen leiblichen Eltern ein freundliches und auch für

2 https://www.ada-adoption.de/pdf/2019/WRB.pdf, S. 2.

die Eltern befriedigendes Verhältnis herstellen soll. Entsprechend verleugnend verhalten sich dann auch alle beteiligten Erwachsenen. Die Traumatisierung durch die leiblichen Eltern und seine Folgen sind in der Regel ein Tabu. Das Kind zweifelt dann an der Richtigkeit seiner eigenen Erinnerungen und an der Berechtigung der daraus resultierenden Gefühle von Angst, Ohnmacht und Wut. Es ist nicht hilfreich, wenn Pflegeeltern ihrem Pflegekind beschwichtigend sagen, dass es sich doch um seine Mutter handele und dass »es sie anerkennen und lieben müsse«, denn eine solche Haltung »kann leicht dazu führen, dass sich das Kind nicht nur von der leiblichen Mutter angegriffen, sondern auch noch von den Pflegeeltern verraten, verlassen und zu wenig geschützt fühlt« (S. 192). Nur durch eine Kontaktsperre zum Täter kann das Kind ein Gefühl von Sicherheit entwickeln (Brisch, 2018).

Kinder sind in Bezug auf klärende Gespräche mit den leiblichen Eltern auf die Unterstützung ihrer Adoptiv- und Pflegeeltern angewiesen. Sie sind unterlegen, schutzlos und abhängig und brauchen erwachsene Menschen mit der entsprechenden Lebenserfahrung, die ihnen zur Seite stehen, aufmerksam zuhören und bei der Entscheidungsfindung helfen. Die neuen Eltern müssen ihr Kind vor einer bestimmten Anspruchshaltung der biologischen Eltern schützen und sollten – wie bereits beschrieben – eventuelle Traumatisierungen nicht einfach ausblenden. Ist ein Kind berechtigterweise wütend auf seine Ursprungsfamilie, sollten Sie dies nicht unterbinden und es auch nicht mit Fragen nach Besuchskontakten überfordern. Sie würden dem Kind so lediglich eine Mitverantwortung zumuten, die schnell einen negativen Effekt haben kann. Achten Sie im Zusammenhang mit anstehenden Besuchskontakten zum Beispiel auf die Mimik des Kindes – wirkt diese plötzlich wie versteinert? Zudem sollten Sie immer wieder bekräftigen, dass das Kind bei Ihnen willkommen und sicher ist (Janning, 2018).

Eine falsche Zurückhaltung seitens der Adoptiv- und Pflegeeltern bezüglich der Ursprungsfamilie birgt wiederum ebenfalls Gefahren. Scheuen diese eine kritische Auseinandersetzung mit den frühen Erlebnissen des Kindes in seiner leiblichen Familie, geschieht dies oft, weil sie denken, sie würden ihm so helfen. Das Gegenteil ist der Fall. Je besser Adoptiv- und Pflegeeltern über die Gründe für die Herausnahme des Kindes aus seiner leiblichen Familie informiert sind, desto eher können sie ihm auch ein realistisches Bild der biologischen Eltern vermitteln – ohne sich dabei herabwürdigend zu äußern (Nienstedt u. Westermann, 2007). Wenn ein Kind von seiner Ursprungsfamilie verletzt wurde, ist dies eine Tatsache, die nicht verleugnet werden darf. Damit es die eigenen Gefühle von Angst, Wut und Trauer besser verstehen kann, ist eine realistische Sichtweise auf die leiblichen Eltern umso wichtiger. Sie ist eine Grundvoraussetzung, die dem Kind dabei hilft, sich zu distanzieren und Trauma und Schuld zu verarbeiten. Indem Adoptiv- und Pflegeeltern die Wut des Kindes als berechtigt anerkennen, unterstützen sie es dabei, seine Wut wieder an den »richtigen Adressaten« umzuleiten (Janning, 2018, S. 178).

Für Sie als Pflegeeltern ist es am hilfreichsten, wenn Sie die leiblichen Eltern als diejenigen sehen, die dem Kind das Leben geschenkt und somit ermöglicht haben, dass es Teil Ihres Lebens werden konnte. Sie können sich bemühen, die misshandelnden Eltern nicht zu verdammen, sondern sie einfühlend zu verstehen, denn in der Regel hat »die Unfähigkeit, für ein Kind angemessen zu sorgen, selbst eine Geschichte« (Nienstedt u. Westermann, 2007, S. 265). Nienstedt und Westermann (2007) zufolge haben »Eltern, die ein Kind misshandeln oder vernachlässigen, alkoholabhängig oder psychisch krank sind, [...] meist selbst in ihrer eigenen Kindheit nie die Erfahrung einer befriedigenden Eltern-Kind-Beziehungen gemacht« (S. 265). Erklärungen wie diese helfen dem Adoptiv- oder Pflegekind dabei, »die eigene Familiengeschichte besser zu verstehen, ohne die leiblichen Eltern verteidigen zu müssen« (S. 265).

Der*die Autonome

Der Autonome ist davon überzeugt, allein auf dieser Welt zu sein und sich niemandem anvertrauen zu können, weil Beziehungen nicht dauerhaft sicher sind. Darum kommt man besser (mit sich) allein klar. Weil es zu bedrohlich wäre, sorgt dieses Teammitglied dafür, dass Bedürftigkeit und Abhängigkeit nicht mehr wahrgenommen werden. Die Stärke des Autonomen ist, dass er dafür sorgt, dass das Kind sehr gut allein zurechtkommt und Situationen ohne fremde Hilfe meistert.

Der Autonome braucht immer einen – zumindest kleinen – Handlungsspielraum, in dem er sich frei bewegen kann. Auf eine Ansage wie: »Gehst du jetzt bitte deine Zähne putzen?!« reagiert dieses Teammitglied sehr allergisch. Die Wahrscheinlichkeit, dass ein solcher Appell vom Kind akzeptiert wird, wenn sich der Autonome gerade angesprochen fühlt, ist sehr gering. Ihm geht es nicht darum, ob das Zähneputzen an sich oder zum jetzigen Zeitpunkt sinnvoll ist. Er wehrt sich einfach mit aller Kraft dagegen, dass er keine Entscheidungsfreiheit hat und nicht darüber entscheiden kann, was oder wann etwas getan werden soll. Er hat vielleicht gerade ganz andere Ideen und wehrt sich deshalb nun mit aller Kraft dagegen, »fremde« Pläne übergestülpt zu bekommen. Auch für den Autonomen gilt, dass er immer ein Teammitglied im Inneren Team des Kindes bleiben wird und sich nicht einfach wegzaubern lässt. Und er kann es den Eltern wirklich schwer machen. Die Chance, dass das Kind ihren Aufforderungen nachkommt, wird deutlich erhöht, wenn es einen Rahmen hat, in dem es sich frei bewegen kann. Zum Beispiel lässt die Formulierung: »Putzt du bitte deine Zähne, bevor ich dir nachher im Bett noch etwas vorlese?« dem Autonomen einen Handlungsspielraum. Er ist viel eher bereit, sich auf etwas einzulassen, wenn Sie nicht auf »jetzt« und »sofort« bestehen, sondern Entscheidungsfreiheit ermöglichen. Die Frage ist dann nicht, ob etwas erledigt wird, sondern wann.

Ein wunderbarer Gegenspieler zu dem Autonomen wäre ein »Vertrauensvoller« oder ein »Sich-Einlassender«, der Unterstützung zulässt und nicht immer auf Autonomie pocht. Regen Sie an, dass sich langfristig solche Teammitglieder in Ihrem Kind entwickeln. Voraussetzung dafür ist, dass es entsprechende Erfahrungen in diesen Bereichen macht. Das Kind muss regelrecht lernen, dass man von den Eltern Unterstützung bekommt, dass sie Hilfe geben, trösten und dass sich das gut anfühlt. Es muss überzeugt werden, dass es auf Beistand und liebevolle Fürsorge vertrauen kann und nicht immer alles allein durchstehen muss. Je mehr gute Erfahrungen das Kind mit Ihnen macht, desto leichter werden Sie es in der Kooperation mit ihm haben, denn es lernt zu vertrauen und davon auszugehen, dass Sie es gut mit ihm meinen.

Der* die Genießer*in im Hier und Jetzt

Die Genießerin im Hier und Jetzt ist zuständig für die schnelle Bedürfnisbefriedigung. Der Impuls siegt, langfristige Folgen werden nicht bedacht, das Verhalten erscheint unvernünftig. Dieses Teammitglied lebt im Augenblick, nur das kurzfristige Glück zählt. Sein Lebensmotto in Bezug auf die alltäglichen Pflichten lautet: »Was ich heute kann besorgen, das verschieb' ich stets auf morgen!«

Im Augenblick zu leben und zu genießen ist gleichzeitig die größte Stärke der Genießerin im Hier und Jetzt. Viele Erwachsene müssen sich dafür erst lange im Meditieren üben. Wenn wir das Kind als kleinen Lehrmeister begreifen und uns von Zeit zu Zeit auf die Genießerin einlassen, können wir selbst sehr von diesem Teil profitieren. Das ist allerdings oft schwierig. Wir leben in einer leistungs- und erfolgsorientierten Welt, in der sich das Rad häufig sehr schnell dreht und in der wir oft wie in einem Hamsterrad gefangen sind – immer gezwungen, mitzulaufen. In dieser Welt ist es eine der größten Herausforderungen für Erwachsene, innezuhalten, sich auf den Moment einzulassen und zu staunen. Obwohl uns gerade dies gut täte. Wir können das Innehalten in solchen Momenten oft nicht aushalten, weil der Kopf voll ist mit ellenlangen Listen, die abgearbeitet werden wollen. Die Zeittaktung ist eng, sodass eine Verzögerung als zusätzliche Belastung erlebt wird.

Im Umgang mit der Genießerin im Hier und Jetzt ist vorausschauendes Handeln gefragt. Sie könnten zum Beispiel rechtzeitig ankündigen, wenn schöne Dinge ein Ende haben und so einen positiven Ausklang ermöglichen, ohne das Kind zu überrumpeln. Und Sie können ihm helfen, einen Gegenspieler zu diesem Teammitglied zu entwickeln, den »planvollen Strategen«. Um dem Kind zu zeigen, dass sich planvoll handeln und abwarten lohnen, muss es entsprechende positive Erfahrungen machen. So könnten Sie mit dem Kind ein Sparbuch anlegen, was den Vorteil hat, dass das Geld nicht immer sofort verfügbar ist. Sie könnten einführen, bei wichtigen Entscheidungen immer eine Nacht darüber zu schlafen. Zudem könnten Sie gemeinsam mit dem Kind kleine Marktanalysen betreiben, um herauszufinden, wo es das begehrte Spielzeug am günstigsten kaufen kann. Darüber hinaus sind Strategiebrettspiele eine wunderbare Möglichkeit, um einen planvollen Strategen im Inneren des Kindes auszubilden.

Unterstützen Sie es außerdem dabei, aktuelle Probleme und belastende anstehende Aufgaben möglichst zügig anzugehen. So lernt es, dass etwas schnell erledigt ist, wenn man es gemeinsam anpackt. Pochen Sie nicht darauf, dass es das Kind allein macht, auch wenn es eigentlich seine Aufgabe wäre, sondern stehen Sie ihm hilfreich zur Seite. Ermutigen Sie es zum Beispiel folgendermaßen zum Aufräumen des Kinderzimmers: »Wenn wir jetzt zusammen anpacken, haben wir es schnell erledigt und haben wieder Zeit für tolle Sachen.« Macht das Kind so eine positive Erfahrung, ist diese ungleich wertvoller als ein sich Durchsetzen und ein daraus entstehender Konflikt, der an Ihren Kräften zehrt und letztlich auch nicht dazu führt, dass die Aufgabe schneller erledigt ist.

Für alle Arten von Computer- oder Handyspielen ist die Genießerin im Hier und Jetzt sehr empfänglich. Diese Spiele sind meistens so konzipiert, dass eine sofortige Belohnung und eine damit einhergehende Bedürfnisbefriedigung erfolgt. Sie »wirken der Fähigkeit zur Selbstkontrolle entgegen« (Spitzer, 2012, S. 256). Das ist selbstverständlich für alle Kinder hochproblematisch, traumatisierte Kinder sind aufgrund ihrer Vorgeschichte allerdings besonders gefährdet.

Gefährlich ist auch die Korrelation von Medienkonsum und anderen Süchten: »Medienkonsum löst nicht nur Sucht nach Medien aus, sondern steigert bedingt durch seine Verminderung der Selbstkontrolle generell Suchtverhalten – auch stoffgebundenes« wie Drogenkonsum (Spitzer, 2012, S. 271). Nutzen Kinder digitale Medien in jungen Jahren, wirkt sich dies nicht nur negativ auf Bildung und Gesundheit aus, sondern auch auf Selbstkontrolle und Suchtverhalten im Allgemeinen. Schulabbrecher zum Beispiel geraten viel leichter ins Abseits und »beginnen eine Suchtkarriere, die sich in einem stoffgebundenen oder aber in einem nicht stoffgebundenen Suchtverhalten wie der Mediensucht äußern kann« (S. 272). Die BLIKK-Medienstudie von 2017 (Riedel u. Büsching, 2017) fasst zusammen, dass »die Kompetenz, sich selbst kontrollieren zu können, sich Regeln zu setzen sowie sich daran zu halten und während der Internetnutzung achtsam zu sein (Faktor Selbstregulation), […] invers (umgekehrt) mit einer potentiell problematischen Internetnutzung korreliert« (S. 4).

Der*die Bestimmer*in

Der Bestimmer ist eingestellt worden, damit das Kind das Gefühl der absoluten Ohnmacht nie wieder spüren muss. Er versucht ständig, andere zu steuern, zu beherrschen, zu manipulieren und die Regie zu übernehmen. Er kann gut Ansagen machen und übernimmt gerne die Führung in Gruppen, auch innerhalb der Familie. Er weiß gut, was er will, spürt die eigenen Bedürfnisse und setzt sich dafür ein.

Das Gegenüber nicht primär verändern zu wollen, sondern es einfühlend zu verstehen, ist eine Haltung, die alle Menschen als wohltuend erleben. Sie erleichtert Erziehung und Beziehungen. Es gilt also, zu erspüren, was im Kind vor sich geht, wie es sich und die Eltern erlebt, was es sich wünscht und was es befürchtet. Die wichtigste Erfahrung, die das Kind in der Beziehung zu seinen Adoptiv- oder Pflegeeltern machen muss, ist, dass es nun Menschen hat, auf die es Einfluss hat und die es nicht beherrschen und bestimmen wollen. Es braucht einen Menschen, der sich von ihm und seinen Bedürfnissen leiten lässt und nicht von den eigenen Vorstellungen davon, was gut für das Kind ist. In der ersten Phase der Integration des Kindes in die Familie sind daher auch alle wohlgemeinten erzieherischen Maßnahmen, die auf die Korrektur von »gestörtem Verhalten« und die Verbesserung einzelner Fähigkeiten abzielen, meist nicht hilfreich, sondern sogar eher schädlich für das Kind. Solche Interventionen erlebt es erneut als »Beherrscht-werden«. Seine Selbstüberzeugung, nicht in Ordnung zu sein, wird so bestätigt.

Umso besser, wenn Sie als Adoptiv- und Pflegeeltern über den Bestimmer Bescheid wissen, denn er lässt sich sehr gut im heilsamen Umgang mit dem Kind nutzen. Für diesen Teil ist es wichtig, dass er alles unter Kontrolle hat und dass alles berechenbar ist. Deshalb macht es Sinn, positives Verhalten zuverlässig zu belohnen. Der Bestimmer im Inneren Team des Kindes ist clever und lernt sehr schnell: *Wenn ich das und das mache, dann passiert etwas Tolles.* So kann er sein Verhalten erfolgsbringend steuern. Es ist auch hilfreich für dieses Teammitglied, feste Rituale und einen geregelten Alltag zu haben. Die Vertrautheit eines ritualisierten Abendprogramms zum Beispiel (erst gemeinsam Zimmer aufräumen, dann Zähne putzen und anschließendes Vorlesen), das immer gleich verläuft, vermittelt dem Kind durch die Berechenbarkeit ein beruhigendes Gefühl.

Rituale können auch für Konfliktsituationen etabliert werden, sodass der Bestimmer im Inneren des Kindes weiß, wo die Ausgangstür aus dem Konflikt zu finden ist. Dieses Teammitglied muss immer wieder die Erfahrung machen, dass eine Lösung nur entsteht, wenn sich alle Beteiligten zusammen an den Tisch setzen und in Ruhe und ohne sich zu beschimpfen miteinander sprechen. So lernt der Bestimmer langfristig, dass Gezeter und Geschrei und auch sonstige kreative Strategien ins Leere laufen. Wenn das Kind das Interesse hat, den Konflikt schnell zu beenden, dann weiß der Bestimmer genau, dass dies nur über eine ruhige Aussprache gelingen kann. Diese Herangehensweise lohnt sich für die ganze Familie, spätestens in der Pubertät!

Ein guter Gegenspieler zum Bestimmer ist der »Mitmacher«, der es zulässt, die Führung abzugeben und sich in hierarchische Strukturen einordnen kann. Vielleicht thematisieren Sie spielerisch eine Zeit lang in der Familie, wer in welcher Situation der Bestimmer ist. So ist zum Beispiel die Person, die das Essen kocht, der Bestimmer und entscheidet, welche Zutaten benutzt werden und wann das Essen fertig ist und alle an den Tisch kommen müssen. Die Person, die das Auto steuert, ist der Bestimmer, der entscheidet, wie schnell gefahren wird und wann man Pause macht. Zeigen Sie sich freudig überrascht, wenn das Kind in Situationen ein guter Mitmacher ist, sich zum Beispiel morgens schnell anzieht, weil die Familie vielleicht mal zu spät aufgestanden ist. Für den spielerischen Umgang mit diesem Thema sollten Sie sich überlegen, in welchen Bereichen das Kind Bestimmer sein darf. Vielleicht besprechen Sie als Familie, dass das Kind bei der Verzierung der Weihnachtsplätzchen bestimmen darf. Dann können Sie mit einem festen Budget zusammen einkaufen gehen und das Kind entscheidet, welche Süßigkeiten für die Verzierung gekauft werden. Auch beim Verzieren selbst übernimmt es die Verantwortung. Auf diese Weise wird spielerisch deutlich, wie schön es für einen Bestimmer ist, wenn die anderen mitmachen, und wie sehr es nervt, wenn sich beispielsweise Papa nicht an die Regeln hält und immer die Verzierungen wegnascht.

Auch Mannschaftssport kann für die Entwicklung eines Mitmachers hilfreich sein. Der Lernerfolg hängt allerdings sehr vom Charakter des Trainers und der Gesamtsituation ab. Hier sollten Sie darauf achten, dass es sich um ein gutes Lernumfeld für Ihr Kind handelt und dass es vor schlechten Erfahrungen geschützt wird. Stehen Sie am besten in der ersten Zeit zuverlässig am Spielfeldrand und schauen Sie genau hin. Achten Sie aufmerksam auf Ihr Kind und darauf, dass es nicht überfordert wird. Leider gibt es genügend Trainer, die die einzelnen Kinder und die Gruppendynamik nicht wirklich im Blick haben, sondern erfolgsorientiert und auf ihren Sport fixiert sind. Dies wäre dann nicht der richtige Ort für Ihr Kind. Es gibt aber auch viele gute Trainer. In diesem Fall ist

Mannschaftssport ein tolles Übungsfeld, wo das Kind lernt, sich mit Spaß und Freude zu integrieren und sich den Anforderungen eines Trainers, den es mag und bewundert, anzupassen.

Der*die Tester*in

Die Testerin stellt kreativ und neugierig, zum Teil auch provozierend und destruktiv, die Beziehung zu den neuen Eltern auf die Probe. Sie möchte herausfinden, ob die Bindung wirklich sicher ist. In der Regel tritt dieses Teammitglied nur phasenweise in den Vordergrund. Es ist schlau und einfühlsam. Die Testerin ist ein Fuchs darin, herauszufinden, welche Knöpfe sie drücken muss, um ihre Eltern zu provozieren. Sie nimmt beispielsweise sehr genau wahr, dass das neue Auto mit den hellen Sitzen dem Adoptivvater sehr wichtig ist. Ein daraus entstehendes Szenario könnte nun so aussehen: Während einer Autofahrt kommt es zu einem kleinen Disput über die Frage, ob es jetzt etwas zu Naschen gibt oder erst das Obst gegessen wird. Die Testerin fängt plötzlich damit an, mit den dreckigen Straßenschuhen gegen den Vordersitz zu treten – und zwar bewusst so, dass der schöne helle Stoff dunkle Flecken bekommt.

Dennoch: Heißen Sie die Testerin willkommen, denn sie gibt Ihnen wundervolle Möglichkeiten, dem Kind wieder und wieder zu zeigen, dass Sie es lieben und zu ihm stehen. Und je überzeugender Sie dabei sind, desto schneller können Sie diese Testphasen beenden.

Wenn sich die neuen Eltern durch dieses Teammitglied immer wieder verletzen und verunsichern lassen, ist die Eskalation des Konfliktes nicht zu vermeiden. Kinder brauchen am meisten Liebe und Unterstützung, wenn sie es am wenigsten »verdient« haben. Die Beziehung muss unerschütterlich sein und darf von Ihnen nicht in Frage gestellt werden. Tappen Sie nicht in die Falle der Testerin, denn ihr Ziel ist es, zu beweisen, dass die Beziehung am Ende doch nur eine Lüge war. Und haben Sie nicht zu viel Hoffnung, dass ein stationärer Aufenthalt in einer Kinder- und Jugendpsychiatrie die Heilung für das Kind bringt und Ihre gesamten Probleme löst. Zwar ist dies in manchen Fällen eine sinnvolle und notwendige Maßnahme, sie sollte aber nicht ausschließlich von der Hoffnung motiviert sein, dass die Therapeuten das Kind schon »richten« werden. Auch wenn der stationäre Aufenthalt als Unterstützung gemeint ist, erlebt das Kind erneut, dass es »weggegeben« wird. Durch die Bestätigung der Annahmen der Testerin wird mitunter auch die Selbstentwerterin angesprochen, die sich in ihrer Überzeugung, nicht richtig zu sein, ebenfalls bestätigt sieht. Zudem wird das Kind in der Kinder- und Jugendpsychiatrie mit anderen Jugendlichen konfrontiert, die häufig schwere Schicksale zu meistern haben und unterschiedliche Bewältigungsstrategien entwickeln mussten, um damit umzugehen. Das Umfeld ist somit nicht sicher und beruhigend, sondern eine große Herausforderung. Durch die direkte Konfrontation mit den Bewältigungsstrategien der anderen (zum Beispiel ritzen, Suizidversuche) wird das Kind unter Umständen zum Nachahmen angeregt. Holen Sie sich bei Bedarf unbedingt Unterstützung, aber lassen Sie das Kind nach Möglichkeit bei sich in der Familie.

Wie ich noch in meiner Studienzeit bei meinem Dozenten Inghard Langer gelernt habe, ist für Adoptiv- und Pflegekinder im Konfliktfall die Unterscheidung zwischen der »grundsätzlichen Ebene« und der »regulierenden Ebene« in der Kommunikation wichtig (siehe Abschnitt 3.1). Durch die Testerin ist die Beziehung zu den neuen Eltern aus der Sicht des Kindes nicht sicher. Zusätzlich gießt die Selbstentwerterin mit ihrer Überzeugung, schlecht zu sein und Schuld zu haben, Öl ins Feuer. Insofern sollte ausschließlich das Verhalten kritisiert werden: »Das und das hast du gemacht und das ist nicht okay!« (regulierende Stellungnahme). Dabei sollte aber gleichzeitig auch die liebevolle Verbindung angesprochen werden: »Ich habe dich trotzdem lieb« (grundsätzliche Ebene). Die Testerin und auch die Selbstentwerterin benötigen regelmäßig positive Rückmeldungen wie zum Beispiel: »Du bleibst jetzt immer bei uns!« oder »Wir haben dich lieb!« Es ist sehr wichtig, diese beiden Teammitglieder zu adressieren. Weil sich beide Aussagen für uns als Eltern so selbstverständlich anfühlen, vergessen wir manchmal, wie wichtig es für unsere Kinder ist, sie immer wieder zu hören.

Der* die Situations-Checker*in

Der Situations-Checker überprüft permanent die Situation. Er ist misstrauisch und intensiv damit beschäftigt, das Umfeld zu scannen und nach möglichen Gefahren abzusuchen. Insbesondere im sozialen Kontakt ist seine vegetative Erregung dauerhaft erhöht, der Körper bleibt einsatzbereit für den sofortigen Kampf oder Flucht.

Dieses Teammitglied bewirkt ein Verhalten beim Kind, das schnell den Verdacht auf ADHS aufkommen lässt. Sorgen Sie bei einem solchen Verdacht dafür, dass eine sorgfältige und umfangreiche Diagnose von einer Fachärztin eingeholt wird. Geben Sie Ihrem Kind viele Möglichkeiten, seinen Bewegungsdrang und seine Übererregung auszuleben – zum Beispiel durch Sport oder Ausflüge in die Natur. Sorgen Sie außerdem dafür, dass es Genussmittel meidet, die das Erregungsniveau hochfahren und unruhig machen können (Cola, Energydrinks, Zucker im Allgemeinen). Nützlich ist es auch, wenn der Grundschullehrer weiß, dass es für Ihr Kind manchmal hilfreich sein kann, zwischendurch um das Schulgebäude zu rennen (den anderen Kindern tut dies im Übrigen auch sehr gut). Sport spielt eine wichtige Rolle für die Hirndurchblutung und die Vernetzung der Hirnzellen untereinander und beeinflusst gerade in frühen Jahren die neuronale Plastizität (Mößle, Kleimann, Rehbein u. Pfeiffer, 2006). Bewegung in der Natur ist eine wunderbare Möglichkeit, sich zu beruhigen und zu sich zu kommen. Ausdauer erfordernde Aktivitäten wie Angeln und Feuer machen, werden erstaunlicherweise gerade von unruhigen Kindern gerne angenommen. Es ist sehr überraschend, wie unermüdlich gerade diese Kinder mit ihrer Angel am Wasser stehen oder ins Lagerfeuer schauen!

Für Kinder mit einem stark ausgeprägten Situations-Checker sind bestimmte Computer- und Handyspiele Gift! Spiele, bei denen gleichzeitig mehrere Vorgänge auf dem Bildschirm ablaufen, fördern Aufmerksamkeitsstörungen. »Wer beim Abschießen von Monstern aus dem All seine Aufmerksamkeit über den gesamten Bildschirm verteilen muss, lernt dadurch, seine Aufmerksamkeit zu verteilen, anstatt sie zu fokussieren« (Spitzer, 2012, S. 252). Die Fähigkeit zur Konzentration verändert sich durch Ego-Shooter-Spiele nachweislich. Kinder trainieren sich mit diesen Spielen gewissermaßen eine Aufmerksamkeitsstörung an (Spitzer, 2012). Die BLIKK-Medienstudie von 2017 bestätigt, dass zwischen Smartphone-Konsum und einer Konzentrationsstörung für die sieben bis vierzehn Jahre alten Kinder ein signifikanter Zusammenhang besteht (Riedel u. Büsching, 2017). Es wurde der Einfluss verschiedener Freizeitaktivitäten auf Lern-, Gedächtnis- und Konzentrationsleistungen untersucht. Das Ergebnis ist beachtlich: Die Kinder, die zuvor eine nicht-mediale Freizeitbeschäftigung ausgeübt haben, erreichen eine um fünfzig Prozent bessere Konzentrationsleistung bei der Lösung von leichten Matheaufgaben als diejenigen, die ein Gewalt beinhaltendes Computerspiel gespielt haben (Pfeiffer et al., 2007). Kinder aus der vierten Klasse, die keinen eigenen Fernseher und keine Spielkonsole in ihrem Zimmer stehen haben, schneiden in den Schulfächern Deutsch, Sachkunde und Mathematik um 0,2 bis 0,4 Notenpunkte besser ab als Kinder, die diese Dinge besitzen (Pfeiffer et al., 2007). Die vorgestellten Ergebnisse sind in Bezug auf Adoptiv- und Pflegekinder sehr bedeutsam, da diese es in der Regel sowieso schon schwer haben, sich zu konzentrieren.

Helfen Sie Ihrem Kind dabei, Techniken zu entwickeln, die zur Entspannung, Selbstkontrolle und Selbsttröstung beitragen. Etablieren Sie entspannende Verhaltensweisen im Alltag (zum Beispiel Mittagsruhe, vorlesen und kuscheln). Laut Martin Baierl ist Entspannung »mit Angst nicht vereinbar, daher sind auch alle

Entspannungstechniken wie zum Beispiel die Progressive Muskelentspannung nach Jacobsen oder das Autogene Training wertvolle Hilfen« (Baierl, 2016c, S. 89). Entspannungsübungen fördern die Fähigkeit zur Bewältigung von negativen Emotionen. Da die klassischen Übungen aber für viele unruhige Kinder wenig motivierend sind, hat Alexander Redlich (1984) diese in seinem Buch »Geschichten für Kinder zur Bewältigung von Aufregung, Ärger und Angst« in spannenden Abenteuergeschichten verpackt. Übungs- und Lerneffekte sollen sich bei den Kindern sozusagen »nebenbei« einstellen. Mittlerweile gibt es auch einige sehr kindgerechte Entspannungs-CDs. Und natürlich ist das gemeinsame gemütliche Vorlesen in einer kuscheligen Sofaecke oder unter der warmen Bettdecke sehr wertvoll.

Der*die Angepasste

Die Angepasste ist sehr darum bemüht, es den neuen Eltern recht zu machen. Sie strengt sich fürchterlich an und sorgt dafür, dass eigene Impulse unterdrückt werden. Sie bewirkt, dass sich das Kind brav und pflegeleicht verhält. Dieser Teil hat die Vorstellung, dass es bei den Eltern bleiben darf, wenn es nur alles richtig macht.

Wollen Eltern ihr Adoptiv- oder Pflegekind sofort nach Aufnahme in die Familie umerziehen, führt dies »nicht selten zum Aufrechterhalten der Überanpassung beim Kind und schließlich zum Scheitern des Beziehungsaufbaus« (Nienstedt u. Westermann, 2007, S. 90). Sie sollten sich stattdessen lieber »vom Kind an die Hand nehmen lassen« und ihm so ermöglichen, »dass es Einfluss auf sie gewinnt und die aus ängstlicher Unsicherheit resultierende Überanpassung [aufgeben] kann« (S. 90). Adoptiv- und Pflegekinder »brauchen in ihren neuen Familien keine schnelle Anpassung, keine Dressuren, keine Erziehung, keine strenge, klare Führung. Sie brauchen Annahme, Verständnis für ihre innere Not, Liebe, Stärkung ihrer Persönlichkeit und die Möglichkeit, Beziehungen neu zu strukturieren« (Ertmer, 2015, S. 128). Ein Sich-vom-Kind-an-die-Hand-nehmen-lassen ist grundlegende Voraussetzung dafür, dass das Kind Sicherheit gewinnen und seine Angst vor Abhängigkeitsbeziehungen mildern kann. Zudem kann es so Hoffnung schöpfen, dass es auch befriedigend sein kann, sich auf nahe, persönliche Beziehungen einzulassen. Und nur auf diese Weise kann es beginnen, sein eigenes Selbst zu entdecken und zu entwickeln (Nienstedt u. Westermann, 2007). Seien Sie also stolz auf sich, wenn Ihr Kind nach einer ersten Phase der Anpassung schwieriges Verhalten zeigt.

2 Sich selbst verstehen

Für ein konstruktives Miteinander in der Familie mit einem traumatisierten Kind ist das Verhalten der Adoptiv- oder Pflegeeltern in schwierigen Situationen von entscheidender Bedeutung. Es kann einerseits hilfreich und unterstützend sein, auf der anderen Seite kann es problematische Verhaltensweisen erst hervorrufen oder festigen. Wie es sich auswirkt, hängt davon ab, ob das Kind seine Umgebung als unterstützend und beruhigend oder eher angstauslösend wahrnimmt. Es kann Kleinigkeiten, wie zum Beispiel einen genervten Gesichtsausdruck, als so intensiv und bedrohlich empfinden, dass der alte Mechanismus des Überlebenskampfes ausgelöst wird. Dies reaktiviert bestimmte Teammitglieder, die sich dann mit unangepasstem, nicht nachvollziehbarem und von der Umwelt als problematisch erlebtem Verhalten zurückmelden.

Der Alltag mit einem traumatisierten Kind kann dementsprechend sehr belastend sein. Man stößt vielleicht an seine eigenen Grenzen oder das Kind überschreitet diese. Sie werden mit seinem Leid, ausweglosen Situationen und auch immer wieder mit eigenen Themen konfrontiert. Insbesondere Macht und Ohnmacht, Angst, Aggression, Rückzug, Zurückweisung und Überforderung spielen dabei häufig eine Rolle. Umso wichtiger ist es für Adoptiv- und Pflegeeltern, Sicherheit zu vermitteln. Dies gelingt nur, wenn Sie »als ›stark‹ bzw. ›mächtig‹ *und* ›gut‹ erlebt« werden (Baierl, 2016b, S. 49). Sie gewinnen an Autorität, wenn Ihr Kind spürt, »dass Sie kompetent, ernst zu nehmen und durchsetzungsfähig sind« (S. 49).

Kommen Sie im Konfliktfall mit negativen Gefühlen in Berührung, ist es für Eltern wichtig, den eigenen emotionalen Zustand regulieren zu können. Denn »je höher die emotionale Erregung der beiden Seiten in einer Konfliktsituation ist, desto höher ist auch das Risiko der Eskalation« (Omer u. von Schlippe, 2016, S. 75). Wird die Erregung reduziert, nimmt das Risiko einer Eskalation wiederum deutlich ab (S. 75). Laut Dorothea Weinberg (2017) kommt es im Falle eines Konflikts zwischen Eltern und Kind zu einem »blitzschnellen Austausch« auf der Ebene des vegetativen Nervensystems. Die Wut des Kindes überträgt sich auf die Eltern und deren Zustand von Stress und Anspannung. Von da aus springt die Anspannung zurück zum Kind, welches nun umso heftiger reagiert. Die gezeigten Affekte sind natürlich und kein Zeichen von Bösartigkeit seitens der Eltern (S. 67). Was in diesen Momenten passiert, ist lediglich eine unbewusste Umkehrung der »Täter-Opfer-Erfahrung«. Das Kind »lässt [die Eltern] spüren, wie es sich anfühlt, ein Opfer zu sein« (S. 68). Deren »Wut, Hilflosigkeits- oder Schuldgefühle oder […] emotionaler Rückzug sind dann zwar sehr verständlich, helfen aber nicht weiter.« Sie benötigen in diesen Situationen »Selbstbeobachtung und Selbstfürsorge« (S. 68). Deshalb ist es wichtig, die persönlichen Stressfaktoren zu identifizieren und bereits die kleineren Anzeichen für Turbulenzen zu erkennen. Wissen die Eltern um diese, ist es für sie leichter, »wieder in einen guten ausgeglichenen Zustand [zurückzufinden]« (S. 68). Letztlich kann das Kind nur der Eskalation entkommen, wenn die Erwachsenen selbst ausgeglichen sind. Das bedeutet nicht, zwanghaft durchhalten zu müssen, ohne dabei jemals eine Miene zu verziehen, sondern einen guten Umgang mit sich selbst zu haben und die eigenen Affekte regulieren zu können. Dies ist eindeutig Elternaufgabe, denn das Kind hat genau diese Fähigkeiten noch nicht erlernt – vor allem dann nicht, wenn die »schädigenden Phasen in der frühen Kindheit lagen« (S. 68). Das Kind ist somit auf Regulierung von außen angewiesen, ansonsten verliert es leicht die Kontrolle. Weinberg zufolge muss bei Säuglingen und traumatisierten Kindern gleichermaßen »die Fähigkeit zur Affektregulation durch geduldige Außenregulation aufgebaut« werden (S. 69). Damit geht eine grundlegende Änderung des Handelns für Sie als Eltern einher: »Bei Zuständen von Dysregulationen geht es dann nicht mehr darum, dass Sie sich mit Ihren berechtigten Forderungen sofort durchsetzen, es geht nicht um einen Machtkampf, sondern darum, Ihr Kind zuerst in das ›gesunde Fenster der Erregung‹ zurückzuholen« (S. 69). Umgekehrt gilt auch, dass Sie Ihre innere Entspannung und Ausgeglichenheit positiv nutzen und auf das vegetative Nervensystem des Kindes übertragen können, was sich wiederum abends beim Einschlafen des Kindes sehr bewähren kann.

Um die eigenen Affekte steuern zu können, sollten Sie für sich herausfinden, wie Sie aktiv dafür sorgen können, in einen entspannten Zustand zurückzufinden. Finden Sie heraus, was Sie brauchen: Einen Besuch im Café oder Sport? Gespräche mit anderen? Seien Sie neugierig und beobachten Sie sich selbst. Sie können zum Beispiel einmal darauf achten, was passiert, wenn Ihr Kind neben Ihnen oder auf Ihrem Schoß sitzt und gerade sehr unruhig ist. Wie reagiert Ihr vegetatives Nervensystem darauf? Vielleicht spüren Sie plötzlich eine große Unruhe, fühlen sich unwohl und wollen die Situation am liebsten sofort beenden. Genau solche Situationen eignen sich zum Experimentieren. Bringen Sie sich durch Atmung und bewusste Entspannung wieder selbst in einen ausgeglichenen Zustand und beobachten Sie, ob und wie sich der Erregungszustand des Kindes verändert.

Es ist wichtig, gut für sich selbst zu sorgen. Je besser es Ihnen geht, desto leichter wird es für Sie sein, auch schwierige Phasen gut zu meistern und ein hilfreiches Gegenüber für Ihr Kind zu sein (Baierl, 2016b). Was sind Ihre persönlichen Kraftquellen? Wo können Sie auftanken? Was tut Ihnen gut? Wo finden Sie Freude? Wer kann Sie unterstützen? Es ist hilfreich, die eigenen Dynamiken und inneren Reaktionen immer wieder kritisch zu betrachten. Austausch mit Gleichgesinnten, zum Beispiel in einer angeleiteten Adoptiv- oder Pflegeelterngruppe, kann dabei sehr unterstützend sein. Wo sind Ihre Grenzen? Falls erforderlich, sollten Sie Unterstützung oder Auszeiten in Anspruch nehmen.

Gerade Adoptiv- und Pflegekinder haben sehr feine Antennen dafür, ob das nach außen gezeigte Verhalten echt ist oder nur eine antrainierte Fassade. Für Kinder ist es sehr wichtig, die wahren Gefühle der Eltern zu spüren. Fangen diese damit an, »sich bemüht pädagogisch zu verhalten, besteht die Gefahr, dass sie paradoxe Formen der Kommunikation erzeugen und weniger und weniger für ihre Kinder lebendige und echte Gegenüber werden« (Omer u. von Schlippe, 2016, S. 25). Trotzdem kann es Sie »kalt erwischen«. In kritischen Momenten ist es oft hilfreich, bewusst zu atmen und sich einen Augenblick der Beruhigung zu erlauben. Stellen Sie sich die Frage, was Ihr Ziel ist, fokussieren Sie sich auf die eigentlich positiven Absichten Ihres Kindes und überlegen Sie, welches Verhalten in dem Moment unterstützend wirken würde (Baierl, 2016c).

Je bewusster Sie sich über Ihre vermeintlichen Schwächen sind, desto weniger lassen Sie sich provozieren, wenn Ihr Kind einen Ihrer eigenen wunden Punkte trifft. Und je unvoreingenommener Sie Situationen beurteilen können, desto mehr Wahlmöglichkeiten haben Sie, sich hilfreich zu verhalten. Um sich selbst innerlich zu klären, ist das Innere Team ein sehr hilfreiches Instrument. So kann man zum Beispiel mit Blick auf die eigenen inneren Teammitglieder die Frage stellen: *Bin ich eigentlich für diese Herausforderung der Adoptiv- oder Pflegeelternschaft gut aufgestellt? Welcher Teil in mir könnte sich von diesem Thema in welcher Weise angesprochen fühlen? Wer steht ganz vorne auf der inneren Bühne? Kann das so funktionieren oder fehlt noch ein Teammitglied?* Indem Sie in sich selbst hineinhören und sich gegebenenfalls innerlich besser aufstellen, können Sie für das Kind auch in herausfordernden Situationen ein authentisches und hilfreiches Gegenüber sein. Was eine ideale innere Aufstellung ist und wie man sie erreicht, werden wir in Abschnitt 2.1, »Selbstcoaching: Vom hilfreichen Umgang mit den eigenen inneren Teammitgliedern«, erfahren.

Neben dem Austausch mit anderen Adoptiv- und Pflegeeltern ist mitunter auch der Kontakt zu leiblichen Eltern aufschlussreich. Denn es gibt in jeder

Phase der Kindesentwicklung typische Verhaltensweisen, die für alle Eltern schwer auszuhalten sind – zum Beispiel, wenn das Kind Unmengen an Süßigkeiten isst, weite Teile des Tages im Bett verbringt, vielleicht stiehlt und ab und an nicht die Wahrheit sagt. Es ist gut, solche phasentypischen Verhaltensweisen, die auch bei leiblichen Kindern vorkommen, zu kennen. Das schützt davor, unnötig in Panik zu verfallen und schwierige Verhaltensweisen voreilig auf die Themen »Adoption« oder »Pflege« zu schieben. Andererseits ist es aber auch wichtig, sensibel zu bleiben und wahrzunehmen, wenn es wirklich um ein Thema geht, dessen Hintergrund eine Traumatisierung ist und bei dem das Kind Hilfe benötigt.

Stehen Sie mit Ihrem Partner oder Ihrer Partnerin im engen Austausch. Je eher Sie sich einig sind, desto effektiver wirken Ihre Strategien im Umgang mit schwierigem Verhalten. Holen Sie sich als Paar bei Bedarf Unterstützung, investieren Sie Zeit, um Einigkeit und ein gemeinsames Verständnis für Situationen und Strategien herzustellen. Lassen Sie sich nicht gegeneinander ausspielen. Sie dürfen natürlich unterschiedlicher Meinung sein, bleiben Sie aber trotzdem im Kontakt und ziehen Sie an einem Strang. Vielleicht unterscheiden Sie sich in Ihrer jeweiligen Herangehensweise, aber das grundsätzliche Ziel der Erziehung sollte ein gemeinsames sein. Und zu guter Letzt: »Widerstand gegen pädagogische Interventionen ist bis zu einem gewissen Grad entwicklungsnotwendig. Kinder und Jugendliche haben die Entwicklungsaufgabe, Autoritäten infrage zu stellen, Grenzen zu überschreiten und sich eigene Handlungsfelder zu eröffnen. Große Widerstände und anhaltende Misserfolge können als wertvolle Hinweise angesehen werden, dass wir die Wirklichkeit eines uns anvertrauten jungen Menschen […] noch nicht tief genug verstanden haben, um in [seiner] Welt sinnvoll zu handeln (Baierl, 2016b, S. 51).

2.1 Selbstcoaching: Vom hilfreichen Umgang mit den eigenen inneren Teammitgliedern

Als Adoptiv- und Pflegeeltern braucht es eine gute innere Aufstellung. Aber was genau ist das? Es gibt unterschiedliche Teammitglieder in uns, die, bezogen auf eine Fragestellung, gut oder weniger gut zusammenarbeiten. Eine ideale innere Aufstellung erleben Sie dann, wenn im Hinblick auf Ihr Ziel alle Anteile im Inneren kooperieren und an einem Strang ziehen. Bei einer guten inneren Aufstellung gibt es darüber hinaus keine Außenseiter, also keine Teammitglieder, die stören, behindern oder sabotieren. Alle sind gleichermaßen gut integriert, haben das von Ihnen gesetzte Ziel im Blick und wollen dieses gemeinsam erreichen.

Eine solche »Idealaufstellung« ist allerdings nicht der Normalfall. In der Regel sind wir weit davon entfernt und unser Inneres Team ähnelt eher einem zerstrittenen Haufen. Unsere Aufgabe ist es, aus diesem ein funktionierendes Team zu machen, bevor wir mit dem Kind in Kontakt treten. Gerade vor dem Hintergrund des speziellen Inneren Teams unseres Kindes, das eventuell viele Fallstricke und Konflikte beinhaltet, ist ein gutes Selbstcoaching wichtig. Es hilft uns dabei, auch in stürmischen Zeiten den Kurs zu halten und das Schiff sicher und ruhig durch schwieriges Gewässer zu manövrieren. Denn nur wenn Sie wissen, an welchen Stellen für Sie individuell die Herausforderungen liegen und wie Sie mit diesen umgehen können, sind Sie dagegen gefeit, sich in den besagten Fallstricken zu verheddern.

Investieren Sie im Hinblick auf wiederkehrende schwierige Situationen ein wenig Zeit und gehen Sie in die Auseinandersetzung mit sich selbst. Es lohnt sich. Das Kind mit seiner inneren Dynamik können wir kurzfristig nicht ändern, unsere eigene innere Dynamik und damit auch unser äußeres Verhalten hingegen schon. In dem Moment, in dem wir »neu gestartet« auf festgefahrene Situationen reagieren, laden wir unser Kind ein, sich ebenfalls anders zu verhalten. Dadurch kann etwas Konstruktives entstehen.

Doch wie stellen Sie sich in Bezug auf eine schwierige Situation mit Ihrem Kind innerlich besser auf? Ich gebe Ihnen im Folgenden eine Anleitung an die Hand, mit der Sie schwierige Situationen Ihres Alltags bearbeiten können. Zum besseren Verständnis demonstriere ich das Vorgehen anhand von Beispielen. Das alleinige Durchlesen des Vorgehens ist abstrakt, es macht deshalb Sinn, dass Sie zu jedem einzelnen Schritt Bezüge zu sich selbst herstellen. Insofern lade ich Sie an dieser Stelle herzlich ein, die Ärmel hochzukrempeln und sich in ein kleines Abenteuer der Selbsterforschung und des Selbstcoachings zu stürzen. Seien Sie gespannt, was Sie für sich und Ihre Situation entdecken.

Was Sie zunächst dazu brauchen, sind ein wenig Zeit und Ruhe, einen Stift und einen Zettel, um das eigene Innere Team zu erkunden und auf Papier zu bringen. Bitte nehmen Sie dazu ein Blatt im Format DIN A4 (noch besser geeignet ist DIN A3). Scheuen Sie nicht davor zurück, zu malen, auch wenn Sie (wie leider viele) in der Schule vermittelt bekommen haben, dass sie »unbegabt« seien. Strichmännchen reichen absolut! Wesentlich ist, dass Sie wirklich kleine Personen malen, denn in der Wirkung der Methode macht es einen großen Unterschied, ob Sie die Teammitglieder nur aufschreiben oder ob Sie diese in kleinen Persönlichkeiten sichtbar machen und damit zum Leben erwecken.

Malen Sie zunächst eine große Person – je nach eigenem Geschlecht – mit einem dicken Bauch, damit viele Teammitglieder hineinpassen.

1. Schritt: Welche Fragestellung möchte ich klären?

Jetzt besinnen Sie sich auf eine Situation aus dem Alltag mit Ihrem Kind, die Sie als schwierig oder herausfordernd erleben. Vielleicht kommt diese in der gleichen oder ähnlichen Art und Weise immer wieder vor, vielleicht fällt Ihnen auch eine Begebenheit ein, die Sie als extrem erlebt haben. Wenn Sie eine entsprechende Idee haben, formulieren Sie für diese Situation eine Frage, die idealerweise anfängt mit: *Wie kann ich …?* Wichtig ist, dass Sie Ihre Frage mit einer positiven Zielrichtung formulieren. Anstatt also zu fragen: *Wie kann ich dafür sorgen, dass ich in der Situation nicht immer so genervt bin und rumbrülle?* wäre an dieser Stelle eine geeignete Fragestellung: *Wie kann ich dafür sorgen, dass ich mit der Situation gelassener umgehe und einen freundlichen Tonfall finde?*

> Tim hat keine Lust auf Hausaufgaben und vermeidet sie, so gut er kann. Das heißt, er schiebt alles auf die lange Bank, zeigt keine Initiative und erledigt die Aufgaben erst nach langwierigen Auseinandersetzungen mit seiner Mutter. Diese entscheidet sich bei der Erhebung ihres Inneren Teams für folgende Fragestellung: *Wie kann ich Tim hilfreich und konstruktiv bei seinen Hausaufgaben unterstützen?*

2. Schritt: Welche Teammitglieder melden sich zu dieser Fragestellung in mir?

Für die Fragestellung *Wie kann ich mein Kind hilfreich und konstruktiv bei seinen Hausaufgaben unterstützen?* horcht die Mutter in sich hinein, um die einzelnen beteiligten Teammitglieder zu finden. Ihr fällt eine konkrete Situation vom

Vortag ein, bei der es wieder einmal sehr schwierig war, Tim zu seinen Hausaufgaben zu motivieren. Wie so oft zögerte er alles bis auf den letzten Drücker hinaus und die Situation endete in einem unschönen Konflikt. Wenn die Mutter an diese konkrete Situation denkt, spürt sie zunächst eine große Frustration. Sie überlegt, wer diese in ihr auslöst. Sie findet ein strapaziertes Teammitglied, das das Gefühl hat, jeden Nachmittag mit Tim wegen der Hausaufgaben zu kämpfen. Diesem Teammitglied gibt sie den Namen »Erfahrene«, malt sie in den Bauch und schreibt den Satz in die Sprechblase.

Auf diese Art hat die Mutter aus dem Beispiel folgende Teammitglieder gefunden:

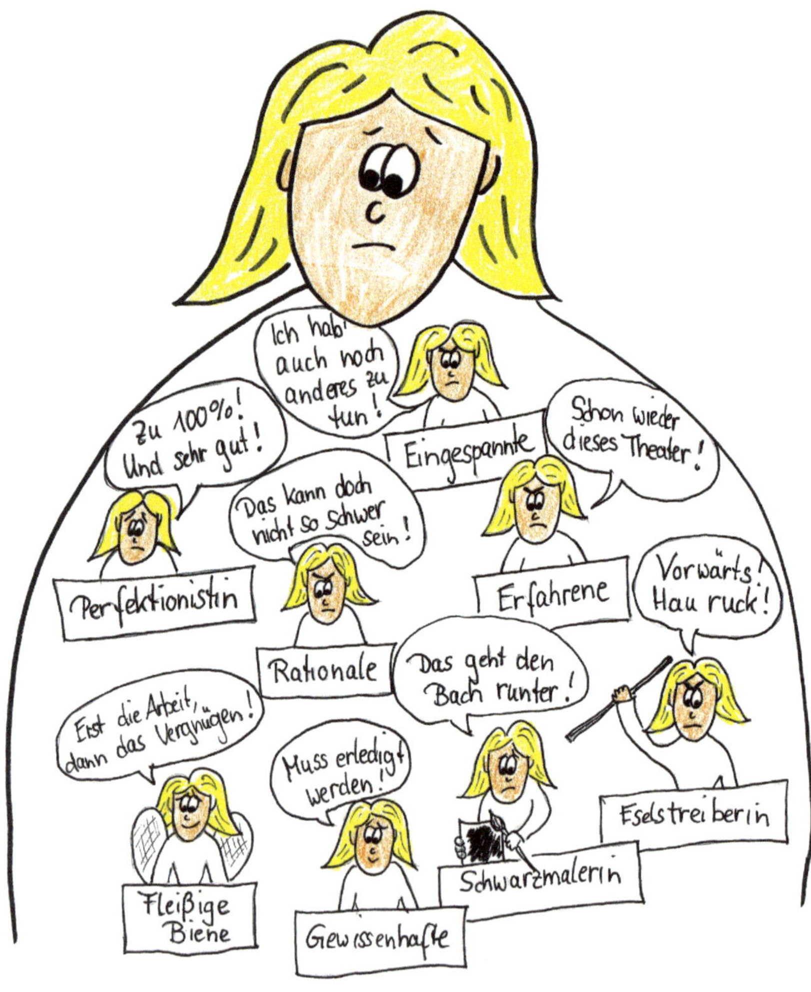

Zunächst hat sie alle Anteile, die ihr eingefallen sind, in den dicken Bauch gezeichnet, ohne sich darum zu kümmern, wer eher vorne steht und wer eher hinten. In diesem zweiten Schritt geht es vor allem darum, möglichst alle Teammitglieder, die sich zu einer Fragestellung melden, zu erfassen, ihnen einen passenden Namen zu geben und in der jeweiligen Sprechblase zu notieren, was sie zu diesem ausgewählten Thema zu sagen haben.

Jetzt sind Sie dran: Horchen Sie nun in sich hinein. Wer meldet sich zu Ihrer persönlichen Fragestellung? Wenn Sie dieses Modell zum ersten Mal anwenden, kann es zunächst schwierig sein, die angesprochenen inneren Teammitglieder zu finden. Folgende Fragen können Sie bei der Suche unterstützen:

- Wenn Sie an die konkrete Situation denken, wie haben Sie gehandelt? Welches innere Teammitglied ist dafür verantwortlich?
- Wenn Sie an Ihre Fragestellung denken, welches Gefühl nehmen Sie wahr? Welches innere Teammitglied sorgt für genau dieses und kein anderes Gefühl?
- Wenn es nur nach Ihnen ginge, wie würde sich die Situation auflösen? Wer in Ihnen wünscht sich diese Lösung?

Manchmal kann es sein, dass Ihnen zunächst nur ein Satz einfällt, den eines Ihrer Teammitglieder sagt. Um diesem einen Namen zu geben, ist folgende Frage hilfreich:

- Wer in Ihnen sagt diesen Satz?

Vielleicht fällt Ihnen aber auch zuerst der Name des Teammitgliedes ein. Dann können Sie fragen:

- Was hat dieses Teammitglied zu Ihrer Fragestellung zu sagen?

Manchmal ist es eine kleine Herausforderung, einen treffenden Namen für ein Teammitglied zu finden. Es ist am besten, wenn der Name, den Sie ihm geben, möglichst genau das ausdrückt, was es in Ihrem Inneren repräsentiert. Zur Not geben Sie einem Teammitglied erst einmal einen Arbeitstitel und vertrauen darauf, dass Ihnen später noch ein besserer Name einfällt.

Nehmen Sie sich Zeit, horchen Sie nach innen und versuchen Sie, alle Teammitglieder für Ihre Fragestellung zu erfassen und aufzumalen. Manchmal melden sich auch »Spätmelder«. Spätmelder sind Anteile, die einem nicht sofort in den Sinn kommen, sondern Ihnen vielleicht erst ein wenig oder sogar viel später einfallen – zum Beispiel, wenn sie eine Nacht darüber geschlafen haben. Nehmen Sie auch diese Teammitglieder in Ihr Inneres Team auf, denn häufig sind die Spätmelder sehr wichtig.

Und? Welche Teammitglieder haben Sie gefunden?

Wenn Sie jetzt noch einmal auf die Teammitglieder schauen, die sich bisher zu erkennen gegeben haben, wer fehlt da noch? Was fällt Ihnen auf?

Wenn Ihnen kein weiteres Mitglied mehr einfällt, beenden Sie die Erhebung. Auf diesem ersten Bild, das jetzt vor Ihnen liegt, haben Sie alle Anteile erfasst, die sich zu Ihrer Fragestellung bisher zu erkennen gegeben haben.

3. Schritt: Wie sind meine Teammitglieder auf meiner inneren Bühne aufgestellt?

Im dritten Schritt wird das Innere Team in Bezug auf die Frage: *Wie bin ich hinsichtlich meiner Fragestellung aufgestellt?* beleuchtet. Betrachten Sie alle gefundenen Teammitglieder, um sie im Hinblick auf ihre Funktion besser zu verstehen. Prüfen Sie, wie die identifizierten Anteile miteinander agieren. Dabei sind folgende Fragen hilfreich:

- Welches von den Teammitgliedern steht eher im Vordergrund Ihrer inneren Bühne und welches eher im Hintergrund? Das heißt: Wen spüren nur Sie (Hintergrund) und wen bekommen die Menschen in Ihrer Umgebung zu spüren (Vordergrund)?
- Gibt es Dopplungen, sodass Teammitglieder zusammengefasst werden können? Das ist dann sinnvoll, wenn es sehr viele Mitglieder geworden sind und das erste Bild zu unübersichtlich ist.
  Arbeiten die Teammitglieder zusammen oder auch gegeneinander? Gibt es Koalitionen? Oder Feindschaften? Wer beschützt wen? Wer schiebt wen nach vorne?
  Gibt es ein Auftrittsverbot? Darf ein Teammitglied nicht agieren?

Nach der Analyse Ihres ersten Bildes mit Unterstützung der obigen Fragen macht es Sinn, ein neues zweites Bild zu zeichnen. Dieses neue Bild soll möglichst genau die Realität abbilden, die Sie eben für sich herausgearbeitet haben. Es soll deutlich machen, wie Sie aktuell zu Ihrer Fragestellung stehen. Um diesen dritten Schritt zu verdeutlichen, kehren wir noch einmal zur Mutter von Tim zurück, die wegen der Hausaufgaben immer wieder mit ihrem Sohn aneinander gerät.

In dem neuen Bild, das die Dynamik im Inneren der Mutter verdeutlicht, sind zwei eindeutige Koalitionen erkennbar: Auf der einen Seite stehen die fleißige Biene, die Schwarzmalerin, die Perfektionistin und die Gewissenhafte, die die Eselstreiberin nach ganz vorne schieben. Auf der anderen Seite befinden sich

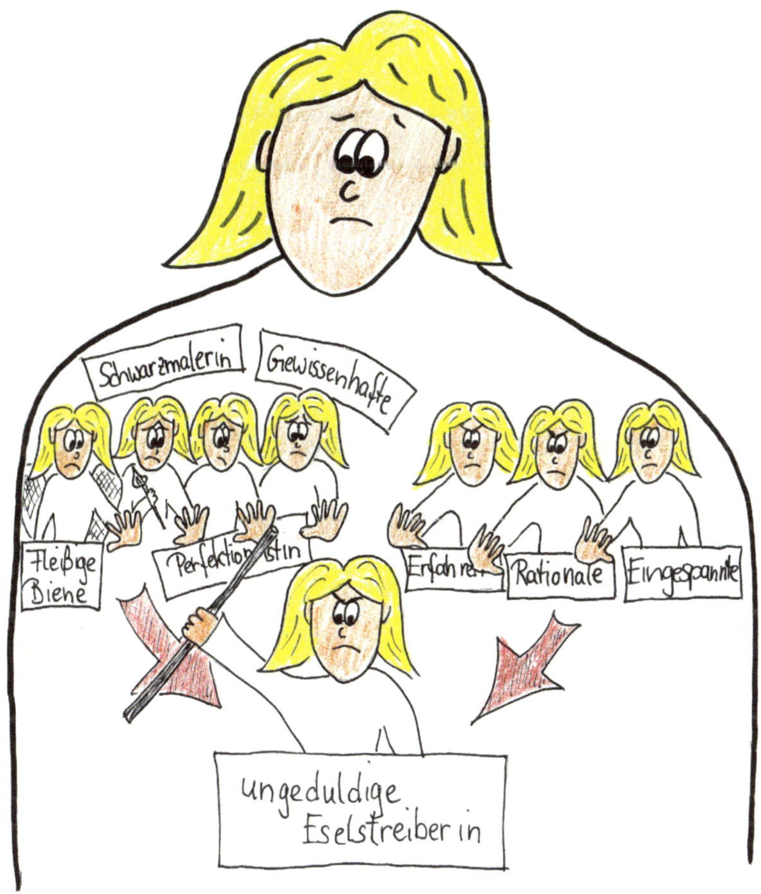

die Erfahrene, die Rationale und die Eingespannte, die dafür sorgen, dass die Eselstreiberin mit einer starken Ungeduld agiert.

4. Schritt: Wie sollte mein Inneres Team zu meiner Fragestellung idealerweise aufgestellt sein?

Ihr Inneres Team haben Sie nun so gezeichnet, dass es Ihren Ist-Zustand genau widerspiegelt. Lehnen Sie sich nun ein Stückchen zurück. Lesen Sie jetzt noch einmal Ihre Fragestellung und betrachten Sie das Innere Team aus dieser Haltung heraus. Nehmen Sie sich Zeit und betrachten Sie auch das Innere Team des Kindes. Wenn Sie das alles aus dieser Perspektive betrachten: Sind Sie gut für Ihre Fragestellung aufgestellt? Können Sie Ihr Ziel mit dieser Aufstellung erreichen? Sind Sie überhaupt Dame oder Herr des Hauses oder haben vielleicht einzelne Ihrer Teammitglieder im Hinblick auf diese Frage bereits das Zepter übernommen?

Am Beispiel der Mutter wird deutlich, dass sie zu ihrer persönlichen Fragestellung: *Wie kann ich mein Kind hilfreich und konstruktiv bei den Hausaufgaben unterstützen?* nicht gut aufgestellt ist – vor allem im Hinblick auf das Innere Team des Kindes. Die Eselstreiberin der Mutter bringt den Autonomen im Kind arg in Bedrängnis. Vielleicht ist ihre Mimik auch durch die starke Ungeduld der Eselstreiberin kritisch oder genervt. In diesem Fall könnte sie zudem mit dem Überlebenskämpfer des Kindes zu tun bekommen und dann geht gar nichts mehr. Auch der Genießer im Hier und Jetzt ist wahrscheinlich

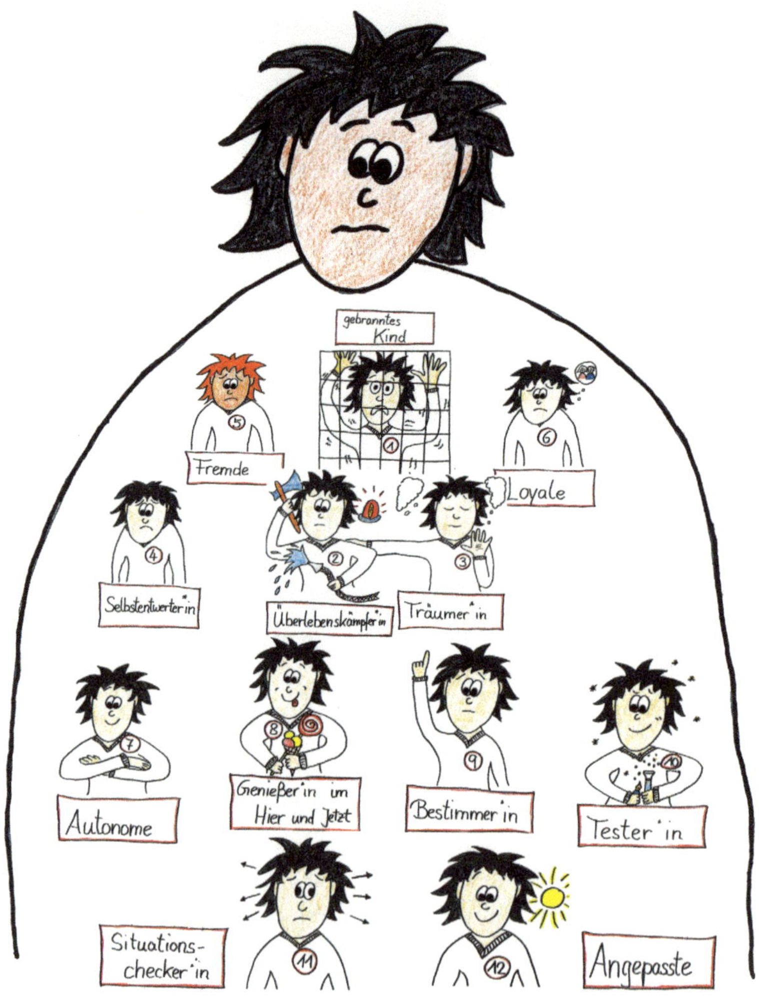

nicht zur Kooperation geneigt, wenn die Eselstreiberin mit ihrer schlechten Stimmung Druck macht. Deren Ungeduld ruft unter Umständen auch den Selbstentwerter im Kind auf den Plan. Wenn die Hausaufgaben dann noch ein Thema betreffen, mit dem das Kind Schwierigkeiten hat, werden die Versagensängste dieses Teammitgliedes sehr schnell sehr groß und es sorgt dafür, dass das Kind aufgibt, bevor es überhaupt angefangen hat. Es wird deutlich, dass die Chancen auf Erfolg mit dieser inneren Aufstellung mehr als schlecht stehen.

In diesem vierten Schritt überlegen Sie auch, wie Sie sich als Oberhaupt das Zepter zurückerobern können. Einzelne Teammitglieder führen sich vielleicht auf, als wären sie Chefin in Ihrem Inneren Team. Dabei haben diese keinen Überblick und merken nicht, dass sie dem Gesamtsystem durch ihr Handeln eher schaden als nützen. Indem Sie als Betroffene sich zurücklehnen und auf Ihre Visualisierung schauen, können Sie sich vergegenwärtigen, ob Sie die Lage noch im Griff haben. Es kann sich unter Umständen zeigen, dass Ihre bisherige Strategie nicht sinnvoll war. Suchen Sie aus der Position des Oberhauptes heraus und mit dem Bewusstsein, Chefin zu sein, nach hilfreicheren Strategien. Überaktive Teammitglieder müssen manchmal in ihre Schranken gewiesen oder zurückhaltende Teammitglieder in den Vordergrund gerückt werden. Allein dadurch, dass Sie die einzelnen Anteile erkunden und dem Bewusstsein so Prozesse zugänglich machen, die vorher unbewusst abgelaufen sind, beenden Sie Automatismen. Indem Sie die Dynamik der Teammitglieder erkennen, kann das Oberhaupt wieder Einfluss nehmen und neue Lösungsansätze entwickeln.

Betrachten Sie jetzt noch einmal Ihre Inneren Teammitglieder: Welche davon sind für Ihre Fragestellung nützlich und welche eher hinderlich?

Für das Innere Team der Mutter ergab sich durch diesen vierten Schritt in Bezug auf die Fragestellung: *Wie wäre ich denn gut aufgestellt für einen hilfreicheren und konstruktiveren Umgang bei den Hausaufgaben?* folgende Neuordnung der Teammitglieder:

In dem Beispiel der Mutter stehen die Erfahrene und die Rationale ganz vorne auf der inneren Bühne. Bisher hat die Erfahrene ihr Wissen genutzt, um innerlich für schlechte Stimmung zu sorgen. In Erwartung des anstehenden Dramas war sie schon im Vorfeld genervt. Damit hat sie im Sinne einer sich selbst erfüllenden Prophezeiung einen großen Teil dazu beigetragen, dass die Erledigung der Hausaufgaben böse geendet hat. Die Rationale hat ihrerseits jede Form von Empathie für das Kind verhindert, weil dessen ständige Verweigerung der Hausaufgaben nicht logisch ist. Betrachtet man sein Verhalten, ist es dagegen »psycho-logisch«, das heißt, dass man es aus der inneren Situation des Kindes heraus verstehen kann. Das Ziel ist, dass die Rationale nachvollziehen kann, welche inneren Teammitglieder sich bei dem Kind melden. Nur so kann sie ihre eigene innere Schwarzmalerin besänftigen. Wenn die fleißige Biene und die Gewissenhafte ihre Energie einsetzen, um der Eselstreiberin zur Seite zu stehen, sodass diese mit großer Geduld, Ruhe und Beharrlichkeit ihre Mission fortsetzt, entsteht ein besseres Gespann. Es wäre hilfreich, außerdem eine Gelassene einzustellen, um diese der Perfektionistin als Ausgleich zur Seite zu stellen. Die Gelassene kann auch mal »Fünfe gerade sein lassen«. Ebenso wäre es für die Eingespannte ein Segen, wenn ihr eine Selbstfürsorgliche zur Seite stünde, die dafür sorgt, dass die Mutter nicht ständig über ihre Grenzen geht und ihre Energie regelmäßig auftanken kann. Vielleicht hilft auch eine Humorvolle? Diese könnte einen großen Regenschirm in der Hand halten, den sie beizeiten aufspannt und an dem alle Beschimpfungen des Kindes abperlen. Die Vorstellung einer Humorvollen mit aufgespanntem Regenschirm in der Hand kann sehr wirkungsvoll sein, wenn Sie gerade ein wutschnaubendes »doofe Mama!« an den Kopf geworfen bekommen.

Seien Sie kreativ. Probieren Sie verschiedene Möglichkeiten aus. Durch eine Neueinstellung ändert sich nicht alles von einem Tag auf den anderen, trotzdem werden Sie allein durch die Klärung Ihrer inneren Situation seltener in Konflikte hineinschlittern. Sie werden merken, mit wem Sie es innerlich zu tun bekommen und Sie werden anfangen, die Zügel als Chefin Ihres Teams in die Hand zu nehmen. Das allein ist schon eine große Veränderung, denn so lernen Sie, sich bewusster zu verhalten. Impulse, die durch ein vorpreschendes Inneres Teammitglied entstehen, können Sie zunehmend besser zurückhalten und sich auf diese Weise steuern. Haben Sie ein vorschnelles Teammitglied als kleine Person vor Augen, fällt es viel leichter, es zurückzupfeifen. Dagegen ist es viel schwieriger, einen scheinbar aus dem Nichts kommenden unbewussten Impuls zu unterdrücken.

Teilweise sind wir mit einzelnen Teammitgliedern eins geworden, haben uns so mit ihnen identifiziert, dass wir regelrecht mit ihnen verschmolzen sind.

Dies merken wir daran, dass wir nicht allen Anteilen wohlgesonnen sind – manche mögen wir einfach nicht, manche sind uns peinlich, andere verachten wir sogar. Ein Teammitglied, mit dem wir verschmolzen sind, könnte zum Beispiel die Perfektionistin sein. Sie ist eine treue und bewährte Begleiterin in unserem Leben, der wir viel zu verdanken haben und die uns treu und zuverlässig dient. Wenn ihr im Inneren oder auch im Äußeren etwas begegnet, das nicht perfekt ist, sondern vielleicht improvisiert oder unvorbereitet, ist das für sie schwer auszuhalten. Liebevoll auf das Unperfekte zu schauen, ist nicht möglich, wenn man mit einer inneren Perfektionistin verschmolzen ist. Sich dann eine Gelassene einzustellen, ist leichter gesagt als getan. Trotzdem ist das Erkennen dessen, was wir brauchen, um zu wachsen, ein wichtiger Schritt in Richtung der Erweiterung des eigenen Heimatgebietes. Je stärker wir einseitig identifiziert sind, desto größer ist die Wahrscheinlichkeit, dass uns dieses wohlgediente Teammitglied das Leben schwer macht. Ziel ist es daher, eine Balance zu finden – zum Beispiel zwischen der Perfekten und der Gelassenen (siehe Abschnitt 3.4).

Experimentieren Sie und seien Sie neugierig, was passiert. Niemand sonst ist für Ihre eigenen Gefühle zuständig. Ihre Mitmenschen lösen Ihre Gefühle nur aus, aber sie machen sie nicht. Die eigenen Gefühle entstehen in uns selbst nach den Konstruktionsprinzipien der eigenen Seele (Schulz von Thun, 2019, S. 85). Mit dem Wissen darüber können wir die Opferposition *(Wenn mein Kind sich nicht immer so schlimm verhalten würde, dann müsste ich ja auch gar nicht so ärgerlich sein)* verlassen und eine aktive Rolle einnehmen. Je nachdem, wie ich mein Inneres Team aufstelle und führe, kann ich meine Gefühle in die eine oder die andere Richtung lenken. Je souveräner ich die Chefposition einnehme, je liebevoller ich auf alle meine inneren Anteile schaue, desto gelassener kann ich durch das Leben gehen.

Wie sieht nun Ihre Idealaufstellung aus? Nehmen Sie sich ein drittes Blatt Papier und stellen Sie Ihre Teammitglieder so auf, dass sie für Ihre Fragstellung hilfreich sind. Wer sollte vorne auf Ihrer inneren Bühne stehen, wer hinten und wen bräuchten Sie zusätzlich?

2.2 Beispielhafte Aufstellung des Inneren Teams einer Adoptivmutter

Bisher haben wir das Modell des Inneren Teams genutzt, um die eigene innere Aufstellung unserer Teammitglieder in Bezug auf ein schwieriges Thema oder eine herausfordernde Situation zu betrachten und zu verändern. Sie können diese Methode auch nutzen, um eine bestimmte Rolle zu analysieren – beispielsweise Ihre Rolle als Adoptiv- oder Pflegeeltern. Diese grundsätzliche Einstellung zu Ihrer Rolle als »neue Eltern« hat einen großen Einfluss darauf, wie Sie auf die Inneren Teammitglieder Ihres Kindes reagieren. Zum Beispiel darauf, wie »empfänglich« Sie dafür sind, mit speziellen Teammitgliedern des Kindes aneinander zu geraten. Je bewusster Sie Ihre eigenen Themen bearbeitet haben und je klarer Sie nach außen kommunizieren, desto weniger anfällig sind Sie dafür, in typische, destruktive Dynamiken einzusteigen.

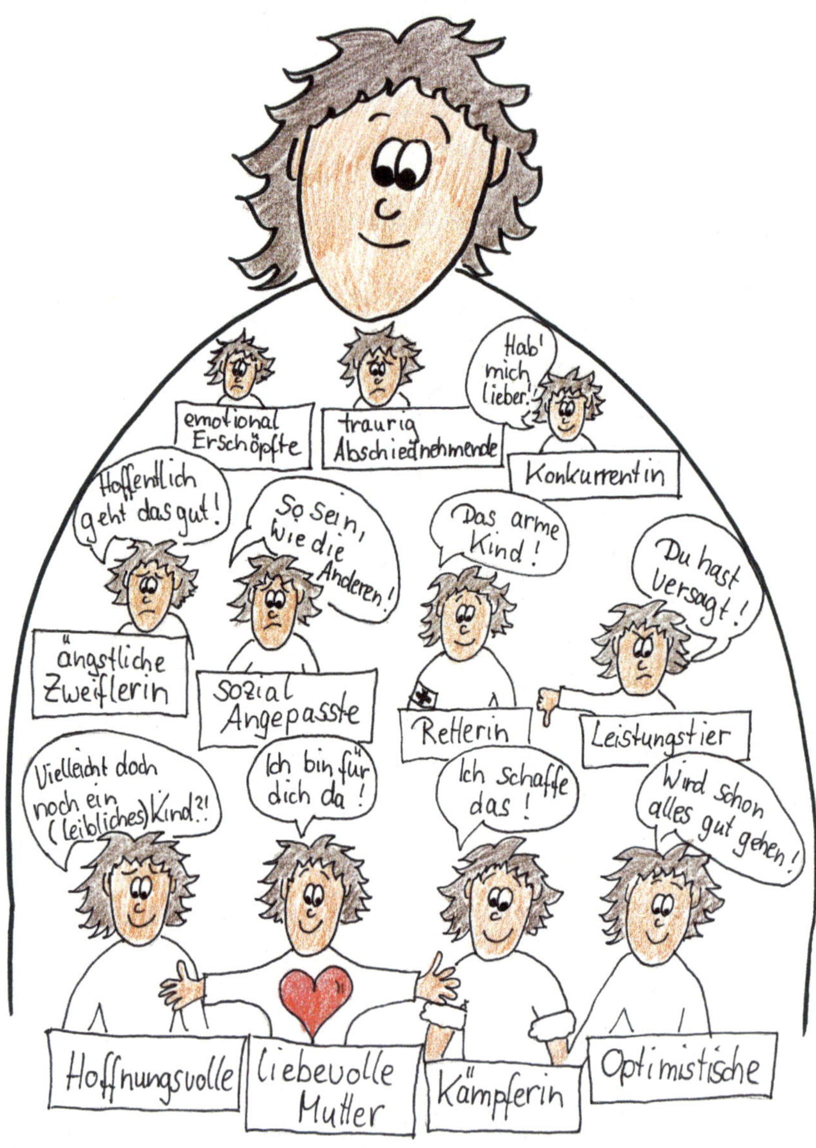

Im Folgenden finden Sie exemplarisch das Innere Team einer angehenden Adoptivmutter. Sie ist ungewollt kinderlos und hat sich aufgrund dessen gemeinsam mit ihrem Partner für eine Adoption entschieden. Das Paar hat das Adoptionsprüfverfahren gerade abgeschlossen und wartet schon länger darauf, ein Kind bei sich aufnehmen zu können. Dieses Beispiel soll Sie zur Suche nach Ihren eigenen individuellen Teammitgliedern inspirieren. Einige der vorgestellten Anteile sind vielleicht auch bei Ihnen vertreten, andere vielleicht nicht. Dieses Beispiel ist lediglich als Anregung zu verstehen. Um Ihr eigenes Inneres Team aufzustellen, müssen Sie schauen, wer sich bei Ihnen meldet.

Bei der angehenden Adoptivmutter melden sich die folgenden Inneren Teammitglieder:

- **Die Hoffnungsvolle** *Wenn wir ein Kind bekommen, dann sind wir endlich eine Familie und dann wird am Ende alles gut! Aber vielleicht klappt es mit dem leiblichen Kind ja doch noch?! Ich habe mal gehört, dass einige, nachdem sie sich für eine Adoption entschieden haben, dann ganz überraschend schwanger geworden sind.*
- **Die liebevolle Mutter** *Ich möchte so gerne Mama sein und als Familie leben, am Wochenende Ausflüge machen, in den Zoo gehen, Bilderbücher vorlesen … Das Haus soll mit Kinderlachen gefüllt sein, wir werden Kuchen backen, Kindergeburtstage feiern, toben und Verstecken spielen …*
- **Die Kämpferin** *Es hat mit dem Kinderkriegen nicht so geklappt, wie wir es uns vorgestellt haben. Schade! Aber was machen wir jetzt mit der Situation? Wir wollen ein Familienleben führen, also suchen wir nach Alternativen und kämpfen für ein Kind. Wie geht das mit einer Adoption? Okay, dann lass uns mal loslegen!*
- **Die Optimistische** *Eigentlich finde ich doch alle Kinder niedlich, das wird schon funktionieren. Wir sind doch auch gute Eltern, warum sollte es uns nicht gelingen, ein Adoptivkind zu bekommen und gut mit ihm zurechtzukommen?*
- **Die ängstliche Zweiflerin** *Ob das der richtige Weg ist? Ein fremdes Kind? Und wenn ich es dann gar nicht so lieben kann wie ein eigenes? Es ist ja nicht das eigene Fleisch und Blut. Ob die Verwandtschaft es auch aufnehmen wird? Und wenn etwas mit dem Kind nicht stimmt? Vielleicht entwickelt es sich nicht normal. Vielleicht wird es schwierig mit ihm? Man weiß ja auch nicht genau, welche Vorgeschichte es hat. Vielleicht hat die Mutter in der Schwangerschaft Alkohol getrunken? Oder Drogen genommen? Und wenn sich das negativ auswirkt?*
- **Die sozial Angepasste** *Alle unsere Freunde haben mittlerweile Kinder. Wir gehören gar nicht mehr richtig dazu, weil sie plötzlich ganz andere Themen haben. Außerdem haben die keine Zeit mehr, sich mit uns zu treffen. Wir sind plötzlich außen vor!*

- **Die Retterin** *Es ist doch auch eine gute Tat, so einem kleinen Würmchen ein Zuhause zu geben, das keinen Platz in der Welt hat. Das arme kleine Kind! Wie können die leiblichen Eltern nur so etwas machen?*
- **Das Leistungstier** *Ich bin es gewohnt, alles, was ich mir vorgenommen habe, zu schaffen! Erfolg kann man planen. Nur in dem Fall der Familienplanung hast du versagt! Das kann doch nicht sein, dass das alle anderen hinkriegen und du nicht!*
- **Die emotional Erschöpfte** *Wir haben die Mühlen der Reproduktionsmedizin durchlaufen, haben Bangen und Hoffen, Freude und Verzweiflung durchlitten. Dann haben wir uns durch die behördlichen Mühlen des Anerkennungsverfahrens gekämpft und haben ewig auf einen Kindervorschlag gewartet! Ich kann nicht mehr!*
- **Die traurig Abschiednehmende** *Leider hat es mit einem leiblichen Kind nicht geklappt. Wenn ich ehrlich zu mir selbst bin, mag ich das noch gar nicht richtig abschließen. Es schmerzt noch sehr und ich kann mich noch immer nicht ganz vom Wunsch verabschieden, schwanger zu werden.*
- **Die Konkurrentin** *Wir sind bessere Eltern als die leiblichen Eltern. Schließlich haben die das Kind ja wegegeben und nicht gut versorgt! Das Kind soll uns lieber mögen als seine biologischen Eltern! Am besten reden wir gar nicht von denen, wir lassen das außen vor!*

Bevor ich Sie im nächsten Schritt dazu einlade, Ihr eigenes Inneres Team im Hinblick auf Ihre generelle Rolle als Adoptiv- oder Pflegeeltern zu erforschen, werden wir die Anteile der Adoptivmutter im obigen Beispiel zunächst näher betrachten. Im Sinne von: Sind diese Teammitglieder hilfreich oder drohen Fallstricke? Dieses Vorgehen können Sie dann später übernehmen, um zu überprüfen, ob Sie gut aufgestellt sind.

Um die innere Dynamik der Adoptivmutter besser nachvollziehen zu können, ist es hilfreich, sich noch einmal die letzte Abbildung anzusehen. Dort präsentiert sich zunächst eine sehr hilfreiche Mannschaft. Es ist wunderbar, eine »Hoffnungsvolle« zu haben, denn der Weg durch eine Adoption mit allen behördlichen Schritten und der häufig zermürbenden Phase des Wartens und der Ungewissheit ist meist sehr steinig und lang. Wenn es also ein Teammitglied gibt, das den Mut nicht verliert, ist das eine große Unterstützung! Allerdings wird es schwierig, wenn die Hoffnungsvolle nicht nur auf den Adoptionsprozess schaut, sondern heimlich noch ganz andere Absichten hat. Wenn sie an dem Wunsch nach einem leiblichen Kind festhält und die Adoption nur als Notlösung sieht, um doch noch das eigentliche Ziel zu erreichen. Ein adoptiertes Kind ist dann nur Mittel zum Zweck und der Platz im Herzen nicht ganz frei.

Deshalb ist die »traurig Abschiednehmende« im Hintergrund sehr wichtig. Ihr gilt es Aufmerksamkeit und Zeit zu schenken, um den Abschiedsprozess vom Wunsch nach einem leiblichen Kind gut zu gestalten. Je vollständiger dieser Prozess abgeschlossen ist, desto größer ist die Möglichkeit, sein Herz für das Kind zu öffnen, das jetzt kommt. Ein weiteres wunderbares Teammitglied ist die »liebevolle Mutter«. Sie ist präsent und hat ihr Herz weit geöffnet.

Die »Kämpferin« hilft dabei, den meist beschwerlichen Weg des Adoptionsprozesses durchzustehen. Allerdings sollte sie ein wenig im Zaum gehalten werden, damit sie nicht übermächtig agiert und ein sorgsames Abwägen von wichtigen Fragen verhindert. Denn eine vorpreschende Kämpferin birgt die Gefahr kopflosen Verhaltens und hat vielleicht übersehen, was eine Adoption wirklich bedeutet. Anstatt sich mit der Frage auseinanderzusetzen, was man sich zutraut und womit man zu rechnen hat, wird die ganze Kraft dafür eingesetzt, das Wunschkind um jeden Preis zu bekommen.

Die »Optimistische« ist ein geeignetes Gegengewicht zur ängstlichen »Zweiflerin«, die sich Sorgen macht und sich bei dieser großen und wichtigen Lebensentscheidung fragt, ob es auch die richtige ist. Die »sozial Angepasste«, die genauso sein möchte, wie alle anderen, wird durch das Zusammenleben mit einem Adoptivkind sehr gefordert werden. Adoptivkinder sind, wie wir im ersten Kapitel erfahren haben, nicht wie alle anderen Kinder, sondern in einigen Aspekten ganz anders. Dementsprechend muss man auch anders mit ihnen umgehen. Langfristig betrachtet, könnte es erleichternd sein, eine »Unangepasste« einzustellen, die mit Selbstbewusstsein nach außen vertritt, dass diese Familie eben anders ist und dazu steht.

Die »Retterin«, die es nur gut mit dem Kind meint, hat einen Fallstrick im Gepäck. Dieses Teammitglied hat gerne das Gefühl, sich aufzuopfern und nur das Beste für das Kind zu wollen. Sie geht dabei vielleicht über die eigenen Grenzen hinaus. Wenn es dann phasenweise mit dem Kind schwierig ist, besteht die Gefahr, dass sie sich in eine Opferrolle begibt. Sie leidet dann empört nach dem Motto: *Jetzt habe ich doch so viel getan und mein letztes Hemd gegeben und das Kind verhält sich so undankbar!* Geben Sie diesem Teammitglied nicht zu viel Raum. Es ist hilfreicher, den eigenen Wunsch nach dem Kind zu spüren und achtsam mit sich umzugehen.

Auch das »Leistungstier« hat einen dicken Fallstrick im Rucksack. Es ist ein dauernder Nörgler und »Runterputzer«, der den Selbstwert stark angreift. Wer sich nur über Leistung definiert und zusätzlich das Leben ohne leibliches Kind als Versagen begreift, läuft mit einem angekratzten Selbstwertgefühl durch die Welt. Hinzu kommt, dass dieses Teammitglied nicht nur nach innen wirksam ist, sondern auch das Kind mit diesen hohen Leistungsansprüchen überfordert.

Besonders im Kontext Schule kann dann der Selbstentwerter des Kindes auf das Leistungstier der Mutter reagieren. Damit wäre ein Konflikt vorprogrammiert. Wichtig ist, einerseits zu würdigen, was man mithilfe des Leistungstiers im Leben schon geschafft hat. Andererseits gilt es, sich zu verdeutlichen, dass eine Adoption keinesfalls Versagen bedeutet. Auf diese Weise könnte diesem Anteil die destruktive Kraft entzogen und in konstruktive Kraft umgewandelt werden, die wiederum für den anstrengenden Adoptionsprozess nötig ist.

Die »emotional Erschöpfte« ist ein Teammitglied, das unbedingt beachtet werden sollte. Sie braucht Zuwendung und Erholung von der anstrengenden Zeit des Hoffens und Wartens auf ein leibliches Kind. Sie hat zudem eine wichtige emotionale Funktion hinsichtlich des Abschiedsprozesses von dem Wunsch nach einem leiblichen Kind.

Die »Konkurrentin« im Inneren Team könnte der Mutter eventuell peinlich sein. Peinliche Teammitglieder zeigen sich oft gar nicht erst, sondern bleiben gern versteckt. Trotzdem können sie eine starke Wirkung entfalten – sowohl im Inneren Team als auch im Kontakt nach außen. Sobald sich so ein Anteil zu erkennen gibt, haben wir die Chance, einen konstruktiven Umgang mit ihm zu finden. Wie dieser aussehen könnte, klären wir später noch ausführlich.

Ich möchte Sie nun einladen, Ihr eigenes Inneres Team zu erheben. Das kann eine kleine Herausforderung sein. Vielleicht haben Sie gar keine Lust, sich wieder Papier und Stift zur Hand zu nehmen und schon gar nicht darauf, sich selbst zu erforschen – noch dazu mit einer für Sie vielleicht noch relativ unbekannten Methode, von der Sie hier zum ersten Mal lesen. Natürlich steht es Ihnen frei, einfach weiterzulesen. Allerdings würde ich Sie doch gerne dazu motivieren, es zumindest einmal auszuprobieren. Die Methode des Inneren Teams wird häufig erst durch die Anwendung auf ein eigenes Beispiel richtig lebendig und nachvollziehbar.

Beschäftigen Sie sich nun also mit Ihrer eigenen Aufstellung. Nehmen Sie einen Stift und einen Zettel zur Hand und los geht es! Falls Sie zusammen mit Ihrem Partner arbeiten – was sehr empfehlenswert wäre – erstellen Sie in dieser ersten Phase zunächst einmal ein Inneres Team pro Person, beide für sich allein.

Was oder wen haben Sie in sich gefunden? Vielleicht das eine oder andere Teammitglied aus dem Beispiel der Adoptivmutter, vielleicht haben Sie aber auch ganz andere in sich entdeckt? Die Motive, Kinder zu adoptieren oder als Pflegkinder anzunehmen, sind sehr vielfältig, ebenso wie Ihre individuelle Geschichte als Paar. Dadurch können sich auch sehr unterschiedliche Innere Teams ergeben.

Zeigen und erklären Sie Ihrem Partner erst Ihre Ergebnisse, wenn Sie das Gefühl haben, dass Sie nun alle Teammitglieder gefunden haben. Wenn er oder sie Ihnen Fragen zu Ihren Teammitgliedern stellt, werden diese vielleicht noch klarer und lebendiger. Vielleicht entdecken Sie auf diese Weise sogar noch fehlende Anteile? Wenn Sie gemeinsam auf Ihre Inneren Teams schauen, entdecken Sie vielleicht Teammitglieder, die in Ihnen beiden stecken. Und auch solche, die nur bei einem oder einer von Ihnen beiden vorkommen. Es ist wunderbar, wenn man ein Kind als Paar erzieht. So kann man die jeweiligen Stärken beider Elternteile nutzen. Kommt man an die eigenen Grenzen, kann man bestimmte Dinge an seinen Partner oder seine Partnerin delegieren und umgekehrt. Was haben Sie als Paar »im Angebot«? An welcher Stelle haben Sie Ihre Stärken und an welcher Stelle geben Sie den sprichwörtlichen Ball lieber ab? Und wo besteht unter Umständen Handlungsbedarf. Vielleicht gibt es noch andere nahe Bezugspersonen, wie Oma und Opa, die Sie unterstützen können? Nach dem beschriebenen Vorgehen können Sie jetzt die Köpfe zusammenstecken und schauen, ob Sie gut aufgestellt sind.

Zum Abschluss dieses Abschnitts möchte ich Ihnen noch ein paar Gedanken zum Umgang mit der »Konkurrentin« mitgeben, damit Sie eine eigene, gute innere Haltung zu diesem Thema finden können. Wie bereits dargelegt, ist Konkurrenz zur leiblichen Mutter ein sensibler Punkt, mit dem es Adoptiv- und Pflegeeltern immer wieder zu tun bekommen. Ich richte meinen Blick nun auf die Mütter, weil sie diesbezüglich öfter herausgefordert werden als die Väter. Denn dadurch, dass das Kind von seiner leiblichen Mutter geboren wurde, besteht gewissermaßen durch den Geburtsvorgang allein ein Band zwischen der leiblichen Mutter und ihrem Kind.

Dieses wird irgendwann Sätze wie »Du bist nicht meine richtige Mutter!« formulieren. In der Regel werden Sie solche Aussagen in Streitsituationen zu hören bekommen, die wiederum häufig mit einem »Und deshalb hast Du mir gar nichts zu sagen!« einhergehen. Und nicht nur das Kind konfrontiert Sie mit diesem Thema, sondern auch Ihre Umwelt. Diese fordert Sie mit ihrer Reaktion auf Ihre besondere Familiensituation heraus – oft, ohne es böse zu meinen. Zum Beispiel durch eine neugierige Frage an Sie oder das Kind: »Was ist denn eigentlich mit den richtigen Eltern?« Was genau meint das Wort »richtig«? Stellen Sie sich dazu innerlich gut auf! Je unreflektierter Ihre innere Aufstellung bleibt, desto verletzbarer sind Sie an dieser Stelle. Denn in dem Wort »richtig« steckt eine Wertung. Das Gegenteil von richtig ist »falsch«. Und Sie sind nicht die falsche Mutter!

Wenn Sie sich gut mit der »Konkurrentin« auseinandergesetzt haben und dieser die Angst genommen wurde, dass das Kind die leibliche Mutter vielleicht lieber haben könnte als Sie, fällt eine gute Reaktion auf Ihr Kind nicht mehr schwer. Sie könnten zum Beispiel sagen: »Du hast recht, wenn du mit ›richtige

Mutter‹ meinst, dass ich nicht diejenige bin, die dich geboren hat. Aber ich bin die Mutter, die für dich da ist, wenn du krank bist, dir das Essen kocht, mit der du lebst und die dich sehr liebt!« Sie sollten beizeiten ein Gespräch mit Ihrem Kind über die Formulierung »richtige Mutter« führen. Denn dieses wird von seiner Umwelt genauso damit konfrontiert. Es sollte die Möglichkeit haben, unangenehme Fragen beantworten zu können, ohne sich von diesen verletzen zu lassen. Am besten, Sie finden gemeinsam mit Ihrem Kind Begrifflichkeiten (zum Beispiel »leibliche Mutter« oder »die Mutter, die mich geboren hat«), die zu Ihnen passen und die Ihnen dabei helfen, schwierige Situationen souverän zu meistern.

Hinsichtlich der Haltung zur leiblichen Mutter wäre es ideal, wenn Sie diese als Person schätzen lernten. Vor dem Hintergrund von Vernachlässigung und Misshandlung in der Ursprungsfamilie ist es hilfreich, Personen und Taten voneinander zu trennen. Sie können der leiblichen Mutter dankbar sein, dass dieses Kind von ihr geboren wurde und dass es deshalb jetzt bei Ihnen lebt. Sie können sich bemühen, die misshandelnde Mutter nicht zu verdammen, sondern sie einfühlend zu verstehen. Dabei sind folgende Fragen eine gute Unterstützung: »Was muss diese Frau erlebt haben, um so etwas zu tun?« und »Wie wäre diese Mutter vielleicht geworden, wenn sie das bekommen hätte, was sie gebraucht hätte?« Auch Gelassenheit in Bezug auf die Frage, wen das Kind lieber hat, ist hilfreich. In dem Moment, in dem Sie mit der leiblichen Mutter konkurrieren, fordern Sie das Kind heraus, sich zu positionieren und schüren so unnötige Loyalitätskonflikte. Es ist gut, wenn ein Kind, das schöne Erlebnisse mit seiner leiblichen Mutter hatte, die damit verbundenen positiven Gefühle ausdrücken darf. So fördern Sie den Selbstwert des Kindes. Werten Sie die Mutter hingegen ab, wird lediglich das loyale Teammitglied im Inneren Ihres Kindes angestachelt.

2.3 Eine ideale innere Aufstellung von Adoptiv- und Pflegeeltern

Wäre es nicht großartig, eine für Ihr Kind ideale innere Aufstellung zu haben? Dann wären Sie allen noch so schwierigen Herausforderungen gewachsen, würden Ihrem Kind immer unterstützend zur Seite stehen und wären dabei trotzdem entspannt und in Ihrer Mitte. Das wäre zu schön …

Im Folgenden werde ich eine ideale Aufstellung für Adoptiv- und Pflegeeltern vorstellen. Diese ist nicht als Maßstab gedacht und soll nicht dazu führen, dass Sie sich schlecht fühlen. Niemand schafft es, innerlich immer so optimal aufgestellt zu sein. Das ideale Innere Team, das ich nun beschreibe und das keinen Anspruch auf Vollständigkeit hat, soll Ihnen als Anregung dienen. So können Sie Ihr eigenes Inneres Team, erhoben für Ihre Rolle als Adoptiv- oder Pflegeeltern, mit dem »Ideal-Team« vergleichen und überlegen, welches Teammitglied für Sie vielleicht zusätzlich nützlich wäre.

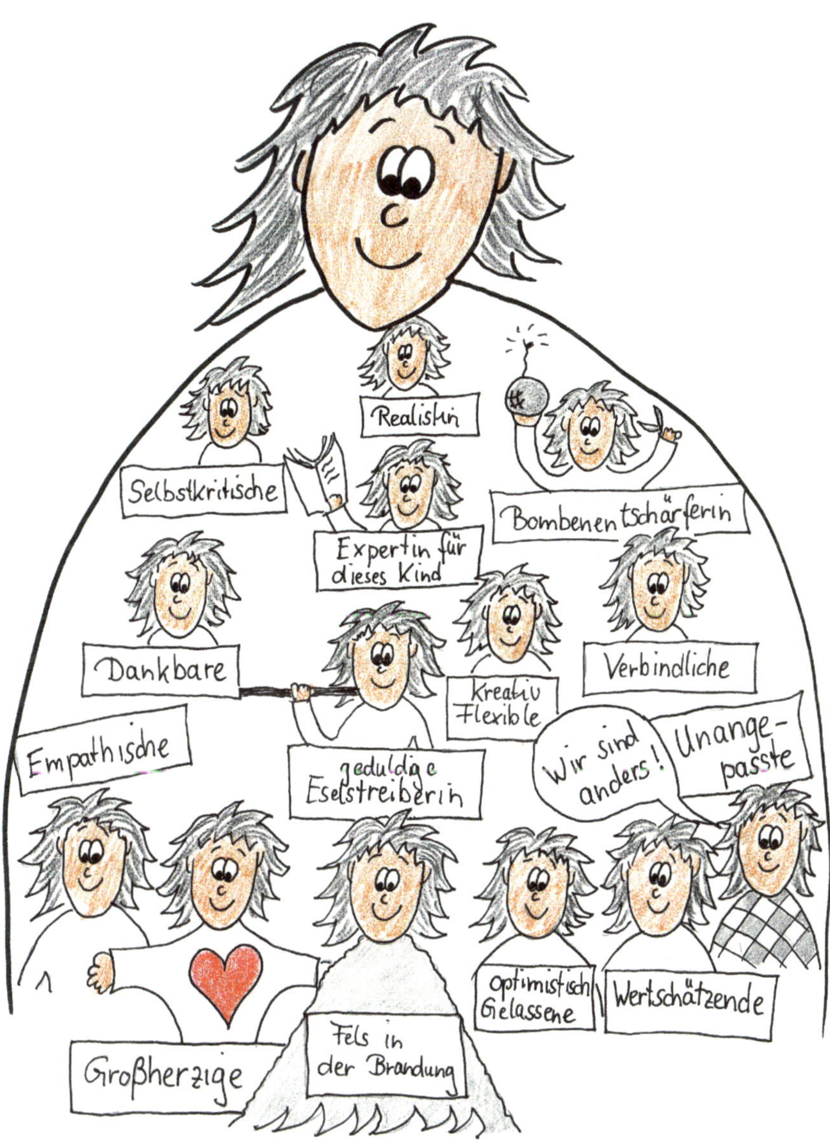

Beispielhafte Aufstellung des Inneren Teams einer Adoptivmutter

- **Der*die Großherzige** *Ich habe das Herz am rechten Fleck und habe es besonders für dieses Kind geöffnet!*
- **Der Fels in der Brandung** *Egal, wie widrig manchmal die Zeiten sind, ich bleibe stehen und behalte den Kopf oben! Ich weiß, dass das schwierige Verhalten des Kindes nicht gegen mich gerichtet sein muss. Unter Umständen bekomme ich Wut und Aggressionen ab, die zu der leiblichen Mutter oder zum leiblichen Vater gehören, von der oder dem sich das Kind im Stich gelassen fühlt oder schlecht behandelt wurde.*
- **Der*die optimistisch Gelassene** *In schwierigen Phasen bleibe ich zuversichtlich, dass es wieder besser wird, und dass sich alles zum Guten wenden wird. Ich bleibe ruhig und bei mir. Ich verausgabe mich nicht unnötig mit panischen Reaktionen, sondern spare mir meine Energie für überlegtes Handeln auf.*
- **Der*die Bombenentschärfer*in** *Ich nehme meine Gefühle zwar wahr und ernst, lasse mich von ihnen aber nicht so überfluten, dass ich zu impulsiv und unreflektiert handle. Das heißt, dass ich mich von meinem Kind nicht so provozieren lasse, dass ich mich nicht mehr im Griff habe bzw. in eine Eskalation des Konfliktes einsteige. Ich nutze meine Kraft, um erst einmal aus dem Konflikt auszusteigen und in einen entspannten Zustand zurückzufinden. Dann kann ich aus meiner Ruhe heraus auch das Kind beruhigen.*
- **Der*die akzeptierende Realist*in** *Dieses Kind bringt schon viel mit – nicht nur eine oft schwierige Geschichte, sondern auch seine Gene. Es ist nicht mein leibliches Kind und hat vielleicht wenige Gemeinsamkeiten mit uns. Eventuell sind die Möglichkeiten und der Lebensweg dieses Kindes weit entfernt von meinen eigenen und meinen Idealvorstellungen.*
- **Der*die Unangepasste** *Ich akzeptiere die Realität und vertrete sie selbstbewusst nach außen: »Wir sind anders als andere Familien und das ist voll in Ordnung so! Bei uns läuft manches vielleicht anders, aber so ist es eben und das können die anderen akzeptieren oder eben auch nicht.*
- **Der*die Dankbare** *Dieses Kind ist ein Geschenk und dass es dieses Kind gibt, dafür bin ich den leiblichen Eltern dankbar!*
- **Der*die Wertschätzende** *Mein Fokus ist auf die Stärken des Kindes gerichtet, darauf habe ich einen liebevollen und wertschätzenden Blick. Ich kommuniziere wertschätzend mit meinem Kind.*
- **Der*die kreative Flexible** *Ich sorge dafür, auch durch Persönlichkeitsentwicklung und Weiterbildung, dass ich mir eine große Bandbreite an verschiedenen Handlungsmöglichkeiten bereithalte bzw. erarbeite. Ich verbeiße mich nicht in eine Möglichkeit, sondern versuche, durch flexibles und neugieriges Ausprobieren, die beste Variante oder neue Wege zu finden. Ich lasse mich emotional auf das ein, was das Kind mitbringt und versuche, es bestmöglich zu begleiten.*

- **Der*die Verbindliche** *Ich bin zu 100 % zuverlässig für das Kind da und halte mich an Absprachen und Versprechungen. Ich vermittle dem Kind das Gefühl, dass ich immer da bin, gerade auch dann, wenn etwas schwierig ist.*
- **Der*die Empathische** *Ich fühle mich genau in das Kind ein und versuche, die Welt aus seiner Sicht zu verstehen. Ich kenne die Trigger des Kindes und habe seine Not »auf dem Zettel«. Ich weiß, dass es am meisten Liebe braucht, wenn es diese am wenigsten »verdient« hat.*
- **Der*die Selbstkritische** *Ich hinterfrage mein Handeln kritisch, besonders, wenn es nicht funktioniert und schaue, wo ich mir mit meinen eigenen Grenzen und Vorstellungen selbst im Wege stehe. Ich arbeite daran, meine Grenzen zu erweitern, um mehr Freiheit zu haben und meinem Kind hilfreich zur Seite stehen zu können.*
- **Der*die Expert*in für dieses Kind** *Ich werde über Seminare, Supervision oder Bücher Zusatzkompetenzen erwerben, sodass ich zum Experten für mein Kind werde. Keiner kennt es so gut wie ich und deshalb kann niemand sonst Situationen und Stimmungen ähnlich gut einschätzen. Ich höre mir gerne Ratschläge von Pädagoginnen, Ärzten und Therapeutinnen an, prüfe aber genau, ob sie mit meinem eigenen Eindruck übereinstimmen, bevor ich sie umsetze. Ich erkläre anderen Menschen, die mit meinem Kind zu tun haben, wie sie es besser unterstützen können.*
- **Der*die geduldige Eselstreiber*in** *Dieses Kind braucht wahrscheinlich sehr viel Hilfestellung, viel mehr als andere Kinder in unserem Umfeld, und es kann unter Umständen nur in kleinen Schritten lernen. Ich investiere viel Zeit und unterstütze es geduldig immer wieder bei der Bewältigung von Anforderungen.*

Schauen Sie sich an dieser Stelle die Abbildung des idealen Inneren Teams noch einmal in Ruhe an. Wie reagieren Sie darauf: Überfordert, erschlagen oder mit Wut? Vielleicht finden Sie es »unmenschlich«? Falls Sie so reagieren, dann zu Recht, denn es fehlen noch ganz wesentliche Teammitglieder! Bisher ist die Aufstellung nämlich nur in Bezug auf das Kind und seine besonderen Bedürfnisse »ideal«. Genauso wichtig ist es aber, auch auf sich selbst und die eigenen Bedürfnisse zu hören. Wenn Sie sich selbst und Ihre Bedürfnisse bei all den Anforderungen außer Acht lassen, führt das auf Dauer zu einer Überforderung, welche Sie an den Rand der Erschöpfung oder sogar darüber hinaus befördern kann. Deshalb können Sie für die eigene innere Aufstellung beispielsweise auch noch folgende Teammitglieder gebrauchen: Eine »Selbstfürsorgliche«, die genau weiß, was Ihnen hilft und was Sie brauchen, um in Ihrer Kraft zu bleiben. An die Seite der Selbstfürsorglichen stellen Sie vielleicht eine kleine »Egoistin«, die sich auch mal ohne Rücksicht auf die

Familie und andere Menschen in ihrem Umfeld Raum und Zeit für sich selbst verschafft, damit die Selbstfürsorgliche überhaupt zum Zuge kommen kann.

Und es kann auch nicht schaden, eine »Fehlertolerante« an Bord zu haben, die weiß, dass man nicht immer alles perfekt machen kann, die milde mit sich umgeht und sich Fehler verzeiht.

Solche Teammitglieder sind wichtig, denn sie sorgen dafür, dass wir Eltern in der Kraft bleiben können und nicht ständig über die eigenen Grenzen gehen. Sie helfen uns dabei, rechtzeitig wieder aufzutanken. Nur aus eigener Kraft können Sie gut für das Kind sorgen.

Und vielleicht gibt es noch ganz andere Teammitglieder, die Ihnen zur Seite stehen könnten. Schauen Sie individuell auf sich und seien Sie dabei gerne kreativ. Je intensiver Sie sich bei einer Neueinstellung ein potenzielles Teammitglied vorstellen und sich ausmalen, wie dieses wohl agieren würde, desto besser kann es in der Zukunft seine Wirkung entfalten. So kann es eine Wohltat sein, zum Beispiel einen »Humorvollen« einzustellen. Vielleicht bekommt Ihr Humorvoller auch einen großen Regenschirm in die Hand, der Sie vor Beschimpfungen oder der schlechten Laune Ihres Kindes schützt. Oder Sie stellen einen »Ritter in Rüstung« zum Schutz ein. Schauen Sie, was am besten für Sie passt.

Ich hoffe, Ihnen hat das Bild einer idealen inneren Teamaufstellung eine kleine Orientierung gegeben und dass Sie es als Ideengeber für Ihr eigenes Inneres Team nutzen, um zu erkennen, was für Sie gut ist und um welche Teammitglieder Sie Ihr Team noch erweitern können.

2.4 Eigene Fallstricke in Form verbannter innerer Teammitglieder erkennen

Das Modell des Inneren Teams haben Sie nun ausführlich kennengelernt und vielleicht auch schon an einer eigenen Fragestellung ausprobiert. Um Sie mit der Dynamik der inneren Teammitglieder und der Rolle des Oberhauptes noch vertrauter zu machen, werde ich das Modell an dieser Stelle vertiefen. Dies soll Ihnen dabei helfen, im Falle von eigenen inneren Verstrickungen zu verstehen, was gerade in Ihnen los ist und wie das Oberhaupt des Inneren Teams das Zepter wieder in die Hand nehmen kann. Durch diese Fähigkeit der Selbststeuerung entstehen Freiheitsgrade, aus denen Sie ganz neue Lösungsmöglichkeiten entwickeln können.

Das Oberhaupt neigt dazu, sehr unterschiedlich mit seinen Teammitgliedern umzugehen (Schulz von Thun, 1998). Der Umgang hängt wiederum davon ab, inwiefern das Oberhaupt das jeweilige Teammitglied als Teil des Selbst akzeptieren kann. Es gibt beliebte innere Anteile, die vom Oberhaupt regelrecht hofiert und auf der inneren Bühne ins Scheinwerferlicht gerückt werden. Sie bekommen viel Raum und dürfen nach außen strahlen. Andere bewährte Teammitglieder sitzen als Stammspieler fest im Sattel. Auch sie belegen einen Platz ganz vorne auf der inneren Bühne. Das Oberhaupt möchte von anderen so gesehen werden, wie diese Teammitglieder sind. Andere dagegen sind beim Oberhaupt nicht so gern gesehen. Sie werden in die hinteren Reihen verbannt, hinter den Vorhang oder sogar in den »seelischen Untergrund«, was sowohl zwischenmenschliche als auch innermenschliche Konsequenzen nach sich zieht. Dabei kann die Ablehnung des Oberhaupts gegenüber diesen Teammitgliedern unterschiedlich stark ausgeprägt sein. Friedemann Schulz von Thun unterscheidet drei Stufen (1998, S. 205 ff.):

1. Stufe der Verbannung

In der ersten Stufe der Verbannung werden bestimmte innere Teammitglieder in die hinteren Reihen der inneren Aufstellung geschoben, sodass sie im Außenkontakt nicht mehr sichtbar sind. Das Oberhaupt entscheidet: *Mit diesen Teammitgliedern sollte ich mich hier besser nicht zeigen! Ihr kommt nach hinten, damit euch keiner sieht!* Zwar spürt das Oberhaupt diese nach hinten geschobenen Teammitglieder noch deutlich und erkennt diese prinzipiell auch an, für spezielle Situationen aber entscheidet es, sie nicht zu zeigen. Sie führen ein situatives Schattendasein auf der inneren Bühne, stehen hinter dem Vorhang, fast unsichtbar am äußersten Rand der Bühne oder verstecken sich. Dieser Vorgang ist grundsätzlich sinnvoll, weil er dafür sorgt, dass das Innere Team gut aufgestellt ist und effizient agieren kann. Insofern ist die Entscheidung, einzelne Teammitglieder nach vorne zu stellen und andere in bestimmten Situationen nicht zu zeigen, erst einmal eine gesunde und wertvolle Kompetenz. Sie führt dazu, dass man sich in sozialen Situationen angemessen verhalten kann und über Selbstkontrolle verfügt, das heißt, entscheiden kann, welchen inneren Impulsen man nachgehen möchte und welchen nicht.

Frau Müller besucht den ersten Elternabend in der Grundschule ihrer Tochter. Sie hat einen anstrengenden Tag hinter sich und sehnt das Ende herbei, als eine hitzige Diskussion darüber entbrennt, ob die Kinder Nutella auf ihren Schulbroten haben dürfen. Nicht nur Argumente, die die Gesundheit betreffen, stehen im Raum. Zunehmend geht es auch um den Palmölanbau im Amazonasgebiet. Es ist kein Ende abzusehen und die Lehrerin tut nichts, um die Diskussion in geordnete Bahnen zu lenken. Frau Müller bekommt neben ihrer »Erschöpften« mit einem Teammitglied zu tun, das von Minute zu Minute ungeduldiger und genervter wird und am liebsten mit der Faust auf den Tisch schlagen möchte. Dieses Teammitglied, die »Effektive«, ist Frau Müller gut bekannt und in ihrer täglichen Arbeit sehr geschätzt. Es ist der innere Anteil, der ihr in ihrem Beruf als Projektleiterin hilft, Sitzungen effizient zu gestalten und unnötige, nicht zielführende Diskussionen zu beenden. Die Effektive möchte Frau Müller aber in dieser konkreten Situation auf keinen Fall zeigen, denn es ist der erste Elternabend. Sie kennt noch keine anderen Eltern und bei der neuen Lehrerin möchte sie auch nicht negativ auffallen. Die Effektive wird vom Oberhaupt in den Hintergrund geschickt und darf sich nicht zeigen. So sitzt Frau Müller mit freundlichem Gesicht ausharrend ihre Zeit ab, führt am Ende noch ein paar kurze Gespräche mit anderen Eltern. Sie kommt aber ein wenig angestrengt und verspannt und nach ihrem Empfinden viel zu spät von dem Elternabend nach Hause.

2. Stufe der Verbannung

Während die erste Stufe der Verbannung also durch den Satz: *So bin ich zwar auch, aber so zeige ich mich in dieser Situation lieber nicht!* gekennzeichnet ist, gilt für die zweite Stufe der Verbannung der Satz: *So bin ich (leider) auch, aber so sollte ich auf keinen Fall sein!* Das Oberhaupt und andere innere Teammitglieder schämen sich für bestimmte andere Anteile. Diese unbeliebten Teammitglieder verkörpern die Regungen, Gedanken, Gefühle oder Impulse, zu denen das Oberhaupt nicht stehen mag, deshalb werden sie zu inneren Außenseitern. Das Oberhaupt hat es demnach schwer, sie als Teil seines Selbst zu akzeptieren.

Herr Karstensen kümmert sich hingebungs- und aufopferungsvoll um seine junge Familie. Er und seine Frau haben vor einem dreiviertel Jahr zwei Kinder im Alter von drei und fünf Jahren aus dem Ausland adoptiert. Soweit es seine Zeit neben der Arbeit zulässt, sorgt er gemeinsam mit seiner Frau für die beiden. Auch die Nächte mit der sehr schlecht schlafenden Kleinen teilt er sich gleich-

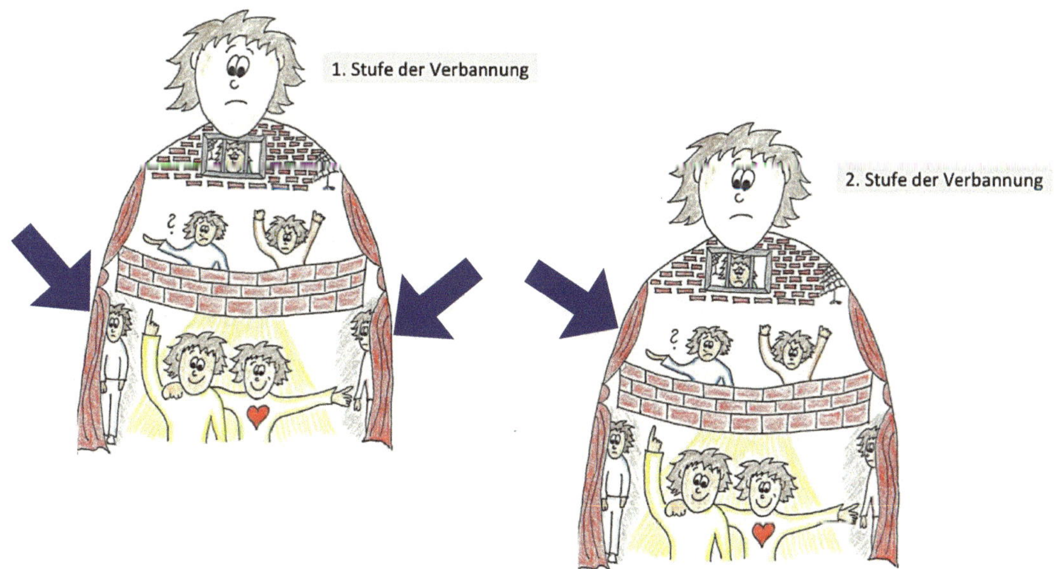

berechtigt mit seiner Frau, obwohl er kürzlich Teamleiter in seiner Abteilung geworden ist und es bei ihm auf der Arbeit auch gerade viel zu tun gibt. Sein Hobby, Fußball, hat er zunächst einmal an den Nagel gehängt, damit er sich nach Feierabend um die beiden Kinder kümmern kann. In der letzten Zeit verspürt er manchmal den heimlichen Impuls, mal eben Zigaretten zu holen und dann auf Nimmerwiedersehen zu verschwinden. Er ist von sich selbst entsetzt, da er seine Frau und die beiden Kinder sehr liebt. Seinen Impuls (ausgelöst durch den »Selbstverwirklicher« in seinem Inneren Team) tut er als verwerfliche Fantasie ab.

Teammitglieder wie der Selbstverwirklicher, zu denen das Oberhaupt nicht stehen kann, bekommen in der Regel einen Maulkorb verpasst und werden hinter die sogenannte »innere Schandmauer« gestellt. Sie werden, wenn sie sich doch einmal zu weit hervorwagen, mit Schimpf und Schande zurückgepfiffen. Die Verbannung scheint erforderlich, weil das Oberhaupt befürchtet, dass sie, einmal losgelassen, eine dämonische Macht entfalten könnten. Eine entsetzliche Vorstellung für Herrn Karstensen, wenn er als Vater seine Familie im Stich lassen würde!

Doch die Verbannung solcher Teammitglieder, das dauerhafte Wegsperren dieser Teile hinter die innere Schandmauer hat seinen Preis! Es bindet innerlich Kraft und seelische Energie. Teammitglieder hinter der Mauer entwickeln Überdruck und versuchen auszubrechen. Es ist anstrengend, sie dauerhaft in Schach zu halten.

Auf der zwischenmenschlichen Ebene beschreibt das Phänomen der »Projektion« wie der innere Kampf zu einem äußeren wird. Die Eigenschaft des inneren Anteils, der auf der inneren Bühne nur mühsam und mit großer Kraftanstrengung mundtot gemacht werden konnte, wird auch auf der äußeren Lebensbühne bekämpft. Wenn uns in der Außenwelt etwas innerlich Verbanntes begegnet, weckt es die Erinnerung an das eigene Ungeliebte. Das, was in uns drinnen auf das Schärfste bekämpft wird, ist auch im Außen ein Feind. So kann es sein, dass sich Herr Karstensen zunehmend über seine Freunde aus dem Fußballclub aufregt: *Wie kann es sein, dass sie zum Training gehen und hinterher noch einen saufen, wo sie doch auch kleine Kinder haben? Wie rücksichtslos und selbstsüchtig sie doch sind!*

Die Integration der Außenseiter, die der zweiten Stufe der Verbannung anheimgefallen sind, gestaltet sich als weitaus schwieriger als in der ersten Stufe. Dabei ist es sehr wichtig, sie als wertvolle Mitglieder anzuerkennen und sie wieder in das Innere Team zu integrieren. Hinter der inneren Schandmauer können sie sich nicht an ein zivilisiertes Leben gewöhnen und wenn sie schließlich ausbrechen, haben sie eine unkontrollierbare Wucht entwickelt.

Wenn solche Teammitglieder aber in einem intakten Team unter der Leitung eines starken Oberhauptes integriert sind, können sie sich auch wieder konstruktiv einbringen. Als sich Herr Karstensen seinem Selbstverwirklicher zuwendet, der ihm ins Ohr flüstert, dass er auf Nimmerwiedersehen verschwinden sollte, spürt er seine Sehnsucht danach, einfach mal wieder etwas für sich zu tun. Er bespricht dies mit seiner Frau und sie beschließen gemeinsam, dass er einen freien Abend in der Woche haben soll. Diesen nutzt er für sich, um wieder Fußball zu spielen und danach noch in geselliger Runde mit seinen Freunden beisammen zu sein. Für diese Zeit engagieren sie einen Babysitter. Herr Karstensen stellt erstaunt fest, dass seine Fluchtfantasien von diesem Zeitpunkt an fast vollständig verschwinden und nur noch in extremen beruflichen oder privaten Belastungssituationen auftreten.

3. Stufe der Verbannung

3. Stufe der Verbannung

Die dritte Stufe der Verbannung betrifft solche Teammitglieder, die dem Oberhaupt und den

Hauptdarstellern so bedrohlich erscheinen, dass sie ganz von der inneren Bildfläche ausradiert werden. Sie werden hinter Schloss und Riegel verbannt, dauerhaft und vollständig weggesperrt und verschwinden im seelischen »Untergrund«. Bleiben die Verbannten der dritten Stufe »un-erhört«, dann fangen sie auch an, sich unerhört zu benehmen. Sie verbünden sich und bilden eine Untergrundbewegung, die zu regelrechten Sabotageakten führen kann.

Frau Müller kennen Sie schon aus dem Bespiel vom Elternabend. Sie ist erfolgreiche Projektleiterin und hat damit neben ihrer Familie einen sehr anstrengenden und herausfordernden Job. Seitdem sie die Projektleitung übernommen hat, kann sie keine Rücksicht mehr auf ihre »Erschöpfte« nehmen. Die Chance, die Karriereleiter zu erklimmen, will sie um jeden Preis ergreifen. In ihrem Inneren Team positionieren sich ganz vorne auf der Bühne die »Effektive«, die »Perfektionistin« und das »Arbeitstier«. Die Erschöpfte, die sich hin- und wieder melden will, nimmt sie gar nicht mehr wahr. Sie will sie auch nicht mehr wahrnehmen. Denn für diesen Teil ist in ihrem Leben ab sofort kein Platz mehr. Wenn sie nach einem anstrengenden Arbeitstag nach Hause kommt, hat sie den Anspruch, so viel Zeit wie möglich mit ihren Kindern zu verbringen und ihren Mann im Haushalt zu entlasten. Das Bedürfnis, sich auszuruhen überfällt sie manchmal wie aus heiterem Himmel. Dies wiederum empfindet sie als Schwäche und Unzulänglichkeit. Mit solchen Gefühlen will sie nichts zu tun haben. Sie passen gar nicht in ihr Konzept und schon gar nicht in ihr Leben! Frau Müller sperrt deshalb ihre Erschöpfte innerlich weg, damit sie diese nicht fühlen muss. Immer mehr übernimmt ihre Effektive auch zu Hause das Zepter und zusammen mit der Perfektionistin und dem Arbeitstier sorgt sie dafür, dass auch das Familienleben gut läuft und straff durchorganisiert ist. Das gelingt allerdings nicht immer, weil ihr Mann und die Kinder ihr mit ihren Launen und Befindlichkeiten immer wieder einen Strich durch die Rechnung machen. Manchmal kommt Frau Müller sich jetzt vor wie in einem Hamsterrad, das nie aufhört, sich zu drehen. Aber genau das ist auch die Funktion des Hamsterrades. Es soll sich bloß schön schnell weiterdrehen, denn ansonsten droht die Gefahr, dass sich die Erschöpfte aus dem Untergrund melden könnte.

Kümmert sich die effektive Projektleiterin Frau Müller, die wir auf dem Elternabend kennengelernt haben, auch längerfristig nicht um ihren erschöpften Anteil und behauptet von sich, dass sie Ruhepausen und Schlaf einfach nicht nötig habe, dann droht ihr, dass dieser Teil sich irgendwann mit aller Macht Gehör verschafft und nach außen drängt. In diesem Fall könnte sie es zum Beispiel mit einer Krankheit, Schlafstörungen, Burn-out oder Ähnlichem zu tun bekommen. Um Kontakt zu Verbannten der dritten Stufe wiederherzustellen und sie in die innere Mannschaft zu integrieren, ist in der Regel psychotherapeutische Hilfe erforderlich.

Ein verbanntes Teammitglied, das »gebrannte Kind«, haben Sie im Zusammenhang mit dem Inneren Team des Kindes schon kennengelernt (siehe Abschnitt 1.4). Die Verbannung in den seelischen Untergrund hat zunächst den Vorteil, dass die gruppendynamischen Verhältnisse auf der Bühne übersichtlicher und verkraftbar werden. Verbannte hinter Schloss und Riegel genießen zudem den größtmöglichen Schutz vor Verletzungen, denn sie werden auch deshalb weggesperrt, damit das Oberhaupt vor unangenehmen Gefühlen geschützt werden kann.

Gleichwohl geht von den Teammitgliedern, die im »seelischen Knast« sitzen, eine Dynamik aus, die sehr gefährlich werden kann. Immer wieder versuchen die Verbannten der dritten Stufe, auf sich aufmerksam zu machen. Da sie aber um keinen Preis auf die Bühne dürfen und noch nicht einmal bemerkt werden sollen, wird alles getan, um sie zu überhören. Ein Mittel, das dafür gerne genutzt wird, ist Ablenkung, um nie zur Ruhe zu kommen. Wer süchtig nach Stress und »Action« ist, vermeidet eine Weile erfolgreich die Begegnung mit den Boten aus dem Untergrund. Tatsächlich herrschen innerlich aber eine starke Anspannung und äußerlich oft Nervosität und Verspannung. Es reicht nur eine Kleinigkeit und das innere Pulverfass explodiert in Form eines Nervenzusammenbruchs, Burn-outs etc. Weitere probate Mittel, um die innerlich Verbannten nicht spüren zu müssen, sind Alkohol und Drogen. Selbstklärung und Selbstfürsorge können schützen.

3. Stufe der Verbannung

3 Handwerkszeug der Kommunikationspsychologie

Im dritten Teil lernen Sie wichtige Methoden und Modelle der Kommunikationspsychologie kennen. Sie dienen als Handwerkszeug für einen konstruktiven und wertschätzenden Umgang mit Ihrem Kind – auch in schwierigen und herausfordernden Situationen. Ich erläutere grundlegende Modelle der Hamburger Kommunikationspsychologie nach Friedemann Schulz von Thun (2008) wie das »Kommunikationsquadrat«, das »Teufelskreismodell«, das »Werte- und Entwicklungsquadrat« und das »Riemann-Thomann-Modell«. Ich führe Sie außerdem in die Methode des »Aktiven Zuhörens« nach Thomas Gordon (2012) ein, die Sie dabei unterstützen soll, Ihr Kind besser zu verstehen. Abschließend erhalten Sie Ideen und Anregungen zum Umgang mit Konflikten nach Gordon (2012) und Haim Omer und Arist von Schlippe (2016).

Einfache Patentrezepte funktionieren im Umgang mit Adoptiv- oder Pflegekindern – wie auch grundsätzlich im Zwischenmenschlichen – leider nicht. Sie werden der Individualität der Kinder und ihrer besonderen Geschichte nicht gerecht. Deshalb ist das Ziel, sich Freiheit zu verschaffen, um auf möglichst viele verschiedene Arten handeln zu können. Menschen neigen dazu, ihre eigene Vorstellung von der Welt und ihrer Funktionsweise zu haben. Manche meinen zu wissen, wie Kindererziehung »richtig« geht. Dass man konsequent sein sollte, sich durchsetzen müsse, sich nicht von dem Kind manipulieren lassen dürfe etc. sind weit verbreitete Überzeugungen. Wenn etwas nicht funktioniert, versuchen Eltern nur noch stärker, ihre Überzeugung einer »richtigen« Erziehung durchzusetzen. Solche Konzepte sind aber gerade bei traumatisierten Kindern nicht hilfreich, weil sie Konfliktsituationen regelrecht verschärfen, zuspitzen und in einer Eskalation münden können. Es ist nicht so leicht, aus solchen »Teufelskreisen« wieder herauszukommen. Vielmehr bedarf es anstelle einer krampfhaften Durchsetzung der eigenen Vorstellungen eines flexiblen Umgangs. Das heißt, dass es gerade bei Adoptiv- und Pflegekindern wichtig ist, eine breite Palette an Handlungsmöglichkeiten zur Verfügung zu haben. Diese Flexibilität müssen wir uns manchmal hart erarbeiten. So ist es nötig, sich mit sich selbst auseinandersetzen, um die eigenen Grenzen zu erweitern. Positiv daran ist, dass dies gleichzeitig auch Persönlichkeitswachstum bedeutet. Unsere Kinder sind wunderbare Lehrmeister und fordern uns dazu heraus, über uns selbst hinauszuwachsen.

Dabei geht es nicht darum, alles perfekt zu machen, in der Hoffnung, dass dann alles gut wird. Kindererziehung ist ein Prozess mit Höhen und Tiefen, Versuch und Irrtum sowie mit Sackgassen, in denen man stecken bleibt und aus denen man wieder herausfinden muss. Und man sollte sich demütig zugestehen, dass man nicht alles steuern kann und nicht immer Einfluss hat. Man kann das Kind nicht vor allen schlechten Erfahrungen schützen, auch wenn man das gerne würde. Manchmal müssen schwierige Zeiten und Phasen auch einfach nur durchgestanden werden, denn nichts tun können, muss man ebenfalls erst einmal aushalten können. In solchen Zeiten wird man mit dem Gefühl der eigenen Ohnmacht konfrontiert. Aber »Nichtstun« stimmt auch nicht ganz. Während eines vermeintlichen Stillstands geht es darum, neben dem Kind stehen zu bleiben, für es da zu sein und schwierige Situationen gemeinsam durchzustehen. Aushalten und ausgehalten werden sind für das Kind wichtige Erfahrungen, die Sie ihm mitgeben können und die seine spätere Entwicklung beflügeln werden.

3.1 Das Kommunikationsquadrat

Das Kommunikationsquadrat ist ein Modell zur Analyse der zwischenmenschlichen Kommunikation (Schulz von Thun, 2008). Als Eltern können Sie dieses Modell in zweierlei Hinsicht nutzen: Erstens kann es helfen, das Kind besser zu verstehen. Zweitens kann es Sie unterstützen, sich selbst klarer und verständlicher auszudrücken. Klarheit und Verständlichkeit sind Voraussetzungen dafür, dass Ihre Äußerungen vom Kind auch so verstanden werden können, wie Sie sie meinen.

Das Kommunikationsquadrat basiert auf der Grundannahme, dass jede Äußerung gleichzeitig viele Botschaften enthält. Die Aufgabe der Empfängerin ist es, dieses Sammelsurium zu entschlüsseln. Alle enthaltenen Botschaften lassen sich den vier Seiten des Kommunikationsquadrates zuordnen, sodass eine Äußerung besser verstanden werden kann. Auf den vier Seiten werden die folgenden vier Inhalte transportiert:

- **Sachinhalt:** Was ist das Thema? Worüber wird informiert? Welche Zahlen, Daten und Fakten sind in der Äußerung enthalten?
- **Selbstkundgabe:** Was erfährt die Senderin über den Empfänger? Was gibt die Senderin über sich preis? Was sagt sie über sich (explizit)? Und welche Informationen über die Senderin werden noch deutlich (implizit), zum Beispiel über Gestik und Mimik?

- **Beziehung:** Was hält der Sender von der Empfängerin und wie steht er zu ihr?
- **Appell:** Was will die Senderin mit ihrer Äußerung bei dem Empfänger bewirken? Was soll der Empfänger denken, was soll er fühlen und wie soll er handeln?

Die Mutter fragt ihre zwölf Jahre alte Tochter: »Wann schreibt ihr denn eigentlich die nächste Mathearbeit?«
Sarah reagiert mit hochrotem Kopf und wütendem Gesichtsausdruck: »Es geht dich gar nichts an, wann wir die Mathearbeit schreiben!«

Betrachtet man zunächst die *Sachseite* des Kommunikationsquadrates in diesem Beispiel, stellt sich die Frage: Welche sachlichen Informationen stecken in der Äußerung von Sarah? Laut Schulz von Thun et al. (2012) verhält es sich so: »Auf dieser Seite des Kommunikationsquadrates interessieren nur die Zahlen, Daten und Fakten, die man nach Überprüfung als richtig oder falsch bezeichnen kann« (S. 115). In diesem Fall ist der sachliche Inhalt der Äußerung die Tatsache, dass Sarahs Klasse eine Mathematikarbeit schreiben wird. Anhand der Äußerung wird jedoch nicht klar, welcher Termin für den Test vorgesehen ist. Entweder kennt Sarah den Termin und verheimlicht ihn oder sie weiß selbst nicht Bescheid. Man weiß es nicht.

Auf der *Selbstkundgabeseite* des Kommunikationsquadrates erfährt die Mutter etwas über ihre Tochter. Was teilt Sarah über sich mit? Was ist ihr wichtig? Wie ist sie gestimmt? Um an diese Informationen zu gelangen, muss die Mutter sich in Sarah hineinversetzen. Offensichtlich ist diese aufgrund der Frage sauer und genervt. Vielleicht fühlt sich Sarah in ihrer Eigenständigkeit bedroht? Und ist der Überzeugung, dass sie sich um ihre Dinge sehr gut selbst kümmern kann? Es kann auch sein, dass ihr Mathe zurzeit ein Graus ist und sie lieber nicht an die bevorstehende Arbeit erinnert werden will?

Auf der *Beziehungsseite* des Kommunikationsquadrates wird die Äußerung zunächst in Hinblick auf die Beziehung zwischen Sarah und ihrer Mutter untersucht: Welche Beziehungshinweise sind in der Äußerung enthalten? Welche Rechte und Pflichten kennzeichnen die Beziehung? Sarah setzt ihrer Mutter eine deutliche Grenze und signalisiert ihr, dass sie findet, dass die Mutter unrechtmäßigerweise in ihr »Hoheitsgebiet« eindringt. Laut ihrer Äußerung versteht sie die Beziehung so, dass sie das Recht hat, sich mit zwölf Jahren selbst um schulische Angelegenheiten zu kümmern (sowohl generell als auch bezogen auf diese Mathearbeit) und die Mutter die Pflicht hat, ihr zu vertrauen bzw. sich herauszuhalten. Sarah wehrt sich dagegen, dass sich die Mutter das ihr nicht zustehende Recht herausgenommen hat, sich einzumischen. Ihr Vorwurf würde vermutlich lauten: »Du bevormundest mich!« Hier scheint der Hauptkonflikt zu liegen, denn die Erwachsene scheint die Beziehung wiederum so zu verstehen, dass sie natürlich das Recht hat, sich nach Klassenarbeiten zu erkundigen und Sarah verpflichtet ist, wahrheitsgemäß zu antworten. Darüber hinaus finden sich auf dieser Seite Hinweise darauf, wie Sarah ihre Mutter sieht. Was denkt sie von ihr, was hält sie gerade in dieser Situation von ihr? Hier schwingt die Du-Botschaft mit: »Du nervst!« oder »Du bist übergriffig!«

Auf der *Appellseite* des Kommunikationsquadrates steht die Frage, was Sarah wohl mit ihrer Äußerung bei ihrer Mutter bewirken möchte. Was soll diese tun oder unterlassen, was soll sie denken oder fühlen? Die gewünschte Wirkung der Äußerung von Sarah könnte sein, dass die Mutter generell aufhören soll, sich in alle ihre schulischen Belange einzumischen. Es könnte aber auch sein, dass das Mädchen nur möchte, dass seine Mutter nicht ausgerechnet jetzt und zu diesem Zeitpunkt über die bevorstehende Mathearbeit spricht.

Wie können Sie das Kind also besser verstehen? Es wird deutlich, dass eine einfache Äußerung in vierfacher Hinsicht bedeutsam ist. Was hat Sarah denn nun wirklich zu ihrer Mutter sagen wollen? Wenn wir sie fragen würden, könnte sie uns sagen, was sie gemeint hat. An dieser Stelle ist es wichtig, zu realisieren, dass das Gesagte nicht immer identisch mit dem Gemeinten ist, denn oft sendet man heikle Dinge absichtlich oder unbewusst unterschwellig. So ist zum Beispiel der indirekte Hinweis an einen Gast, dass der Tag sehr anstrengend für einen gewesen ist, deutlich weniger heikel als die direkte Aufforderung, dass er doch jetzt bitte endlich nach Hause gehen soll.

Klarheit in der Kommunikation fängt zunächst bei dem Sender an. Dafür sollte er sich vergegenwärtigen, was er eigentlich meint und wirklich sagen möchte. Im Zweifelsfall kann er auch das Innere Team zu Rate ziehen. Vielleicht toben, bezogen auf ein schwieriges Thema, gleich »mehrere Seelen in der eigenen Brust«. In diesem Fall wäre eine Selbstklärung, das heißt, das Identifizieren der beteiligten Inneren Teammitglieder, vorab hilfreich für eine gelungene Kommunikation. Solange wir innerlich nicht klar mit uns selbst sind, können wir auch nicht klar nach außen kommunizieren, denn Klarheit im Inneren ist immer Voraussetzung für Klarheit nach außen. Aber genau hier liegt »der Hase im Pfeffer«! Unsere Kinder und Jugendlichen klären sich nicht vorab, sondern formulieren einfach geradeheraus, so wie ihnen der Schnabel gewachsen ist. Das macht es uns Eltern nicht gerade leicht zu verstehen, was uns das Kind jetzt wirklich damit sagen will. Vielleicht weiß es das selbst noch gar nicht. Hier sind wir besonders gefordert, Äußerungen unserer Kinder sorgsam zu dechiffrieren, gerade wenn diese unklar sind oder viel Sprengstoff beinhalten. Damit dies für Sie möglich ist, sollten Sie passend zu den vier Seiten des Kommunikationsquadrates vier Ohren ausbilden und diese darin üben, in einer Äußerung alle vier Aspekte einzeln herauszuhören. So können Sie den Gesprächsverlauf formen und diesen positiv beeinflussen – ganz unabhängig davon, wie die Äußerung Ihres Kindes zunächst klingt!

Jeder Mensch hat aufgrund seiner individuellen Biographie und Persönlichkeit ganz eigene Empfangsgewohnheiten ausgebildet. In der Sprache des Kommunikationsquadrates bedeutet das, dass Menschen ihre Ohren sehr unterschiedlich ausgebildet haben und mit ihren vier Ohren unterschiedlich gut hören (Schulz von Thun, 2008). Überprüfen Sie das bei sich. Welche der im Folgenden beschriebenen Ohren funktionieren bei Ihnen schon hervorragend und welche könnten Sie mehr trainieren, um eine ausgewogene »Vierohrigkeit« zu erreichen?

Ein ausgebildetes *Sachohr* überprüft eine Äußerung auf ihren sachlichen Inhalt hin, also Zahlen, Daten und Fakten, die enthalten sind sowie den »Kern«

der Sache (Schulz von Thun, 2008). Wie genau ein gut ausgebildetes Sachohr funktioniert, macht der folgende Witz deutlich:

FRAU MÜLLER: »Mein Mann wollte gestern zum Mittagessen Kartoffeln aus dem Keller holen, ist dabei die Treppe runtergefallen und hat sich das Bein gebrochen!«
FREUNDIN: »Um Himmels Willen! Und was habt ihr dann gemacht?«
FRAU MÜLLER: »Nudeln.«

Ein ausgebildetes *Selbstkundgabeohr* nimmt die Botschaft unter folgendem Aspekt auf: *Was sagt mir die Äußerung über mein Gegenüber?* Es filtert also die empfangene Aussage sowie zusätzliche Informationen, die zum Beispiel durch Gestik und Mimik transportiert werden, um herauszufinden, was für ein Mensch die Senderin ist (Schulz von Thun, 2008). Es fragt, wie es ihr wohl geht, was sie fühlt und empfindet und was sonst gerade so mit ihr los ist. Dieses Ohr bietet eine große Chance! Wenn der Empfänger es gut ausgebildet hat, kann er der Senderin helfen, sich selbst besser zu verstehen, indem er sich in sie einfühlt und ihr seine Gedanken und Gefühle widerspiegelt, ohne diese zu bewerten. Dies ist eine wichtige Kommunikationsfähigkeit für Gesprächstherapeutinnen und Erzieher. *Aktives Zuhören* (Gordon, 2012, S. 71 f.) ist aber auch über den therapeutischen Kontext hinaus von großer Bedeutung. Es trägt zur Verbesserung der alltäglichen zwischenmenschlichen Kommunikation bei und sollte zum Basishandwerkszeug von Adoptiv- und Pflegeeltern gehören. Es ist viel gewonnen, wenn der Empfänger, bevor er seine eigene Meinung zu etwas kundtut, sich zunächst darum bemüht die Senderin zu verstehen. Dafür muss er in der Lage sein, sich in die Welt der Senderin hineinzuversetzen. Aus diesem Grunde widme ich dem Aktiven Zuhören einen eigenen Abschnitt (siehe Abschnitt 3.2).

Ein ausgebildetes *Beziehungsohr* nimmt die zwischenmenschlichen Schwingungen des Kontaktes wahr (Schulz von Thun, 2008). Es fragt: *Wie fühle ich mich als Empfänger von der Senderin behandelt, was hält sie von mir?* Bei manchen Empfängern ist dieses Ohr allerdings sehr groß und überempfindlich, sodass sie viele Äußerungen und Handlungen als eine Stellungnahme zu ihrer Person interpretieren, auch wenn diese nicht so gemeint sind. Ist das Beziehungsohr übersensibel, nehmen wir alles persönlich, beziehen alles auf uns und fühlen uns ständig angegriffen und beleidigt. Es wäre hilfreich, wenn wir in der Lage wären, die Gefühlsausbrüche unserer Mitmenschen und besonders unserer Kinder häufiger mit dem Selbstkundgabeohr zu empfangen und seltener mit dem Beziehungsohr. Dann würden wir dem Kind seine Gefühle zugestehen und könnten uns ruhig auf sie einlassen, ohne uns selbst angegriffen zu fühlen. Wir wären weniger mit uns selbst beschäftigt, könnten besser zuhören und verstehen, was mit dem Kind wirklich los ist.

Ein ausgebildetes *Appellohr* ist damit beschäftigt, herauszufinden, was die Senderin erreichen möchte, was sie von dem Empfänger erwartet und inwiefern sie uns beeinflussen möchte. Auch eine auffällige Verhaltensweise, wie im nachstehenden Fallbeispiel beschrieben, kann eine zunächst nicht offensichtliche Appellseite haben, die eine mitunter unbewusst gewünschte Wirkung erzeugt.

Der zwölf Jahre alten Sabina fallen regelmäßig abends vor dem Schlafengehen vergessene Hausaufgaben für den Folgetag ein. So sitzt die Pflegemutter nach einem anstrengenden Tag mit den Kindern abends noch spät mit ihr am Tisch und hilft ihr dabei, die Hausaufgaben doch noch zu erledigen, während die anderen Kinder schon im Bett sind.

Ein gut gespitztes Appellohr kann solche Vorgänge bewusst machen und den Empfänger davor schützen, manipuliert zu werden. Es verhindert, dass er durch einen »Appell« gezwungen ist, ein für ihn nachteiliges Spiel mitzuspielen. Die Senderin kann dabei bewusst oder unbewusst manipulieren. Vielleicht sehnt sich Sabina danach, ihre Pflegemutter einmal nur für sich zu haben. In diesem Fall wären die vergessenen Hausaufgaben Mittel zum Zweck. Wenn die Mutter diesen Wunsch erkennt, hat sie die Möglichkeit, an anderer Stelle auf das Bedürfnis von Sabina einzugehen. Allerdings sollte man auch nicht hinter jeder Verhaltensweise eine versteckte Absicht sehen.

Je nachdem mit welchem Ohr man die Äußerung des Gegenübers vorrangig hört, fallen die Reaktionen aus. Das heißt mit anderen Worten: Auch der Empfänger trägt Verantwortung dafür, was er empfängt. Über eine gezielte Steuerung der empfangenden Ohren kann ein völlig anderer Umgang miteinander entstehen. Wenden wir uns noch einmal dem Beispiel mit der Mathearbeit zu. Wie hört die Mutter Sarahs Reaktion auf ihre Nachfrage bezüglich des Termins der nächsten Mathearbeit (»Es geht dich gar nichts an, wann wir die nächste Mathearbeit schreiben!«)?

Wenn sie die Antwort ihrer Tochter ausschließlich mit dem *Sachohr* hört, fehlt ihr weiterhin die Information über den Termin. Steht er schon fest? Oder will Sarah es nicht sagen? Es könnten sich folgende Reaktionen ergeben: »Du kennst den Termin noch nicht? Sag mir bitte Bescheid, wenn die Mathelehrerin ihn bekannt gibt.«

Hört sie mit dem *Selbstkundgabeohr,* würde die Mutter die Verärgerung der Tochter wahrnehmen. Mögliche Reaktionen darauf wären: »Bist du total sauer, dass ich das frage?« Oder: »Du fühlst dich von mir unter Druck gesetzt und möchtest, dass ich mich da ganz raushalte? Stimmt das?« Oder: »Kann es sein, dass du gerade überhaupt keine Lust hast, von mir an die Mathearbeit erinnert zu werden? Nervt dich das?«

Das *Beziehungsohr* hört vor allem: »Es geht dich überhaupt nichts an …« und registriert sehr genau den verärgerten, unfreundlichen und patzigen Ton der Tochter. Mit einem groß aufgesperrten Beziehungsohr nehmen wir dies sehr persönlich, fühlen uns angegriffen und reagieren darauf. So könnte die Mutter erwidern: »Nicht in diesem Tonfall! Das ist unverschämt! Und außerdem geht es mich sehr wohl etwas an, denn ich bin schließlich deine Mutter und für dich verantwortlich!« Solche Reaktionen, so authentisch sie in dem Augenblick auch sein mögen, sind natürlich eine Steilvorlage für eine Eskalation des Konfliktes. Sarah könnte dann beispielsweise so reagieren: »Du bist ja gar nicht meine richtige Mutter!«

Mit dem *Appellohr* kann diese schließlich heraushören, was das Mädchen erreichen möchte. So hört sie vielleicht den Appell, Sarah jetzt gefälligst in Ruhe zu lassen oder sich in Zukunft nicht mehr in ihre schulischen Angelegenheiten einzumischen. Wie könnte die Mutter nun reagieren? Zum Beispiel so: »Aha, du willst jetzt deine Ruhe haben und nicht an Mathe erinnert werden. Okay. Aber wie stellen wir dann sicher, dass du gut auf die Mathearbeit vorbereitet bist?« Oder: »Heißt das, dass ich mich nicht mehr in deine schulischen Angelegenheiten einmischen soll? Du möchtest gerne komplett selbstständig die Verantwortung für die Schule übernehmen?«

Diese Varianten machen deutlich, dass allein aufgrund des unterschiedlichen Hörens mit den vier Ohren innerlich völlig unterschiedliche Reaktionen auf das Gehörte entstehen. Wichtig ist vor allem die Frage, ob Dinge mit dem Selbstkundgabeohr oder dem Beziehungsohr gehört werden. Das Hören mit dem Selbstkundgabeohr ermöglicht der Empfängerin mehr Gelassenheit, denn der Fokus ist darauf gerichtet, was mit dem Gegenüber los ist. Dadurch verlieren auch heftige Gefühlsausbrüche für die Empfängerin an Bedrohlichkeit. Anders sieht es beim Beziehungsohr aus. Hier fühlt sie sich von der Äußerung der Senderin be- oder getroffen. Besonders negative Du-Botschaften werden herausgefiltert und persönlich genommen, sodass der weitere Gesprächsverlauf unter Umständen sehr unerfreulich verläuft.

Das folgende Fallbeispiel zeigt, welch großen Unterschied es macht, ob die Mutter mit dem Selbstkundgabe- oder mit dem Beziehungsohr hört.

Der kleine Liam, sechs Jahre alt, brütet gerade eine Erkältung aus und ist sichtbar angeschlagen. Aus diesem Grund erlaubt ihm seine Mutter nicht, wie eigentlich geplant und abgesprochen, bei seinem besten Freund zu übernachten. Liam ist so enttäuscht darüber, dass er seiner Mutter an den Kopf wirft: »Du hast mir gar nichts zu sagen, du bist ja nichtmal meine richtige Mutter! Du bist doof! Ich hasse dich!«

Wenn die Mutter diese Sätze jetzt mit dem Beziehungsohr hören würde, dann ginge es ihr sicherlich schlecht, denn diese treffen direkt das Herz und lassen es bluten. Sie fühlt sich nicht nur ungeliebt, sondern als Mutter abgekanzelt. Es trifft sie an ihrem wunden Punkt, nicht die leibliche Mutter zu sein. Sie fühlt sich massiv angeschossen und reagiert entweder traurig oder wütend. Sie fängt an, sich zu verteidigen und in einen Kampf zu gehen.

Wenn diese Mutter ihr Beziehungsohr zuklappen und die Aussagen des Kindes nur mit dem Selbstkundgabeohr hören könnte, dann ergäbe sich für sie eine völlig andere emotionale Stimmungslage. Mit diesem Ohr würde sie sich auf Liam fokussieren und sich fragen, was eigentlich mit ihm los ist, dass er sich in dieser Weise äußert. Und dann würde sie heraushören, dass der Junge einfach unendlich enttäuscht ist, weil er sich sehr auf die Übernachtung gefreut hatte. Sie verstünde, dass er sich hilflos in Bezug auf eine Entscheidung fühlt, auf die er keinen Einfluss hat und dass er nun zu drastischen Mitteln greift. Sie könnte dann verständnisvoll reagieren und ihm zurückmelden, welche Signale sie von ihm empfangen hat: »Und du bist jetzt total enttäuscht und traurig, dass du nicht zu Tom kannst? Du hattest dich so auf die Übernachtung gefreut?« Auch wenn sich an der Entscheidung der Mutter nichts ändert, macht es für Liam einen großen Unterschied, ob er in seiner Not und Enttäuschung wahrgenommen wird und sich verstanden fühlt. Verstanden werden führt in der Regel zur Beruhigung und wirkt deeskalierend. So könnte die Mutter die weitere Auseinandersetzung in konstruktive Bahnen lenken.

In solch einer Situation gezielt zuzuhören, ist höchst anspruchsvoll. Zur Not könnte die Mutter zunächst auch erst einmal gar nicht reagieren, um sich ein wenig Zeit zu geben. Diese Zeit würde sie nutzen, um zunächst tief durchzuatmen, vielleicht innerlich ihre »Verletzte« zu versorgen und ihre »Wütende« von der inneren Bühne in den Hintergrund zu schieben. Wenn dies geschehen ist, konzentriert sie sich auf ihr Selbstkundgabeohr und antwortet.

Wenn Sie eine ausgewogene Vierohrigkeit zur Verfügung haben und alle vier Ohren gleichermaßen und gezielt nutzen können, haben Sie eine gute Grundlage, um unnötige Konflikte und deren Eskalation zu vermeiden. Sie können den Gesprächsverlauf aktiv und bewusst gestalten.

Aber wie können Sie sich mithilfe des Kommunikationsquadrates nun auch verständlicher ausdrücken? Zu jeder der vier Seiten des Quadrates gibt es nämlich nicht nur ein zugehöriges Ohr, sondern gewissermaßen auch einen eigenen »Schnabel«, der Ihnen zur Verfügung steht. Dieser spricht den jeweiligen Inhalt der Sach-, Selbstkundgabe-, Beziehungs- und Appellseite in »Reinkultur« aus. Dabei sind die Wirkungen dieser Schnäbel sehr unterschiedlich. Wenn Sie lernen, diese gezielt einzusetzen, können Sie wiederum konstruktiv auf den Verlauf eines Gespräches mit ihrem Kind Einfluss nehmen.

Der *Sachschnabel* ist dafür zuständig, Sachinformationen zu übermitteln: Worum geht es genau? Was ist das Thema? Welche Zahlen, Daten und Fakten gibt es zu diesem Thema?

Der *Selbstkundgabeschnabel* ist der Schnabel, der Informationen über die eigene Person übermittelt. Was erfährt man über den Sender? Was sagt er über sich? Wie geht es ihm? In welcher Stimmung ist er? Was beschäftigt ihn? Auf dieser Seite des Quadrates erfährt die Empfängerin Dinge über den Sender – ob dieser das nun möchte oder nicht. Zum einen übermittelt der Schnabel die gewollte Selbstdarstellung, also Dinge, die der Sender von sich selbst bewusst mitteilt. Beispielsweise, dass er enttäuscht, verärgert oder froh ist. Zum anderen übermittelt diese Seite des Quadrates auch die unfreiwillige Selbstenthüllung. Allein wie jemand etwas sagt, wie er dasteht, welche Ausstrahlung er hat, offenbart viel über die Person. So kann man zum Beispiel am Dialekt erkennen, woher jemand kommt, und am Auftreten, ob er unsicher oder aufgeregt ist.

Der *Beziehungsschnabel* drückt aus, wie der Sender zur Empfängerin steht und was er von ihr hält. Oft zeigt sich dies in der gewählten Formulierung, im Tonfall und anderen nichtsprachlichen Begleitsignalen. Der Beziehungsschnabel formuliert Du-Botschaften in Bezug auf die Empfängerin, sodass diese sich in einer bestimmten Weise behandelt oder misshandelt fühlt und oftmals auch sehr empfindlich reagiert.

Gerade dieser Schnabel ist für das Miteinander mit unseren Kindern von großer Bedeutung. Der Selbstentwerter im Inneren Team des Kindes hört alles mit dem Beziehungsohr! Nimmt dieser die kleinste Kritik wahr, hört er gleich: *Ich bin nicht liebenswert! Ich habe Schuld! Ich habe etwas falsch gemacht!* Aus genau diesem Grund ist wertschätzende Kommunikation für Kinder besonders wichtig! Mit dem Beziehungsschnabel zu kommunizieren: »Du bist genau richtig! Und wir haben dich lieb, so wie du bist!« ist ungemein wertvoll und heilsam.

Prof. Dr. Inghard Langer, damals einer meiner Lieblingsprofessoren an der Universität Hamburg, sprach in der Erziehung von Kindern immer von einer grundsätzlichen und einer regulierenden Stellungnahme auf der Beziehungsseite des Quadrates. In der *grundsätzlichen Stellungnahme* zum Kind muss ein bedingungsloses »Ja« stehen! »Ja, ich liebe dich, auch wenn du gerade meinen Lieblingsbecher kaputtgemacht hast. Meine Liebe zu dir hängt nicht an diesem Becher!« Auf dieser Grundlage kann eine *regulierende Stellungnahme zum Verhalten des Kindes* aufbauen: »Ich finde es nicht in Ordnung und bin echt sauer, dass du meinen Lieblingsbecher mit Absicht auf den Boden geschmissen hast! Das finde ich richtig doof! Und trotzdem habe ich Dich lieb!«

Der *Appellschnabel* will auf die Empfängerin Einfluss nehmen. Sie soll veranlasst werden, bestimmte Dinge zu tun oder zu unterlassen, in einer bestimmten Art und Weise zu fühlen oder zu denken. In der Pubertät löst dieser Schnabel der Eltern häufig eine »seelische Allergie« beim Kind aus. Beispielsweise mit Aussagen wie: »Zieh dir einen Pulli an, es ist kalt draußen!« Dieser Appell ist gut gemeint. Erwachsene haben einfach mehr Erfahrung und sorgen sich außerdem liebevoll um die Gesundheit des Kindes. Sie wollen nicht, dass sich das Kind erkältet. Hinzu kommt vielleicht noch der elterliche Weitblick: »Übermorgen schreibst du eine wichtige Mathearbeit und solltest doch besser gesund sein!« All das, so gut es auch gemeint ist, mag und will ein Jugendlicher nicht mehr hören. Häufig wird die Antwort und damit auch die Diskussion auf die Sachseite des Quadrates verlagert: »Es ist nicht kalt!« Darum geht es aber eigentlich gar nicht. Wogegen sich der Jugendliche in diesem Moment wehrt, ist die Beziehungsdefinition, die in diesem Appell mitschwingt. Diese lautet nämlich überspitzt formuliert: »Ich weiß, was für dich gut ist! Du – klein und dumm, und ich – weise und lebenserfahren!« Außerdem bekommen wir es durch einen so klaren Appell auch gleichzeitig mit dem Autonomen im Inneren Team des Jugendlichen zu tun. Natürlich muss sich ein Heranwachsender, der sich zunehmend mit Autonomie und Selbstbestimmung auseinandersetzt, gegen diese Art von Beziehung wehren. Eigentlich ist dies sogar wünschenswert – auch wenn es eine Umstellung für die Eltern bedeutet. In der Pubertät geht es vor allem darum, mit dem Jugendlichen zusammen eine neue Definition der Beziehung zu finden. Ausdruck für die Neugestaltung des Verhältnisses könnte eine Änderung der Botschaften auf der Appellseite des Quadrates sein. Statt zu sagen: »Zieh dir einen Pulli unter, es ist kalt draußen!«, steigt die Wahrscheinlichkeit, dass der Jugendliche zumindest darüber nachdenkt, dem Wunsch zu folgen, bei einer Formulierung wie: »Ich finde es heute kalt draußen. Vielleicht ziehst du dir noch einen Pulli an?« Eine solche Formulierung zeigt dem Heranwachsenden, dass es dem Elternteil nicht primär darum geht, eine Anordnung zu erteilen, der blind gefolgt werden muss. Eine solche Anordnung, die nach »blindem Gehorsam« klingt, hat automatisch den »Ich weiß, was für dich gut ist«-Charakter. Dagegen wehren sich Jugendliche häufig, weil sie nach Selbstständigkeit und Augenhöhe im Kontakt mit den Erwachsenen streben. Durch die weniger appelllastigen Formulierung zeigt der Erwachsene eine explizite Selbstkundgabe (»Ich finde es kalt und mache mir Sorgen«) und vermittelt dem Kind so seine Anteilnahme an dessen Wohlbefinden: »Mir ist wichtig, dass du nicht frieren musst! Ich sorge mich um dich.«

3.2 Das Aktive Zuhören

Adoptiv- und Pflegekinder zeigen manchmal sehr ungewöhnliche Verhaltensweisen. Diese lassen sich nur verstehen, wenn man dem Kind einfühlsam begegnet und einen emotionalen Zugang zu ihm findet. Ein grundlegendes Werkzeug für Therapeutinnen und Erzieher ist das *Aktive Zuhören*. Diese Methode führt auf bemerkenswerte Art und Weise dazu, dass zwischen der Zuhörenden und dem Erzählenden eine gute und konstruktive Beziehung entsteht (Gordon, 2012). Mit dem Aktiven Zuhören öffnen Sie Ihrem Kind eine Tür, damit es sich Ihnen anvertrauen und konstruktiv mit Konflikten umgehen kann. Bei dieser Methode wird das Selbstkundgabe-Ohr besonders auf Empfang geschaltet. In dem Bemühen, sich in die Gefühls- und Gedankenwelt des Erzählenden einzufühlen, ohne das Gesagte zu bewerten, hilft die Zuhörende dem Erzählenden dabei, zu sich selbst zu finden. Mithilfe des Aktiven Zuhörens können die tagtägliche zwischenmenschliche Kommunikation und das emotionale Miteinander verbessert werden. Laut Schulz von Thun (1981) »wäre viel gewonnen, wenn der Empfänger – bevor er seinen ›eigenen Senf‹ dazu gibt – zunächst einmal in der Lage wäre, sich präzise in die Welt des Anderen einzufühlen und diese Welt gleichsam mit dessen Augen zu sehen (Empathie)« (S. 58).

Die Grundhaltung, aus der heraus aktiv zugehört wird, sollte ein einfühlendes »Verstehen-Wollen« sein. Die Zuhörende versucht, sich dabei in die Gefühls- und Gedankenwelt ihres Gegenübers hineinzuversetzen, ihn ganz zu verstehen: »Ich habe nicht nur verstanden, was du sagst, sondern auch, wie du es meinst und wie dir zumute ist. Ich versuche einmal, die Welt mit deinen Augen zu sehen.« Zuhören heißt aber nicht automatisch zustimmen! Die Zuhörende kann auch dann mit aller Gründlichkeit den Standpunkt ihres Gegenübers erkunden, wenn sie selbst ganz anderer Meinung ist. Gerade in kontroversen Diskussionen ist das Aktive Zuhören besonders wichtig, aber auch besonders anspruchsvoll. Im Eifer des Gefechts neigen wir leider häufig dazu, zu unterbrechen, nur den eigenen Standpunkt zu sehen und mit eigenen Argumenten aufzurüsten, anstatt die Position der anderen zu verstehen.

Die Grundvoraussetzung, um gut aktiv zuhören zu können, ist echtes Interesse am Gegenüber und eine damit einhergehende Aufnahmebereitschaft. Eine sehr eindrückliche Beschreibung des Aktiven Zuhörens und seiner Wirkung findet man in Michael Endes (1973) Buch »Momo«:

»Was die kleine Momo konnte wie kein anderer, das war zuhören. Das ist doch nichts Besonderes, wird nun mancher Leser sagen, zuhören kann doch jeder. Aber das ist ein Irrtum. Wirklich zuhören können nur ganz wenige Menschen. Und so wie Momo sich aufs Zuhören verstand, war es ganz und gar einmalig. Momo konnte so zuhören, dass dummen Leuten plötzlich sehr gescheite Gedanken kamen. Nicht etwa, weil sie etwas sagte oder fragte, was den anderen auf solche Gedanken brachte, nein, sie saß nur da und hörte einfach zu, mit aller Aufmerksamkeit und aller Anteilnahme. Dabei schaute sie den anderen mit ihren großen dunklen Augen an, und der Betreffende fühlte, wie in ihm auf einmal Gedanken auftauchten, von denen er nie geahnt hatte, dass sie in ihm steckten. Sie konnte so zuhören, dass ratlose oder unentschlossene Leute auf einmal ganz genau wussten, was sie wollten. Oder dass Schüchterne sich plötzlich frei und mutig fühlten. Oder dass Unglückliche und Bedrückte zuversichtlich und froh wurden. Und wenn jemand meinte, sein Leben sei ganz verfehlt und bedeutungslos und er selbst nur irgendeiner unter Millionen, einer, auf den es überhaupt nicht ankommt und der ebenso schnell ersetzt werden kann wie ein kaputter Topf - und er ging hin und erzählte alles der kleinen Momo, dann wurde ihm noch während er redete auf geheimnisvolle Weise klar, dass er sich gründlich irrte, dass es ihn, genauso wie er war, unter allen Menschen nur ein einziges Mal gab und dass er deshalb auf seine besondere Weise für die Welt wichtig war. So konnte Momo zuhören« (S. 15 f.).

Wie können Sie das Aktive Zuhören nun konkret in einem Gespräch mit Ihrem Kind anwenden? Für Aktives Zuhören braucht es Zeit. Es ist wichtig, den richtigen Moment abzuwarten, einen, in dem Sie Ruhe und keine Eile haben und Ihr Kopf so frei ist, dass Sie sich auf ein Gespräch einlassen können (beim Zubettbringen, Mittagessen oder Kaffeeklatsch). Bevor Sie das Aktive Zuhören ausprobieren, ist es spannend zu überlegen, wie Sie bisher auf Erzählungen oder Probleme Ihres Kindes reagiert haben. Sind Sie geduldig und interessiert? Nehmen Sie sich extra Zeit? Lassen sie Ihr Kind aussprechen? Können Sie kürzere oder auch längere Besinnungspausen ertragen? Verhalten Sie sich wertungsfrei?

Stellen Sie sich einmal folgende Situation vor: Ihr Kind erzählt verärgert nach der Schule von einem Lehrer: »Der Herr Meier, der ist einfach voll bescheuert! Der mag mich nicht! Geschichte ist sowieso blöd, dann krieg ich eben eine Sechs!«

Wie wäre Ihre Reaktion? Was ist Ihr erster Impuls? Wie würden Sie konkret darauf reagieren? Schreiben Sie Ihre spontane Erstreaktion gerne auf, um später noch einmal darauf schauen zu können.

Manche Eltern neigen dazu, eingreifen zu wollen. Sie möchten das Kind aufgrund der eigenen Erfahrungen dazu bringen, das zu tun, was sie für diese Situation als sinnvoll erachten. Andere wollen helfen, indem sie ihrem Kind schnell eine Lösung präsentieren. Wieder andere meinen an dieser Stelle, erzieherisch tätig werden zu müssen. Aus diesen Impulsen können dann unterschiedliche Reaktionen resultieren:

- »Ach, der Herr Meier ist doch eigentlich ein ganz Netter!« (Beschwichtigung)
- »Na ja, du warst bestimmt wieder laut. Du benimmst dich im Moment sowieso nicht so gut. Ich merke das doch, wie du mich hier manchmal behandelst.« (Bewertung/Vorwurf)
- »Das meint der nicht so, von dem habe ich nur Gutes gehört!« (Bagatellisieren)
- »Du strengst dich in Geschichte nicht genug an!« (Bewertung)
- »Also eine Sechs, das geht nicht! Dann brauchst du Nachhilfe!« (Bewertung/Aktionismus)
- »Du musst nicht immer so empfindlich sein, der meint es bestimmt nicht so!« (Bewertung/Vorwurf)
- »Ich rufe Herrn Meier gleich mal an, das muss geklärt werden!« (Aktionismus)
- »Du musst lernen, auch mit weniger netten Lehrern klarzukommen!« (Appell)
- »Geschichte ist sowieso nur ein Nebenfach!« (Bagatellisieren)

Obwohl diese Reaktionen gut gemeint sind, erweisen sie sich als nicht wirklich hilfreich und können sogar destruktiv auf den weiteren Gesprächsverlauf wirken. Mit großer Wahrscheinlichkeit wird das Kind sich aus solchen Gesprächen zurückziehen oder womöglich mit Unmut und schlechter Stimmung reagieren, weil es sich nicht verstanden fühlt.

Wie funktioniert in einem solchen Fall das Aktive Zuhören? Zunächst einmal gibt es einfache Türöffner für ein weiteres Gespräch, die das Kind zum Erzählen anregen. Das sind Worte und Laute wie: »Oh« und »hmm« oder wie: »Echt?« und »interessant«. Sie signalisieren dem Kind, dass Sie da und daran interessiert sind, mehr zu erfahren. Sie wenden sich dem Kind neugierig und bewertungsfrei zu und lösen sich von jeglichen Absichten.

Kind: »Der Herr Meier, der ist einfach voll bescheuert! Der mag mich nicht! Geschichte ist sowieso blöd, dann krieg ich eben eine Sechs!«
Elternteil: »Oh!«
Kind: »Ja, echt! Der ist voll ungerecht!«
Elternteil: »Im Ernst?«
Kind: »Ja! Der mag mich nicht!«
Elternteil: »Tatsächlich?«

Das mag jetzt vielleicht ein bisschen künstlich klingen, weil zum Zuhören ausschließlich Füllwörter verwendet wurden. Trotzdem kann sich allein durch dieses Vorgehen ein Gespräch entwickeln, in dem sich das Kind öffnet und beginnt, mit Ihnen gemeinsam seinen Unmut zu erforschen.

Beim Aktiven Zuhören geht es natürlich nicht nur darum, bestimmte Wörter zu verwenden. Sie sollen das Gegenüber dazu anregen, die Situation aus seiner Sicht zu schildern. Zusätzlich sperrt die Zuhörende das Selbstkundgabeohr weit auf (siehe Abschnitt 3.1). Dieses filtert die empfangene Äußerung sowie zusätzliche Informationen, die sich durch Gestik und Mimik ablesen lassen, heraus, um verstehen zu können, was der Sender für einer ist, wie es ihm gerade geht, was er fühlt und empfindet und was wohl gerade mit ihm los ist. Dadurch kann sie dem Sender helfen, mehr zu sich selbst zu kommen, weil er angeregt wird, auf sich zu schauen, anstatt auf Äußerungen des Gegenübers zu reagieren. Wesentlich ist, dass die Zuhörende sich *nicht wertend* in die Gefühls- und Gedankenwelt des Senders einfühlt. Die Zuhörende meldet dem Erzähler beim Aktiven Zuhören zurück, was sie von seinen Gedanken und vor allem von seinen Empfindungen verstanden hat. Dabei verzichtet sie auf wertende Kommentare (wie zum Beispiel »das ist ja schrecklich«, »der ist …« oder »du bist …«). Außerdem ist das Aktive Zuhören *frei von jeglichen Absichten.* Es geht in dem Moment des Zuhörens nicht darum, pädagogisch wirksam zu sein, sondern einzig und allein um das einfühlsame Verstehen der Welt des anderen. Dabei geht die Zuhörende in eine neugierig fragende Haltung und spiegelt dem Erzählenden, was (Inhalt oder Gefühle) sie von ihm verstanden hat:

Kind: »Der Herr Meier, der ist einfach voll bescheuert! Der mag mich nicht! Geschichte ist sowieso blöd, dann krieg' ich eben eine Sechs!«
Elternteil: »Du ärgerst dich total über Herrn Meier und hast das Gefühl, dass er dich nicht mag?«

KIND: »Ja, echt! Der ist voll ungerecht!«

ELTERNTEIL: »Du fühlst dich von ihm ungerecht behandelt?«

KIND: »Ja! Der nimmt mich immer genau dann dran, wenn ich mich nicht melde!«

ELTERNTEIL: »Und das ärgert dich so, dass du in Geschichte gar nicht mehr mitmachen willst?«

KIND: »Genau! Dann brauche ich mich einfach gar nicht mehr zu melden, das macht ja doch keinen Unterschied! Und die Lara kommt immer nur dran, wenn sie sich meldet. Die kriegt bestimmt eine gute Note in Geschichte!«

ELTERNTEIL: »Und das würdest du dir auch wünschen, dass du nur drankommst, wenn du dich meldest?«

KIND: »Das wäre cool! Denn eigentlich bin ich voll gut in Geschichte und melde mich ganz oft!«

Durch diese Art des Zuhörens entsteht ein ganz anderes Gespräch. Der Elternteil hält sich mit Bewertungen und eigenen Lösungsvorschlägen vollkommen zurück und ist ausschließlich damit beschäftigt, interessiert und mit Anteilnahme mit dem Kind mitzugehen. Dadurch kann dieses differenziert seine eigenen Empfindungen erforschen. Es entdeckt im Beispiel neben seinem Ärger und dem Gefühl, ungerecht behandelt zu werden, auch seine Freude am Thema und den Wunsch, dass es anders wäre. Diese genaue Erkundung der eigenen Empfindungen ist eine wichtige Grundlage, auf der das Kind später seine eigene Lösung finden kann, zum Beispiel, den Geschichtslehrer zu fragen, warum er es aufruft, wenn es sich nicht meldet. Diese selbst gefundenen Lösungen sind wertvoller als alle, zwar gut gemeinten, aber oft übergestülpten Ratschläge und voreiligen Handlungen der Eltern. Sogar dann, wenn sie inhaltlich identisch sind. Selbstgefundene Lösungen zeigen dem Kind, dass es in der Lage ist, sich selbst zu helfen. Es macht daher einen großen Unterschied, ob Sie nach der ersten Bemerkung Ihres Kindes über die Ungerechtigkeit des Lehrpersonals gleich zum Telefon greifen oder ob Sie erst anrufen, wenn Ihr Kind auf diese Idee gekommen ist und es hilfreich findet, wenn Sie es in dieser Sache durch ein Gespräch mit dem Lehrer unterstützen. Manchmal ist es schwer auszuhalten, wenn ein derartiges Gespräch zunächst ergebnislos verläuft. Es lohnt sich aber, Vertrauen zu entwickeln. Mitunter braucht es Zeit, bis das Kind seine eigene Lösung findet. Achten Sie darauf, wann das Aktive Zuhören hilfreich und angemessen ist und wann nicht. Von Zeit zu Zeit möchten Kinder auch erst einmal eine Weile mit ihren Empfindungen für sich sein und noch nicht darüber sprechen.

Wenn Sie selbst in Zeitnot sind, sollten Sie das Aktive Zuhören besser nicht anwenden. Denn es wäre schade, wenn ein Gespräch, auf das sich das Kind gerade einlässt, abrupt beendet werden muss. Diese Methode kann nicht bei jeder Gelegenheit eingesetzt werden. Sie entfaltet nur dann ihre positive Wirkung, wenn es von Seiten des Kindes etwas zu besprechen gibt, Sie gerade dazu bereit sind und auch das Kind bereit ist, das Thema in dem Moment zu vertiefen. Es braucht unter Umständen viel Geduld, bis sich das »Zeitfenster« des Kindes öffnet, in dem es etwas erzählen mag. Wenn das Kind gerade kein Bedürfnis hat, etwas zu besprechen oder sogar anderer Hilfe bedarf, wird das Aktive Zuhören wie im folgenden Beispiel zur Farce.

Die dreieinhalb Jahre alte Ronja hat ihre Freundin im benachbarten Garten gesehen.
RONJA: »Mama! Schnell! Schuhe anziehen! Bitte! Ich will mit Mia spielen!«
ELTERNTEIL: »Dir ist es ganz wichtig, jetzt sofort mit Mia zu spielen?«

Auf Ronjas Aussage mithilfe des Aktiven Zuhörens zu reagieren, macht keinen Sinn. Wenn Ihr Kind einen solch konkreten Wunsch an Sie richtet, geht es natürlich darum, Stellung zu beziehen im Sinne von: *Geht das oder geht das nicht?*

Besonders wenn Ihr Adoptiv- oder Pflegekind gerade damit beschäftigt ist, sich mit seiner Herkunft auseinanderzusetzen, kann das Aktive Zuhören sehr nützlich sein, denn die mit der eigenen Geschichte verbundenen Gefühle bekommen so den nötigen Raum. Und das ist gut so, denn auch wenn wir unsere Kinder vor den Widrigkeiten des Lebens beschützen wollen – Gefühle von Traurigkeit, Verletzung und Wut gehören zum Leben dazu und sind wichtig, um Erlebnisse zu verarbeiten. Deshalb geht es auch in Phasen der Auseinandersetzung des Kindes mit seiner Herkunft darum, Gefühle zu akzeptieren, die sich für unser Kind und uns nicht angenehm anfühlen. Es ist nicht immer einfach, dem Impuls zu widerstehen, das Kind vor diesen schwer erträglichen Emotionen beschützen zu wollen (»Du brauchst doch nicht traurig zu sein, du hast doch jetzt uns!«). Die entspannte Haltung des Aktiven Zuhörens erleichtert Ihnen, dem Kind ausdauernd und unterstützend zur Seite zu stehen.

Auch wenn wir nonverbales Verhalten des Kindes mit diesem Vorgehen aufgreifen, kann ihm das signalisieren, dass wir es verstanden haben (siehe nächstes Fallbeispiel). So tragen wir zur Beruhigung und Deeskalation bei. Es ist sehr viel wert, wenn sich das Kind verstanden fühlt und dadurch sein Verhalten auch selbst besser einordnen kann.

Simon, viereinhalb Jahre alt, geht mit seiner Mutter im Kindergarten die Treppe zu seiner Gruppe hinauf. Oben angekommen, kommt Jannek ihm freudig strahlend entgegen. Simon schlägt Jannek mit der Hand ins Gesicht. Jannek weint.

MUTTER: »Das mochtest du eben gar nicht, dass Jannek so schnell auf dich zugelaufen ist?«

SIMON: »Der hat mich so angeguckt!«

MUTTER: »Wie denn?«

SIMON: »Na, so ganz doll in die Augen.«

MUTTER: »Und das war so schlimm für dich, so, dass du dich verteidigen wolltest?«

Simon aus vollem Herzen: »Ja!«

Dieses Beispiel macht deutlich, wie herausfordernd es manchmal sein kann, sich in eine einfühlsame und verstehende Haltung zu begeben. Schließlich wird Jannek plötzlich, unvermutet und nicht nachvollziehbar, Opfer von Simons Verhalten. Das überraschende und sehr aggressiv anmutende Verhalten ihres Sohnes löst bei der Mutter vielleicht mehrere Gefühle gleichzeitig aus. Ihr tut Jannek sehr leid, sie ist entsetzt von dem Verhalten Simons und es ist ihr peinlich, was die anderen Eltern jetzt von ihr und Simon denken könnten. Wenn sie sich jetzt von ihrem ersten Impuls leiten ließe, würde sie ihren Sohn wohl scharf anfahren und ihn fragen, was ihm denn wohl einfalle und wieso er so etwas Böses mache. So würde sie vielleicht die Erwartungen der umstehenden Eltern erfüllen, Simon jedoch nicht in seiner Not verstehen und auch nicht erfahren, was ihn zu diesem Handeln verleitetet hat. Aber erst das Verstehen der Not macht es möglich, dem Jungen in solchen Situationen zur Seite zu stehen. Denn erst wenn Simon sich verstanden fühlt, macht es Sinn, korrigierend einzugreifen. Solange er sich nicht verstanden fühlt, kann er höchstwahrscheinlich gar nichts aufnehmen. Auch für Jannek wird es hilfreich sein, wenn Simon ihm mit der Hilfe seiner Mutter sagen kann, dass es ihm leid tut und warum er sich so verhalten hat. So kann auch er das Erlebte vielleicht besser einordnen, fühlt sich in seinem Schmerz gesehen und nimmt Simons Entschuldigung als aufrichtig wahr.

3.3 Das Teufelskreismodell

Wenn ein Konflikt mit Ihrem Kind immer wiederkehrt und zunehmend schlimmer wird, könnte es sein, dass Sie in einem Teufelskreis gefangen sind. In so einem Fall kann das »Teufelskreismodell« helfen, um aus diesem auszusteigen. Dies müssen allerdings Sie als Eltern schaffen, denn das Kind kann das noch nicht. Ob Sie und Ihr Kind betroffen sind, können Sie an folgenden Hinweisen erkennen:

- Der Konflikt wird zunehmend schlimmer.
- Er entzündet sich an Kleinigkeiten.
- Die Art, wie der Konflikt ausgetragen wird, wiederholt sich.
- Sie erwischen sich bei dem Gedanken, dass ihr Kind bösartig und mit Absicht handelt.
- Sie fühlen sich als Opfer der Taten des Kindes.
- Sie fühlen Resignation oder reagieren über.

Das Teufelskreismodell ist ein systemisches Modell. Im Unterschied zu Theorien und Modellen, die das seelische Geschehen des Individuums in den Blick nehmen, richtet der systemische Ansatz seinen »Blick auf das *Zwischen*-Menschliche, auf die Beziehungsdynamik« (Schulz von Thun, 1990, S. 28). Das kausale Denken, dass auf A ein B folgt und es eine Ursache und eine Wirkung gibt, wird in der zirkulären Denkweise außer Kraft gesetzt. Diese Art zu denken kennt keinen Anfang und keine Ursache, sondern nur Wechselwirkungen. Dadurch gelten nach Schulz von Thun (1990, S. 28 ff.) völlig andere Regeln im Miteinander:

- Keiner hat angefangen.
- Keiner hat Schuld.
- Jeder hat recht.
- Die Ursache liegt nicht bei Einzelpersonen, sondern in einem gestörten Miteinander.

Dies erfordert eine völlig neue Sichtweise auf Konflikte. In Teufelskreisen spielt es keine Rolle, wer angefangen hat. Es kommt darauf an, ob und wie ich einsteige. Die an einem Teufelskreis Beteiligten sind keine Opfer der Handlung des Gegenübers, sondern spielen auf eine ganz bestimmte Art und Weise mit. Denn zu einem Spiel gehören immer zwei! In der Opferhaltung, in der ich mich komplett ohnmächtig fühle, ist kein alternatives Verhalten möglich. Das vorherrschende Gefühl eines Opfers ist, dass es nur auf das schlimme Verhalten des Gegenübers reagiert. Es werden ausschließlich die Taten des anderen gesehen, die eigenen hingegen als Schutzmaßnahmen empfunden: *Wenn der andere sich doch bloß nicht so verhalten würde, dann müsste ich nicht immer …* Die typische Kommunikation in einem Teufelskreis besteht aus gegenseitigen Vorwürfen über das Verhalten des Gegenübers: »Wenn du deine Hausaufgaben immer selbstständig und ordentlich machen würdest, müsste ich mich gar nicht einmischen.« Auf der Beziehungsseite des Kommunikationsquadrates schwingt in diesem Satz mit: *Du bist der Täter, ich das Opfer! Du hast Schuld, ich armer Wurm reagiere lediglich.*

Es liegt in der Natur des Teufelskreises, dass sich die beteiligten Personen gegenseitig aufschaukeln und alles immer schlimmer wird. Beispielsweise fordert eine Partei immer mehr und die andere wird zunehmend passiver. Dabei geht es häufig um Bagatellen. Der Konflikt entzündet sich an Kleinigkeiten und läuft immer ähnlich ab. Beide sind so auf ihr Gefühl fixiert, Opfer zu sein, dass sie blind für Verhaltensalternativen werden. Frei nach Albert Einstein ist die ihm zugeschriebene Definition von Wahnsinn aber, »immer wieder das Gleiche zu tun und andere Ergebnisse zu erwarten.« Sind wir uns des Teufelskreises bewusst, in dem wir gefangen sind, können wir Auswege finden.

Der elf Jahre alte Paco hat gar keine Lust, sich für die Schule zu engagieren. Die Hausaufgaben macht er – wenn überhaupt – auf den allerletzten Drücker. Auch Klassenarbeiten interessieren ihn nicht und wenn es nach ihm ginge, würde er sich nicht darauf vorbereiten. Seine Mutter erinnert ihn regelmäßig an die Klassenarbeiten und fordert ein, zumindest ein bisschen gemeinsam zu lernen. Die Tage vor den Arbeiten werden zunehmend belastender. Während die Mutter gerne rechtzeitig mit dem Lernen beginnen möchte, verbummelt Paco die Zeit mit allem anderen. Selbst wenn sie es schafft, ihren Sohn mitsamt der Unterlagen aus dem Unterricht an einen Tisch zu bekommen, ist dieser unkonzentriert und verweigert sich. Wenn in so einem Moment das Telefon klingelt, ergreift der Junge sofort die Chance und verzieht sich.

Ein Teufelskreis besteht aus vier Stationen (siehe folgende Abbildung). Die eckigen Kästchen stehen für die »äußerlich sichtbaren wirksamen Verhaltensweisen (›Äußerungen‹) beider Partner« und die Kreise für »ihre inneren Reaktionen (›Innerungen‹) darauf« (Schulz von Thun, 1990, S. 30).

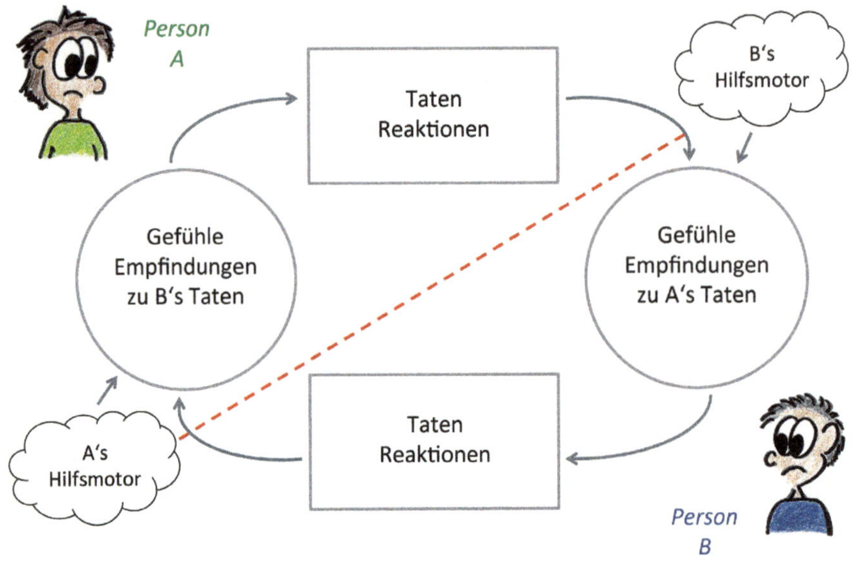

Wendet man dieses allgemeine Schema eines Teufelskreises auf das Beispiel von Paco und seiner Mutter an, ergibt sich folgendes Bild:

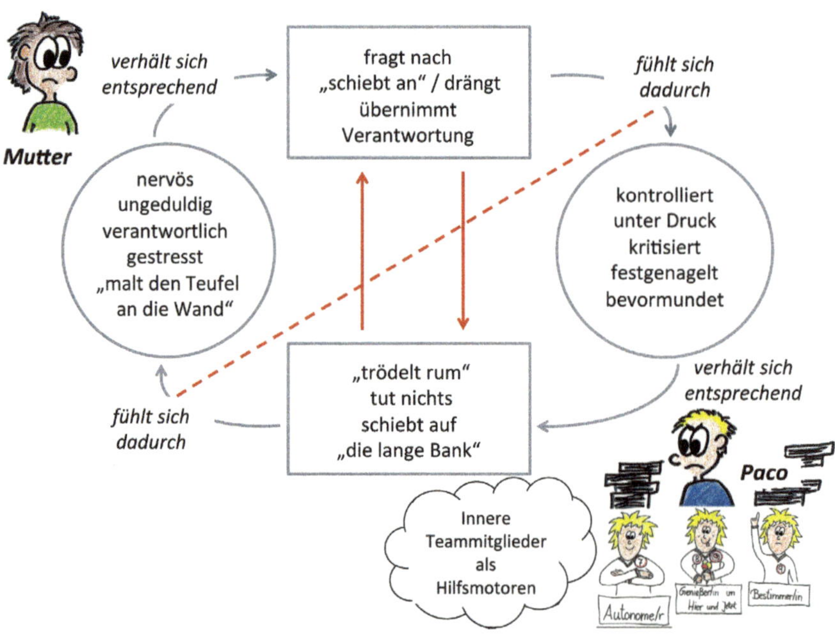

Jeder Teufelskreis hat drei Antriebskräfte: Die kausale Betrachtungsweise, die individuellen Hilfsmotoren und die Eigendynamik, die sich in dem Kreis entwickelt. Vielen Betroffenen ist gar nicht klar, dass sie sich in einem solchen bewegen. Sie empfinden sich als Opfer. Sie betrachten das Geschehen als kausal und erleben die andere Person als diejenige, die angefangen hat und schuldig ist. Paco sieht sich im Recht: *Wenn Mama mich nicht ständig mit Schule und Hausaufgaben nerven würde, dann würde ich meinen Kram allein machen! Mama hat Schuld an unserem Streit!* Seine Mutter sieht sich aber auch im Recht: *Wenn Paco die Verantwortung für seine Aufgaben in der Schule übernehmen würde, dann müsste ich mich nicht immer darum kümmern! Er ist das Problem!* Es fühlt sich an, als bliebe einem gar nichts anderes übrig, als sich genau so zu verhalten, wie es gerade der Fall ist. Das eigene Verhalten wird also als Schutzmaßnahme gerechtfertigt. Die Mutter denkt zum Beispiel: *Wenn ich mich nicht so für Paco engagieren würde, hätte er in der Schule überhaupt keine Chance!*

Neben der kausalen Betrachtungsweise können auch individuelle Hilfsmotoren für eine Verstärkung und Beschleunigung des Konflikts im Teufelskreis sorgen. So finden wir bei Paco drei Innere Teammitglieder, die gerne mitmachen: Der Autonome und der Bestimmer reagieren auf jegliche Bevormundung allergisch. Der Genießer im Hier und Jetzt ist wiederum Experte darin, unangenehme Dinge wegzuschieben. So arbeiten die drei zusammen, wenn es darum geht, sich nicht festnageln zu lassen.

Auch bei der Mutter werden unter Umständen Teammitglieder als Hilfsmotoren aktiv. Vielleicht ist sie eine, die gerne plant und Ordnung und Struktur liebt. Sie ist mit ihren Lebensmottos »Der frühe Vogel fängt den Wurm« und »Erst die Arbeit, dann das Vergnügen« bisher gut durch das Leben gekommen. Die »planvolle Strategin« in ihrem Inneren Team agiert an vorderster Front, ist sozusagen eine Stammspielerin geworden. Mit diesem Anteil in dieser Konstellation ist die Mutter in Bezug auf den Konflikt mit ihrem Sohn nicht gut aufgestellt. Die planvolle Strategin reagiert auf das als schluderig empfundene Verhalten Pacos mit großer Unruhe. Sowohl nach außen als auch nach innen baut sie Druck auf. Dieser befeuert den Teufelskreis zunehmend. Die Verantwortung, aus einem solchen Kreislauf auszusteigen, liegt bei den Eltern. Deshalb täte die Mutter gut daran, sich im Selbstcoaching mit ihrer planvollen Strategin zu beschäftigen. Ein Ziel dabei könnte sein, dieses Teammitglied zu überzeugen, dass es eine tatsächlich sehr planvolle Strategie wäre, Paco nicht so unter Druck zu setzen. Dieser wirkt bloß kontraproduktiv. Zusätzlich wäre es notwendig, eine Strategie zu entwickeln, die verhindert, dass die planvolle Strategin im Inneren Druck und Unruhe verbreitet. Vielleicht müsste eine Gelassene eingestellt werden. Die Mutter muss individuell für sich herausfinden, wie sie innere Ruhe schaffen kann. In dem Moment, in dem sie nicht mehr unter dem Zugzwang ihrer planvollen Strategin steht, ergeben sich Handlungsalternativen. Aus einer größeren inneren Ruhe entsteht zudem ein besserer Kontakt zu Paco, der wiederum eine wichtige Voraussetzung für eine gemeinsame Lösung ist. Lassen Sie uns einen weiteren Teufelskreis betrachten:

Das abendliche Zubettgehen der fünf Jahre alten Janina hat sich in den letzten Wochen zu einem regelmäßigen Drama erschöpfenden Ausmaßes für sie und ihren Vater entwickelt. Das Mädchen will einfach nicht einschlafen und auch nicht still in ihrem Bett liegen bleiben und zur Ruhe kommen. Nach dem Vorlesen, Gute-Nacht-Sagen usw. sorgt sie erfindungsreich dafür, dass auch ihre Eltern nicht abschalten können. Entweder ruft sie diese herbei und erklärt, dass sie noch gar nicht müde sei, sie unbedingt noch etwas trinken oder noch einmal auf die Toilette müsse oder sie steht heimlich auf, schleicht sich ins Wohnzimmer und fängt an, etwas zu malen oder zu spielen. Ihr Vater, der für das abendliche Bettritual zuständig ist, ist zunehmend erschöpft und so genervt von ihrem Verhalten, dass ihm immer häufiger »der Kragen platzt«. Dann endet der Abend mit lautem Geschimpfe seinerseits und Tränen von Janina. Bis sich dann alles wieder beruhigt hat und das Mädchen endlich einschläft, ist der Abend »gelaufen«.

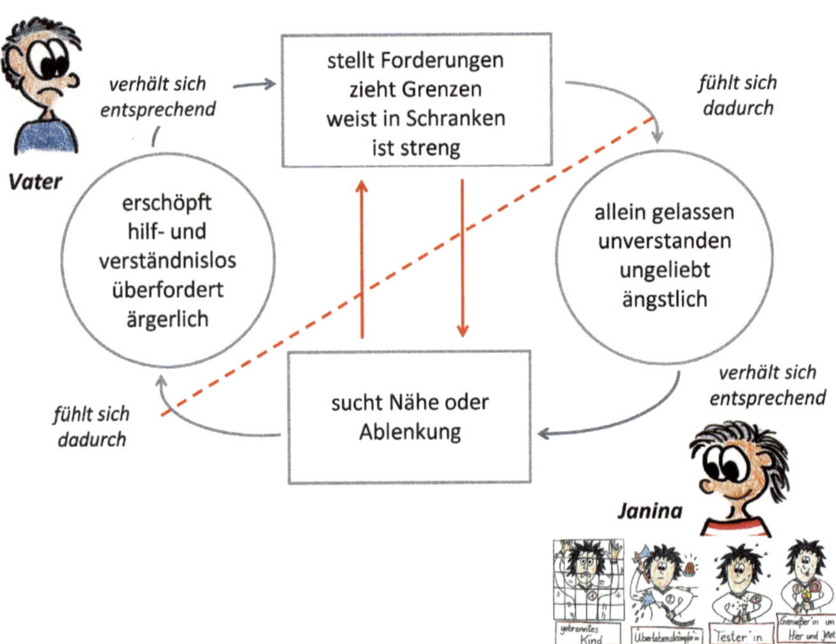

Dieser Teufelskreis zeigt, dass das Verhalten von Janina sehr unterschiedliche Beweggründe haben kann. Sie hat diverse Innere Teammitglieder, deren Existenz ihr nicht bewusst sind. Vielleicht möchte die Genießerin im Hier und Jetzt vor dem Einschlafen noch ein bisschen auf ihre Kosten kommen. Vielleicht hat die Testerin gerade Spaß daran, einmal auszuprobieren, wie weit sie gehen kann. Es könnte aber auch sein, dass das gebrannte Kind in Bedrängnis kommt. Vielleicht triggert das Alleinsein im dunklen Zimmer alte und bisher weggesperrte Gefühle. Gerade abends und nachts, wenn Ruhe eintritt und Janina zu sich kommt, kann es sein, dass sich das gebrannte Kind bei ihr meldet. Es drängt dann durch Trigger wie das Alleinsein oder die Dunkelheit an die Oberfläche und ruft Albträume oder Ängste hervor. Loslassen und Einschlafen können für ein traumatisiertes Kind sehr schwierig sein. In diesen Momenten kann eine Vielzahl von inneren Teammitgliedern auf der Bühne erscheinen. Sie wollen verhindern, dass das gebrannte Kind zum Vorschein kommt. Trifft das Verhalten des Vaters mit seiner Strenge auf eine solche innere Aufstellung, kommt Janina in große Not.

Für den Vater von Janina ist es zunächst einmal wichtig herauszufinden, was seine Tochter dazu bewegt, sich so zu verhalten. Es macht einen großen Unterschied, ob die Genießerin im Hier und Jetzt ein bisschen Zeit herausschlagen will, die Testerin ihre Runden dreht oder ob tatsächlich das gebrannte Kind im Spiel ist. Dies herauszufinden, ist anstrengend – gerade, wenn die eigenen Batterien am Abend schon leer sind. Aber es ist sinnvoll.

Wege aus dem Teufelskreis

Die beste Möglichkeit, einem Teufelskreis zu begegnen, ist, gar nicht erst in einen einzusteigen. Dies setzt allerdings eine ausgeprägte Wachsamkeit, Erfahrung und ein gutes Selbstcoaching voraus. Ist es bereits zu spät und man merkt, dass man sich bereits in einem Teufelskreis befindet, gibt es folgende Möglichkeiten daraus auszusteigen:

- **Systemische Wahrnehmung statt kausaler Betrachtung** Wenn Sie das Gefühl haben, nur zu reagieren, also Opfer zu sein und von Ihrem Kind »gezwungen« zu werden, sich genau so und nicht anders zu verhalten, sollten Sie zunächst die »systemische Brille« aufsetzen. In der systemischen Sichtweise trägt Ihr Kind nicht mehr die Schuld, sondern Sie beide tragen zur unheilvollen Dynamik bei. Die folgenden zwei Fragen verdeutlichen die Verantwortung beider Parteien und enthalten damit auch Perspektiven für den Ausstieg:
  a) Was müssen Sie tun, um den Teufelskreis noch mehr anzuheizen und so richtig in Schwung zu bringen? Das heißt, wie können Sie Ihr Kind dazu bringen, sein Verhalten zu verstärken?

b) Was müsste Ihr Kind tun, damit Sie noch mehr anspringen, also Sie ihr Verhalten verstärken?

- **Selbstklärung** Von den Gefühlen ausgehend, die bei Ihnen durch den Teufelskreis ausgelöst werden, können Sie überprüfen, welchen Hintergrund diese haben. Nehmen Sie sich Zeit und zeichnen Sie dafür Ihr Inneres Team auf (siehe Kapitel 2). Schauen Sie sich Ihre eigenen inneren Teammitglieder an. Mit wem haben Sie es gerade zu tun? Welche Teammitglieder melden sich besonders laut? Welche Bedürfnisse sind nicht erfüllt? Was brauchen die jeweiligen Teammitglieder? Wie können Sie unter Umständen selbst für Ihre Bedürfnisse sorgen, statt Sie vom Kind einzufordern. Sie können versuchen, diese Fragen auch für das Kind hypothetisch zu beantworten. Was steckt hinter seinem Verhalten? Mit welchen Teammitgliedern bekommen Sie es zu tun? Welche Bedürfnisse haben diese und warum reagieren sie so stark? In welcher Not befindet sich das Kind, dass es sich so verhält?
- **Einstellung zum Verhalten des anderen ändern** Überprüfen Sie, ob Sie das irritierende Verhalten des Kindes auch mit anderen Augen sehe können. Welche positiven Eigenschaften und welchen Wert können Sie darin erkennen, auch wenn es Ihnen schwerfällt? Erstellen Sie ein Werte- und Entwicklungsquadrat (siehe Abschnitt 3.4). Was ist gut an dem Verhalten (auch wenn es etwas »zu viel des Guten« ist)? Beispielsweise ist ein Kind, das sich nicht anpassen will und stark unter dem Einfluss des Autonomen steht, immerhin sich selbst treu und lässt sich nicht verbiegen.
- **Metakommunikation** Je nach Alter des Kindes können Sie mit diesem auch ein Gespräch darüber führen, wie sie miteinander umgehen und reden. Erzählen Sie dem Kind davon, wie es Ihnen mit dieser Art der Kommunikation und des Umgangs geht und seien Sie neugierig darauf, wie Ihr Kind sich dabei fühlt.
- **Selbstkundgabe** Kommunikation mit dem Selbstkundgabe-Schnabel ist mitunter sehr hilfreich (siehe Abschnitt 3.1). Normalerweise kommen in einem Teufelskreis der Beziehungs- und der Appell-Schnabel zum Einsatz: »Du hast Schuld! Du bist Täter! Du verhältst dich falsch!« (Beziehungs-Schnabel) und »Sei anders!« (Appell-Schnabel). Mit dem Selbstkundgabe-Schnabel berichtet die Senderin von sich selbst, von ihren Gefühlen und ihrem Innenleben. Das ist weniger bedrohlich als die Du-Botschaften des Beziehungs-Schnabels. Wenn der Empfänger von dem Hintergrund des Verhaltens erfährt und die Gefühle und Bedürfnisse der Senderin wahrnimmt, kann er sie viel besser verstehen. Außerdem lädt ein Offenlegen der Gefühle den anderen dazu ein, die eigenen Emotionen zu erforschen und vielleicht sogar zu benennen.

- **Interesse für die »Innerung« des Kindes (Aktives Zuhören)** Interessieren Sie sich für die Gefühle des Kindes. Wenn es sich öffnet, hören Sie mit dem Herzen zu, ohne verändern zu wollen (siehe Abschnitt 3.2).
- **Verdeckten Gewinn aufdecken** Gibt es einen Gewinn für einen oder beide am Teufelskreis Beteiligten? Wenn ja, was wäre der Preis, ihn aufzugeben? Unter welchen Bedingungen wären Sie dazu bereit?
- **Verantwortung für die eigene Gefühlsreaktion übernehmen** Solange man glaubt, dass jemand anders für die eigenen Gefühle verantwortlich ist (»Du machst mich total wütend!«), ist man innerlich nicht frei, sondern abhängig vom anderen. Wenn Sie sehr ärgerlich oder wütend auf Ihr Kind reagieren, nutzen Sie das Innere Team und überprüfen Sie, wer in Ihnen so heftig auf das Kind reagiert. Vergegenwärtigen Sie sich, dass dieses Teammitglied nur ein Teil in Ihnen ist. Versorgen Sie es und gewinnen Sie dadurch die Souveränität über ihre Gefühle zurück. Nicht das Gegenüber »macht« Ihre Gefühle, sondern Sie reagieren innerlich in einer bestimmten Art und Weise. Überlassen Sie diesem Teil nicht das Zepter, sondern entscheiden Sie als Oberhaupt, wie und mit welchem Teammitglied Sie reagieren möchten.
- **Verhaltens-Repertoire erweitern** Von Ihrer inneren Teamaufstellung ausgehend, können Sie überprüfen, welches andere Teammitglied Sie an die Kontaktlinie schicken möchten. Welches alternative Verhalten würden Sie gerne einmal ausprobieren? Interessant ist es auch, zu beobachten, welche von den sich automatisch einstellenden Verhaltensweisen Sie häufiger zeigen. Welcher Teil ist dafür verantwortlich? Und welcher könnte stattdessen reagieren? Vielleicht ist auch eine Neueinstellung nötig? Allein die Wahrnehmung und das Bewusstsein für das Geschehen können eine Tür zu einer größeren Wahlfreiheit öffnen.

3.4 Das Werte- und Entwicklungsquadrat

Das Werte- und Entwicklungsquadrat ist ein hilfreiches Modell, »um menschliche Werte, Tugenden und Qualitäten genauer zu bestimmen und um die darin enthaltenen Chancen und Gefahren genauer einzuschätzen« (Schulz von Thun et al., 2012, S. 245). Es kann dabei helfen, Mängel und Schwächen, die man bei sich selbst oder anderen sieht, neu zu interpretieren.

Das Werte- und Entwicklungsquadrat geht ursprünglich auf Aristoteles zurück und enthält eine Anleitung zum dialektischen Denken, also dem Denken in Gegensätzen. Es wurde von Nicolai Hartmann aufgegriffen und danach von Paul Hellwig und Friedemann Schulz von Thun zu seiner endgültigen Form weiterentwickelt. Dem Modell liegt der Gedanke zugrunde, dass im menschlichen Zusammenleben jede wertgeleitete Tugend und Qualität nur dann eine konstruktive Wirkung entfaltet, wenn sie sich »in ausgehaltener Spannung zu einem positiven Gegenwert, einer ›Schwesterntugend‹ befindet.« Denn »ohne diese ausgehaltene Spannung (Balance) verkommt ein Wert […] zu seiner entwertenden Übertreibung« (Schulz von Thun, 1990, S. 38).

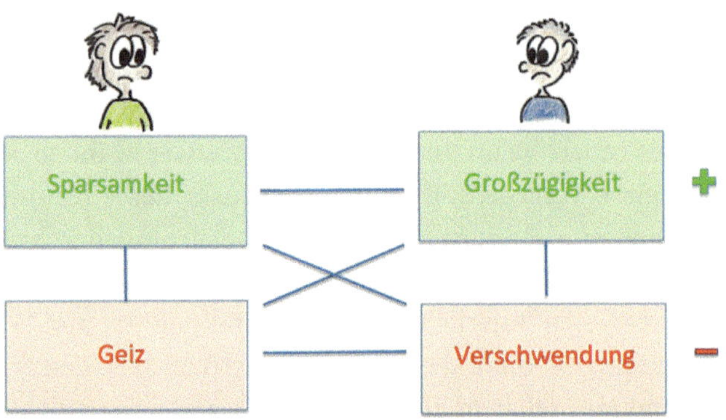

Das Werte- und Entwicklungsquadrat besteht aus zwei sich ergänzenden Werten (siehe Beispiel »Sparsamkeit und Großzügigkeit«), die durch jeweils einseitige Übertreibung nach unten abrutschen können und dadurch zu Unwerten werden – in diesem Beispiel also Geiz und Verschwendung. Daraus entstehen nun vier Arten von Beziehungen, die das Verhältnis der Begriffe zueinander charakterisieren:

1. Die obere Linie zwischen den positiven Werten bezeichnet ein positives Spannungs- beziehungsweise Ergänzungsverhältnis (dialektische Gegensätze: Sparsamkeit – Großzügigkeit).
2. Die Diagonalen bezeichnen konträre Gegensätze zwischen einem Wert und einem Unwert (Sparsamkeit – Verschwendung und Großzügigkeit – Geiz).
3. Die senkrechten Linien bezeichnen die entwertende Übertreibung (Sparsamkeit – Geiz und Großzügigkeit – Verschwendung).
4. Die untere Verbindung zwischen den Unwerten stellt den Weg dar, den wir beschreiten, wenn wir dem einen Unwert entfliehen wollen, aber nicht die Kraft haben, uns in die geforderte Spannung der oberen Pluswerte hinaufzuarbeiten. So fliehen wir von einem Unwert in den entgegengesetzten anderen Unwert (Geiz – Verschwendung). Diese Überkompensation entsteht, wenn wir einen persönlichen Mangel so stark überwinden wollen, dass es »zu viel des Guten« wird und man im anderen Extrem landet.

In Bezug auf die letzte Abbildung bedeutet das: Wenn »Sparsamkeit« nicht mit dem Wert der »Großzügigkeit« in einem ausbalancierten Spannungsverhältnis steht, verkommt sie zu einer entwertenden Übertreibung (»zu viel des Guten«). Aus dem ursprünglichen Wert Sparsamkeit wird »Geiz«. Und umgekehrt: Wenn Großzügigkeit nicht in einem ausgewogenen Verhältnis mit Sparsamkeit steht, wird aus der Großzügigkeit »Verschwendung«.

In der Sprache des Inneren Team bedeutet das, dass jedes Teammitglied, das einen Wert verkörpert, am besten einen »siamesischen Zwilling« an seiner Seite haben sollte, der den Gegenwert verkörpert. Ein Mensch, der sowohl einen »Sparsamen« als auch einen »Großzügigen« in seinem Inneren Team in einem ausgewogenen Verhältnis beherbergt, ist bezüglich dieses Themas gut aufgestellt. Durch unsere Biografie, Erziehung und Erfahrungen neigen wir aber leider dazu, einzelne Teammitglieder, die nur »eine Seite der Medaille« verkörpern, auf der inneren Bühne ins Rampenlicht zu stellen. Der dazugehörige siamesische Zwilling wird dagegen tief ins Innere verbannt. Das hat Folgen – wie zum Beispiel Projektion. Ist ein Mensch einseitig mit einem Wert identifiziert, wird es ihn ärgern, nerven oder aufregen, wenn ihm der nicht gelebte und abgewertete Wert in einem anderen Menschen begegnet (siehe Abschnitt 2.4). Auch dann, wenn ihm der andere Mensch gar nichts getan hat, stellt dieser verkörperte Wert eine Konfrontation dar und fordert zur Reaktion und Stellungnahme heraus: »Wie kann man nur so … sein?!« Dabei wirft man dem anderen Menschen nicht den Wert vor, den dieser so offensichtlich lebt, sondern die entwertende Übertreibung dieses Wertes. So wirft der Sparsame dem Großzügigen zum Beispiel die Verschwendung vor.

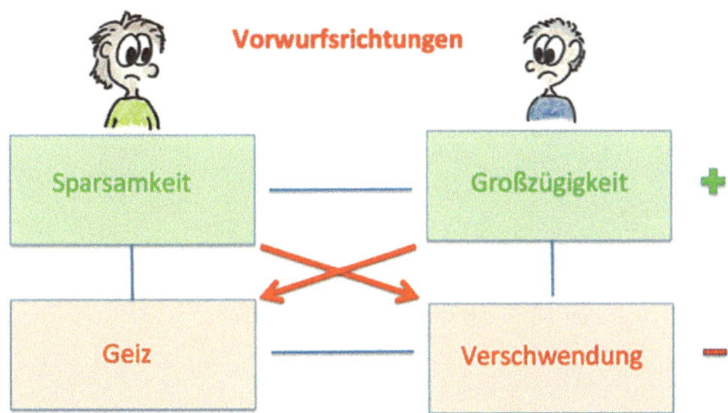

Dabei könnte gerade dieser Mensch, der Großzügige, eine positive Entwicklungsrichtung für das Gegenüber aufzeigen. Ohne die Integration des Wertes »Großzügigkeit«, droht der Sparsame, nach unten abzurutschen und sich im Geiz wiederzufinden.

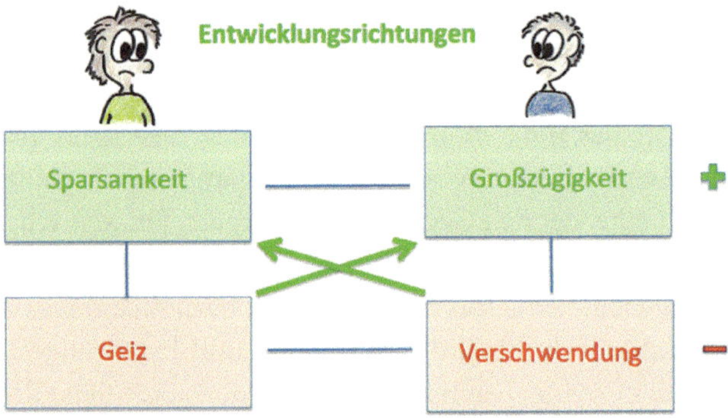

Ziel sollte sein, einen verbannten Wert wie die Großzügigkeit wieder in das Innere Team zu integrieren und in einem ausgewogenen Verhältnis zu seinem siamesischen Zwilling, in diesem Fall der Sparsamkeit, leben zu lassen. In einem ausbalancierten Verhältnis der Gegenwerte entsteht dann eine dritte Qualität wie ein Regenbogen aus dem Zusammenspiel von Sonne und Regen. Die beiden inneren Gegenspieler könnten beispielsweise für einen guten Umgang mit Geld sorgen.

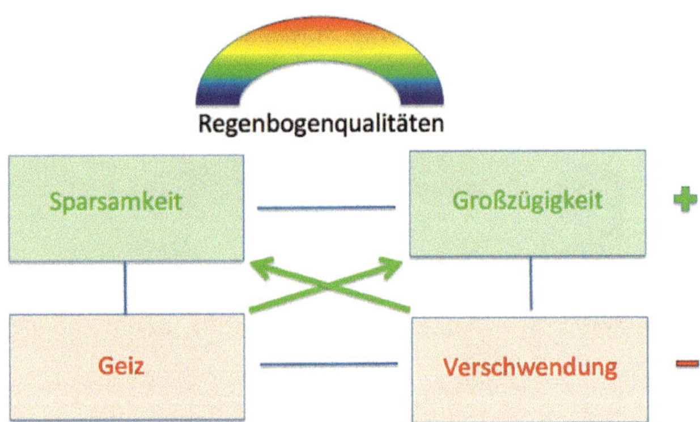

Das Werte- und Entwicklungsquadrat kann helfen, den eigenen Standort zu bestimmen und die daraus resultierende individuelle Entwicklungsrichtung abzuleiten. Gehen wir noch einmal zu dem Beispiel des elf Jahre alten Paco zurück, dem Schule eine Last ist und der seine Hausaufgaben nicht machen möchte.

Paco ist ein fröhlicher Kerl, der das Leben in vollen Zügen genießen kann. Selbst unangenehme Dinge verwandelt er für sich so, dass für ihn ein Spaß daraus wird. Wenn seine Mutter ihn zum Beispiel die englischen Vokabeln abfragt, macht er sich eine Freude daraus, etwas extra falsch zu sagen. Über das genervte Gesicht seiner Mutter lacht er sich anschließend kaputt. Wenn er sein Taschengeld bekommt, flitzt er sofort zum Kiosk um die Ecke, um sich Unmengen an Süßigkeiten zu kaufen. Oftmals gibt er dafür sein ganzes Taschengeld auf einmal aus. Seine Mutter ist über dieses Verhalten genervt und entrüstet. Mit Blick auf das Taschengeld macht sie sich Sorgen um seine Zukunft. Die Witzeleien und das Chaos beim Vokabeln lernen bringen sie völlig aus dem Konzept. Sie ist irritiert davon, dass Paco nicht einmal strukturiert auswendig lernen kann und dass sie durch das ganze Durcheinander völlig den Überblick darüber verliert, welche Wörter der Junge schon gelernt hat.

Klar ist, dass Paco einen lebenslustigen Genießer im Hier und Jetzt in seinem Inneren Team hat, während planvolles und zielführendes Verhalten nicht in sein Repertoire gehören. Seine Mutter hingegen scheint eine planvolle Strategin in ihrem Inneren Team zu haben, während ihr das Genießen des Moments eher schwerfällt. Wenn wir zunächst einmal auf die Werte schauen, wären die Schwestertugenden in diesem Werte- und Entwicklungsquadrat auf der einen Seite die »Prozess- und Lustorientierung im Hier und Jetzt« und auf der anderen Seite der Wert die »Plan- und Zielorientierung«.

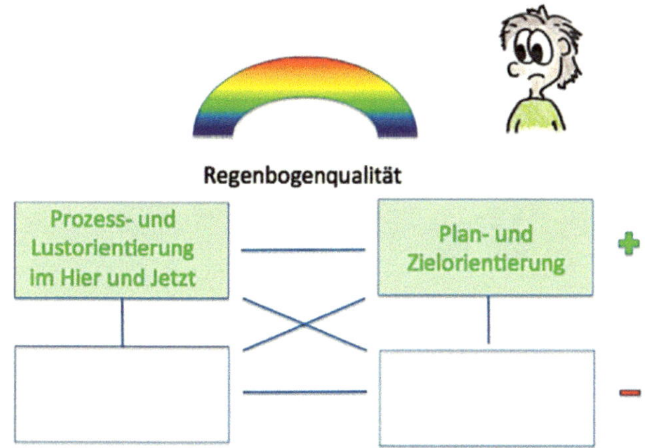

Die Mutter regt sich fürchterlich über Pacos chaotische Genusssucht auf. In ihren Augen ist er plan- und ziellos: »Das ist ja alles ohne Sinn und Verstand! Es ist nicht zum Aushalten mit ihm! Wo soll das nur hinführen, wenn er immer sofort sein ganzes Taschengeld ausgibt?« Die Mutter versucht nun mit allen Mitteln, in einer guten Art und Weise auf den Jungen einzuwirken. Sie möchte auf seine »Eskapaden« Einfluss nehmen, aber leider will keiner von ihren Versuchen fruchten: »Der Junge muss zur Vernunft gebracht werden! Das kann doch nicht gut gehen! Er muss lernen, dass es ›erst die Arbeit und dann das Vergnügen‹ heißt!«

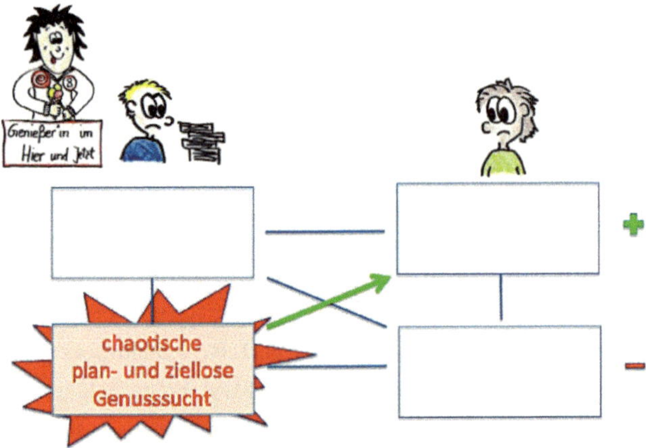

Die Betrachtung des Inneren Teams der Mutter zeigt, dass sie eine planvolle Strategin auf ihrer inneren Bühne hat. Dieses Teammitglied ist bei ihr hoch angesehen und hat sich im Laufe ihres Lebens sehr bewährt.

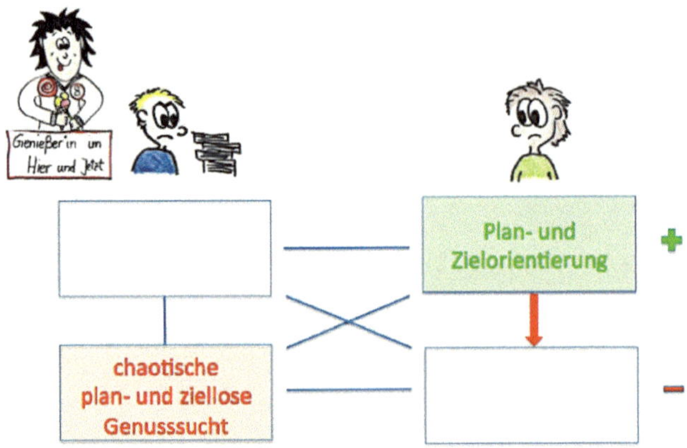

Allerdings schlägt die planvolle Strategin manchmal über die Stränge. Dadurch, dass die Mutter einseitig mit diesem Teammitglied identifiziert ist, verkommt es zur entwertenden Übertreibung. In ihrem Leben fühlt sich die Mutter immer häufiger wie in einem Hamsterrad gefangen. Alles ist perfekt und generalstabsmäßig durchgeplant bis ins letzte Detail. Das funktioniert zwar, ist aber sehr anstrengend. Es fühlt sich an wie ein strenges und ständiges »Eingespanntsein« ohne Genuss.

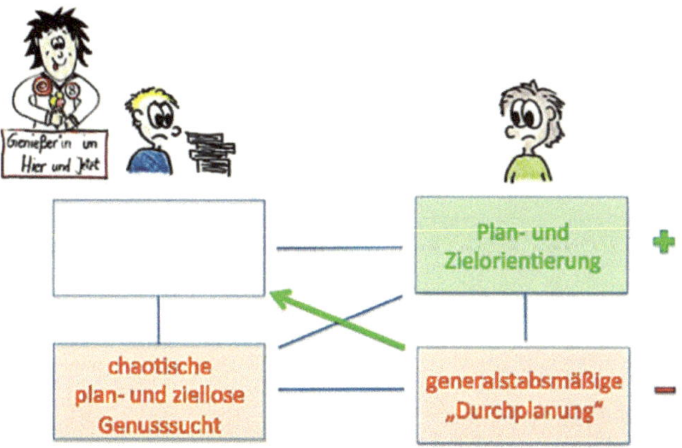

Der Mutter fehlt der siamesische Zwilling zu ihrer planvollen Strategin, ein prozess- und lustorientiertes Teammitglied, das das Hier und Jetzt genießen kann und auch mal »Fünfe gerade sein lässt«. Genau dieses Teammitglied steht ihrem Sohn Paco schon zur Verfügung. Anstatt im Verhalten des Jungen eine Zumutung zu sehen und diesen Anteil erzieherisch aus seinem Inneren Team verbannen zu wollen, könnte die Mutter ihre Perspektive ändern. Sie könnte schauen, was sie von Paco lernen kann. Wenn sie ihn als »Entwicklungshelfer« sehen könnte, wäre eine andere Haltung ihm gegenüber möglich. Der Einstieg in einen Kampf, eine zunehmende Eskalation oder sogar in einen Teufelskreis kann so vermieden werden. Sobald die Mutter die Fähigkeit Pacos wertschätzen kann, auch aus langweiligen Pflichten einen Spaß zu machen, ist sie in der Lage, wieder entspannter in den Kontakt mit ihrem Sohn zu gehen. Vielleicht gelingt es ihr sogar, manchmal über die Späße des Jungen zu lachen.

Nutzt man das Werte- und Entwicklungsquadrat, ist zu erkennen, dass sich die Vertreter zweier Schwesterntugenden in Diskussionen und Konflikten häufig polarisieren und heftig bekämpfen. In Konfliktsituationen neigen wir dazu, uns selbst als Verkörperung des einzig wahren Wertes zu sehen, unser Gegenüber hingegen betrachten wir als völlig verirrt. Streit, der häufig unter die Gürtellinie geht, eskaliert und trennend wirkt, ist so vorprogrammiert. In solchen Situationen ist es hilfreich, die Werte, um die es geht, zu identifizieren und zu benennen. Damit kann man deutlich machen, dass sich beide Parteien für ein wertvolles Prinzip einsetzen und gleichermaßen eine Berechtigung haben. Folglich fühlen sich beide Parteien verstanden und rehabilitiert und müssen sich nicht mehr gegenseitig bekämpfen und verteufeln.

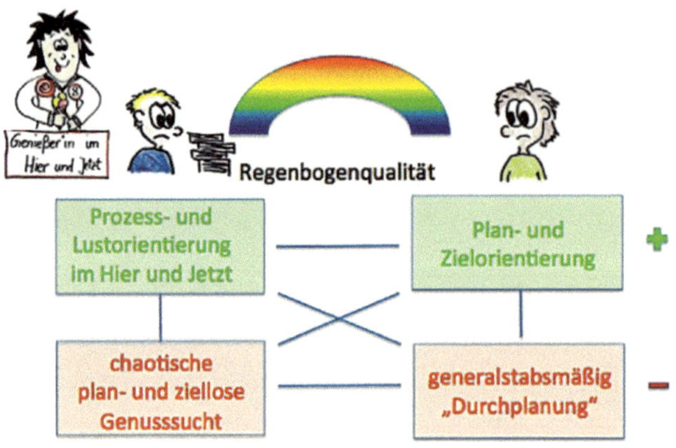

Wie bildet man ein Werte- und Entwicklungsquadrat?

Als nächstes gebe ich Ihnen anhand eines Beispiels eine Anleitung dafür, wie Sie für eine konkrete herausfordernde Situation mit Ihrem Kind ein eigenes Werte- und Entwicklungsquadrat erstellen können. Dies soll Ihnen dabei helfen, das schwierige Verhalten des Kindes mit anderen Augen zu sehen und eine andere Haltung zu entwickeln. Während Sie bisher im Verhalten Ihres Kindes nur einen »Misthaufen« sehen konnten, suchen Sie nun die »Perle« darin. Ist diese erst einmal gefunden, hilft sie Ihnen, einen konstruktiven Weg aus dem Konflikt heraus zu finden.

Am Sonntag hat Oma Geburtstag. Sie hat die gesamte Familie zu Kaffee und Kuchen eingeladen. Schon seit drei Wochen steht dieser Plan. Lina, acht Jahre alt, weiß Bescheid und hat ein Geschenk gebastelt. Als die Familie am frühen Nachmittag in das Auto steigen will, um rechtzeitig zum Geburtstag zu erscheinen, hat das Mädchen plötzlich ohne äußeren Anlass andere Pläne und will nicht mehr mitkommen. Sämtliche Überzeugungsversuche vom Vater, dass doch die liebe Omi Geburtstag habe, auch alle anderen aus der Familie da seien und man auch zu so einem Geburtstag hingehen müsse, laufen ins Leere. Er reagiert auf diese, wie er findet, für seine Tochter typische »Macke«, extrem genervt.

Suchen Sie im ersten Schritt nach einer Eigenschaft Ihres Kindes, die Sie nervt, aggressiv macht und die für Sie kaum auszuhalten ist. Wenn Sie sich für eine Eigenschaft Ihres Kindes entschieden haben, fragen Sie sich, was das Gute an dieser Eigenschaft ist, welche Ressource darin steckt. Wenn Sie diese herausfänden, könnten Sie das Verhalten Ihres Kindes mit ganz anderen Augen betrachten. Allerdings ist genau dies sehr schwer. Wenn man von schwierigem Verhalten direkt betroffen ist, ist die Frage nach dem Guten häufig eine Überforderung. Man kann sich gar nicht vorstellen, dass diese ganzen Streitereien auch einen positiven Aspekt haben sollen! Deshalb ist es sinnvoll, einen anderen Weg bei der Bildung eines Werte- und Entwicklungsquadrates zu wählen, der in der Regel deutlich leichter fällt.

Malen Sie sich jetzt ein Werte- und Entwicklungsquadrat auf, in dem noch alle Felder leer sind und schreiben Sie die negative Eigenschaft Ihres Kindes in das Feld unten links.

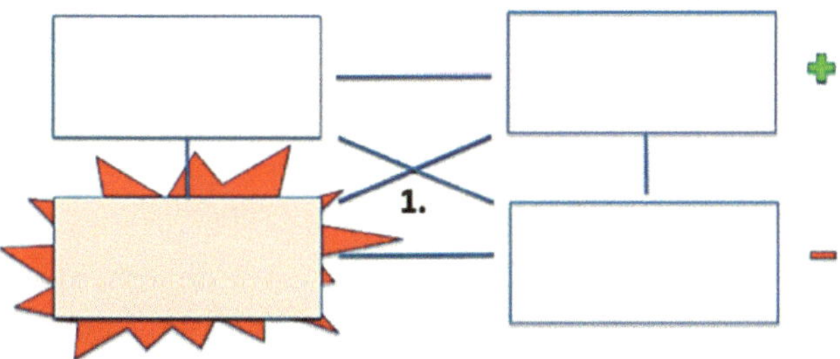

In Bezug auf Lina entscheidet sich der Vater für die eigenbrötlerische und unangepasste Art seiner Tochter. Ihn nervt, dass sie immer und unbedingt »ihr Ding« durchziehen muss, sich häufig nichts sagen lässt, nicht kooperiert und sich gegen jegliche Form von Verbindlichkeiten gegenüber der Familie oder anderen Gruppen sperrt. Er schreibt diese Eigenschaft in das Werte- und Entwicklungsquadrat nach unten links.

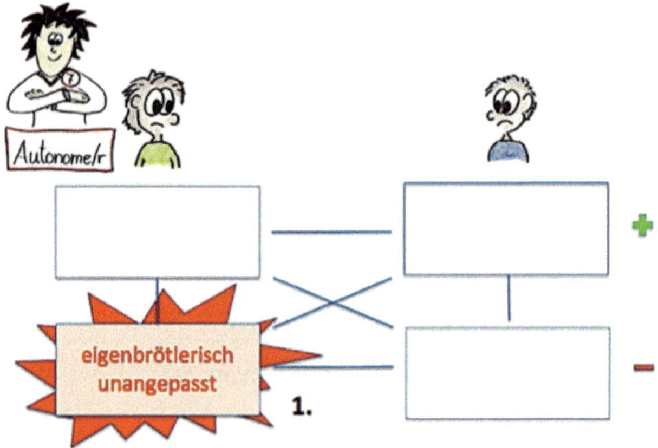

Im zweiten Schritt geht es darum, genau das Gegenteil dieser Eigenschaft zu definieren und auf der gegenüberliegenden Seite des Werte- und Entwicklungsquadrates einzutragen. Was wäre in Ihrem Beispiel das positive Gegenteil? Tragen Sie dieses oben rechts ein.

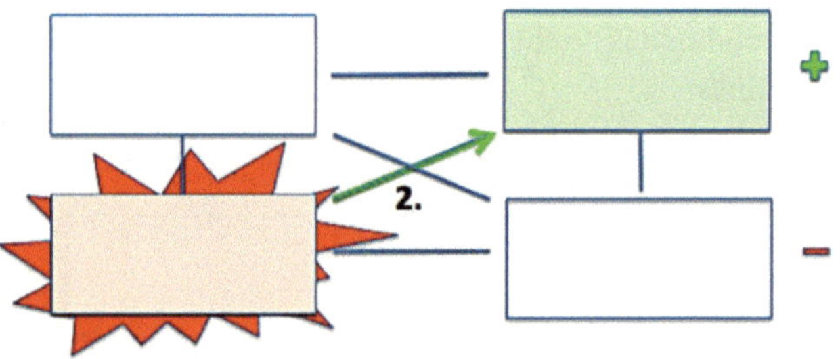

Das positive Gegenteil von »eigenbrötlerisch« und »unangepasst« ist in unserem Beispiel »verbunden« und »integriert«. Dies sind Werte, mit denen sich der Vater gut identifizieren kann. Er ist ein Familienmensch. Das Engagement für seine Nächsten nimmt er dementsprechend ernst. Für ihn ist es selbstverständlich, bei Familienfeiern dabei zu sein. Um des lieben Familienfriedens willen geht er dabei manchmal auch über seine eigenen Grenzen hinaus. So beißt er sich zum Beispiel lieber auf die Zunge, anstatt auf Tante Hannahs merkwürdige politische Statements zu reagieren. Auch verkürzt er selbstverständlich den lang ersehnten und benötigten Sommerurlaub, um auf dem Geburtstag seiner Tante anwesend sein zu können.

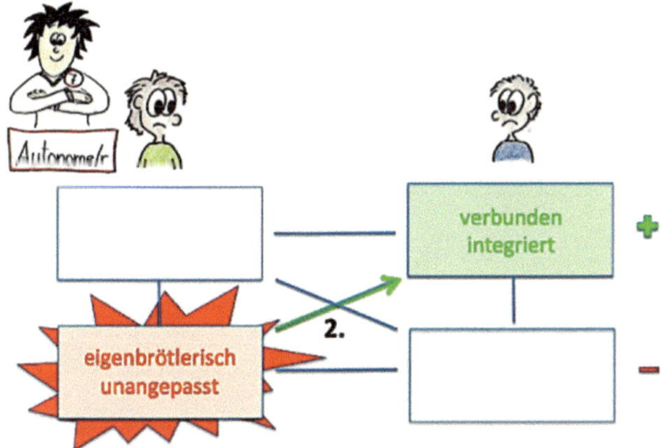

Im dritten Schritt wird das »zu viel des Guten« für die eigenen Werte gesucht. Ist man einseitig mit nur einer Seite zweier Schwesterntugenden identifiziert, droht die Gefahr, nach unten abzurutschen. Was ist für Sie »zu viel des Guten«? Wohin drohen Sie abzurutschen? Schreiben Sie dies in das Kästchen unten rechts.

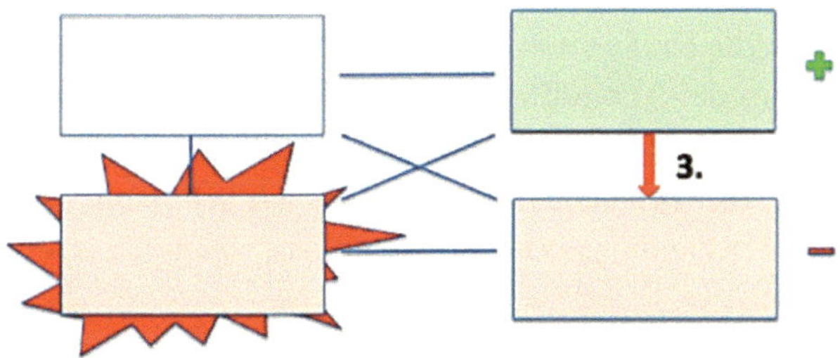

Wenn Linas Vater immer nur nach den anderen schaut und nie den Mund aufmacht, kann es passieren, dass der eigentliche Wert, also die Fähigkeit sich zu verbinden und zu integrieren, in abhängiges und opportunistisches Verhalten umschlägt. Die Mutter von Lina streitet manchmal mit ihm wegen seines Verhaltens. Sie regt sich über ihn auf, weil sie findet, dass er nicht immer alles hinnehmen sollte. Sie fände es gut, wenn er manchmal »den Mund aufmachen« würde, um sich zu positionieren. Außerdem ist sie genervt, weil der Sommerurlaub wegen des Geburtstags der Tante, die sie sowieso nicht mag, kürzer ausfällt. Sie findet, dass man nicht bei jedem Geburtstag dabei sein muss. Zudem ist der Geburtstag von Tante Hannah »noch nicht einmal ein runder«.

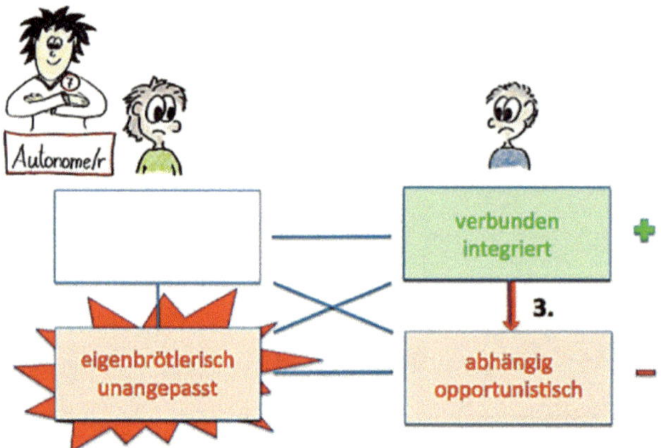

Im letzten Schritt geht es darum, sich zu fragen, welches das positive Gegenteil von der eigenen Übertreibung ist. Da es schwierig ist, dies abstrakt zu verstehen, wenden wir uns gleich dem Beispiel von Lina zu: Was muss ein Mensch lernen, der zu opportunistisch und abhängig ist? Welche Eigenschaften muss der Vater entwickeln? Was täte ihm gut? Seine Frau könnte an dieser Stelle wahrscheinlich sofort formulieren, was sie sich von ihrem Partner wünscht: Dass er bezogen auf seine Herkunftsfamilie eigenständiger und unabhängiger sein sollte. Der Pfeil in der Abbildung zeigt die Entwicklungsrichtung des Vaters. Dieses zuletzt gebildete Kästchen, die Schwesterntugend von »verbunden« und »integriert«, ist dann schließlich das, was wir schon am Anfang gesucht haben: Das Gute beziehungsweise die Ressource, die in dem Verhalten liegt, das Lina zeigt.

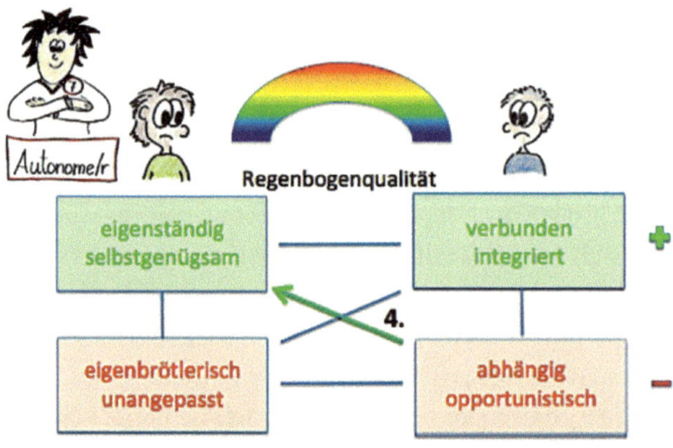

Wenn man mithilfe des Werte- und Entwicklungsquadrates auf das Beispiel schaut, könnte man Lina sozusagen als kleine Entwicklungshelferin für ihren Vater begreifen. Was er für sich entwickeln müsste, steht ihr schon zur Verfügung – allerdings in einer übertriebenen und somit »abgerutschten« Ausprägung. Was das Kind wiederum lernen müsste, ist das, was ihr Vater verkörpert.

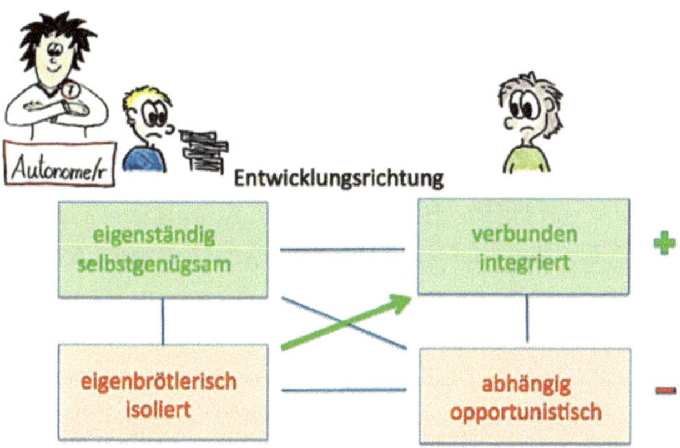

Die Entwicklungsrichtungen des Vaters und Linas überkreuzen sich. Wie im ersten Kapitel »Das Kind verstehen« beschrieben, hat das Mädchen gute Gründe dafür, dass ihre Autonome so stark agiert. Deshalb ist eine Veränderung an dieser Stelle eine eher langfristige Angelegenheit. Dabei ist die Sichtweise der Eltern auf das von der Autonomen angetriebene Verhalten entscheidend. Wenn es gelingt, eine Stärke in Linas Verhalten zu sehen sowie ihren »historischen« Kontext zu erkennen und es zu würdigen, kann sich auf lange Sicht etwas Neues entwickeln. Es ist wesentlich, dass der Vater den eigenen Anteil an seiner inneren Reaktion versteht und bearbeitet. Ansonsten wird er durch heftige Gefühle unter Umständen nur wenig hilfreich oder sogar destruktiv auf seine Tochter einwirken können.

3.5 Das Riemann-Thomann-Modell

Menschen sind verschieden, das weiß jeder. Trotzdem reagieren wir häufig überrascht, wenn jemand nicht so handelt, wie wir es erwartet hätten. Aber das, was einem selbst guttut, ist für einen anderen vielleicht unerträglich, sodass wir es mit sehr unterschiedlichen Wahrnehmungen zu tun bekommen – dies werden

Sie mitunter auch mit Ihrem Kind erleben. Anhand des Riemann-Thomann-Modells lassen sich die Unterschiedlichkeit der Menschen und ihrer Bedürfnisse beschreiben. Nach diesem Modell hat jeder Mensch ein Gemisch aus vier Grundbedürfnissen, die in ihrer Stärke variieren. Die daraus resultierende Unterschiedlichkeit kann im Kontakt Unverständnis und Konflikte verursachen. In schwierigen Momenten mit Ihrem Kind ist es unter Umständen sehr hilfreich, sich selbst in seinen Grundbedürfnissen zu kennen und gleichzeitig die Bedürfnisse des Kindes zu sehen und zu verstehen.

Das Riemann-Thomann-Modell geht ursprünglich auf den Psychoanalytiker Fritz Riemann (1991) zurück, der ausgehend von den Grundängsten menschlicher Existenz eine Charakterkunde entwickelt hat, die aus vier verschiedenen Persönlichkeitstypen besteht. Diese Typologie wurde von Christoph Thomann (1998) modifiziert, um sie für die Klärung von Konflikten in beruflichen Kontexten zu nutzen. Statt wie bei Riemann die Menschen nach ihren vier Grundängsten zu unterscheiden, orientiert sich das Riemann-Thomann-Modell an den Grundbedürfnissen des Menschen nach Nähe, Distanz, Dauer und Wechsel (S. 219 ff.). Diese vier Grundbedürfnisse, auch Grundstrebungen genannt, werden im Riemann-Thomann-Modell grafisch als Pole in einem Achsenkreuz dargestellt. Der Kreuzpunkt der Achsen ergibt den Nullpunkt. Von dort aus nimmt die Intensität jedes Grundbedürfnisses nach außen hin zu. In der Horizontalen (»Raumachse«) steht das Bedürfnis nach Nähe dem Bedürfnis nach Distanz gegenüber. Menschen nehmen ihre Umwelt räumlich wahr, weswegen sie wählen können oder müssen: »Wollen wir den uns umgebenden Menschen nahe sein, oder gehen wir auf Distanz?« (Stahl, 2007, S. 226). In der Senkrechten (»Zeitachse«) findet man an den Enden das Gegensatzpaar »Dauer« und »Wechsel«. Menschen »leben im Fluss der Zeit und sind Veränderungen unterworfen«. Sie werden älter, passen ihre Bedürfnisse, Haltungen und Wertvorstellungen an. Daraus ergibt sich die Frage: »Wollen wir uns selbst, unsere Umgebung und unsere Beziehungen angesichts des stetigen Veränderungsdruckes absichern, planen, ordnen und bewahren oder sie ungefiltert auf uns zukommen lassen und uns ihnen hingeben?« (S. 227 f.). Raum und Zeit sind also grundlegende Kriterien, in denen sich Menschen im Umgang miteinander unterscheiden.

Obwohl jeder Mensch alle vier verschiedenen menschlichen Grundausrichtungen in sich trägt, werden im zwischenmenschlichen Kontakt oft nur ein oder zwei davon aktiviert und sichtbar. Welches der Grundbedürfnisse jeweils in einem Menschen aktiviert wird, ist abhängig von der eigenen Persönlichkeit, der jeweiligen Situation, der Biografie und zugleich auch von der Persön-

lichkeit des Gegenübers. Wenn ein Mensch ein großes Bedürfnis nach Nähe hat und auf einen Menschen trifft, der ein noch größeres Bedürfnis danach hat, wird er sich im Kontakt mit diesem Menschen plötzlich auf der Seite der Distanz wiederfinden. Das Koordinatenkreuz schiebt sich gewissermaßen zwischen die beiden. Das Modell ist somit ein relatives, da unser Nähe-, Distanz-, Dauer- oder Wechselbedürfnis jeweils relativ zu einem anderen Menschen betrachtet größer oder kleiner ist.

Wenn wir mit Menschen zu tun haben, die sich sehr von unserer Grundausrichtung bezüglich der vier Bedürfnisse unterscheiden, erscheinen uns diese oft unerklärlich, andersartig oder komisch. Im Konfliktfall wird daraus dann vielleicht sogar ein »bösartig«. Im zwischenmenschlichen Kontakt müssen wir lernen, mit diesen Unterschieden umzugehen. Dazu muss man die vier Tendenzen zunächst als gleichwertig, gleichermaßen akzeptabel und legitim bewerten können. Weil die Andersartigkeit des anderen die eigenen Grundbedürfnisse bedroht, ist eine solche »Werte-Offenheit« oftmals eine Herausforderung und erfordert echte Toleranz.

Bevor ich mich den Dynamiken widme, die sich daraus eventuell bei Ihrem Kind ergeben, beschreibe ich zunächst die vier Grundstrebungen nach Thomann (1998, S. 220 ff.):

■ Nähe

Für Menschen, die ein starkes Bedürfnis nach Nähe haben, sind folgende Faktoren wichtig:

- Nähe und Kontakt zu anderen Menschen
- Vertrauen
- Bindung
- Zuneigung und Sympathie
- Mitmenschlichkeit
- Geborgenheit
- Zärtlichkeit
- menschliche Wärme

Menschen mit einer hohen Ausprägung in diesem Bereich können sich gut auf andere einlassen und sind ideale Teamplayer. Sie sorgen sich um das Gemeinwohl, sind selbstlos und tragen viel dazu bei, dass alles harmonisch abläuft und für ihre Mitmenschen gesorgt ist. Sie möchten lieben und geliebt werden, sind sozial interessiert und kontaktfähig. Sie zeigen Verständnis und haben keine Probleme mit Akzeptanz. Ihnen fällt es jedoch schwer, ist, allein zu sein und Konflikte auszutragen, denn jede Auseinandersetzung birgt die Gefahr der Trennung. Somit laufen Menschen mit einem großen Bedürfnis nach Nähe »Gefahr, abhängig sein zu wollen« (Thomann, 1998, S. 220). Sie wollen allen gefallen und können sich nur schwer abgrenzen. Sie sehen sich schnell als Opfer ihrer Mitmenschen.

■ Distanz

Menschen, die ein starkes Bedürfnis nach Distanz haben, unterscheiden sich grundlegend von der eben genannten Gruppe. Ihnen sind folgende Dinge besonders wichtig:

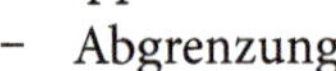

- Abgrenzung
- Eigenständigkeit und Autonomie
- Individualität
- Freiheit und Unabhängigkeit
- Unverwechselbarkeit
- Intellekt
- klare Erkenntnis und Unbeeinflussbarkeit

Menschen mit einer hohen Ausprägung in diesem Bereich machen den Eindruck, als würden sie niemanden brauchen. Sie suchen Abstand, lassen Gefühle nur begrenzt zu und »versachlichen oft Zwischenmenschliches und Gefühle«. Sie wirken oft »kühl« und »vernunftbetont«. Diese Menschen »können und mögen sich erst einlassen, wenn die Abgrenzung, die Distanz, der Rückzug, die Freiheit und ihre Individualität gewahrt, ja garantiert sind. Sie wollen auf niemanden angewiesen sein. Sie sind intellektuell, entscheidungsfähig und konfliktbereit, denn sie haben keine Angst vor Trennung und »können ›nein‹ sagen«. Oft wirken sie »kontaktscheu«, »unbeholfen in Nahkontakten und im emotionalen Bereich« (Thomann, 1998, S. 220 f.).

■ Dauer

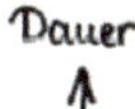

Für Menschen, denen Dauer sehr wichtig ist, sind folgende Aspekte wichtig:

- Zuverlässigkeit, Verbindlichkeit und Pünktlichkeit
- Wille und Beherrschung
- Verantwortung und Pflicht
- Planung, Ziele, Konzepte und Voraussicht
- Vorsicht
- Langfristigkeit und Kontinuität
- System und Ordnung
- Sparsamkeit und Beachtung von Zeit und Geld
- An etwas festhalten und im Griff haben
- Grundsätze, Regeln und Gesetze
- Kontrolle und Konsequenzen
- Denken und Stabilität

Menschen mit einer hohen Ausprägung in diesem Bereich sind »verlässlich, systematisch, ordentlich, gründlich, haben ein Organisationstalent, […] sind prinzipientreu, aber auch etwas unflexibel, langweilig, pedantisch, starr und manchmal auch im negativen Sinne kontrollierend« (Thomann, 1998, S. 221).

■ Wechsel

Für Menschen, die ein großes Bedürfnis nach Wechsel haben, sind wichtig:

- Abwechslung und Abenteuer
- den Rahmen sprengen und den Augenblick genießen
- Leidenschaft, Begehren und Begeisterung
- Temperament und Charme
- Fantasie, Kreativität und Ideenreichtum
- Flexibilität, Spontaneität und Improvisation

- Risiko und Dramatik
- Unverbindlichkeit und Wandel

Menschen mit einer hohen Ausprägung in diesem Bereich sind neugierig und lebensbejahend. Wichtig sind ihnen das Hier und Jetzt und Spontaneität. Alles, was mit Planung und Kontrolle zu tun hat, ist ihnen ein »Graus«. Auch Freiwilligkeit ist ihnen ein wichtiger Wert, denn sie fühlen sich schnell festgenagelt und eingeengt. Diese Menschen sind »kreativ, einfallsreich, spontan, bunt, unterhaltsam, charmant und haben ein Improvisationstalent«. Auf der anderen Seite neigen sie zu Unzuverlässigkeit, Unpünktlichkeit und Unordnung. Sie tendieren dazu, »chaotisch« und »unsystematisch« zu sein und bevorzugen es, zu flüchten, anstatt sich Dingen zu stellen und sie auszuhalten (Thomann, 1998, S. 222).

Nun kommen wir zur *Selbsteinschätzung:* Wo Sie sich selbst im Riemann-Thomann-Kreuz von Raum- und Zeitachse einordnen, ist abhängig von Ihrer Charakterstruktur, der aktuellen Situation, Ihrer Biografie und vom jeweiligen Gegenüber. Insofern gibt es in dem Koordinatensystem keinen absoluten Punkt, an dem Sie sich verorten, sondern ein sogenanntes »Heimatgebiet«. Dieses könnte zum Beispiel wie unten dargestellt aussehen. Es ist der

individuelle Toleranzbereich eines Menschen, ein Bereich innerhalb dessen er sich wohl und sicher im Hinblick auf seine Vorlieben und Bedürfnisse fühlt. Die Randbereiche dieses Gebietes erlebt er als gerade noch verkraftbar (Stahl, 2007, S. 235).

Eine Person mit dem im Bild auf Seite 162 gezeigten Heimatgebiet hätte in ihren Grundbedürfnissen eine starke Ausprägung in Richtung Nähe und Dauer, wobei sie manchmal auch ein bisschen Wechsel und Distanz zulässt. Da das Heimatgebiet die Komfortzone ist, das heißt der Bereich, in dem es der Person gut geht und sie sich wohl fühlt, wäre es für diese zum Beispiel wunderbar, in einer festen und langjährigen Beziehung zu leben, vielleicht sogar verheiratet zu sein. Die Wohnung dieser Person wäre ordentlich und aufgeräumt, die Urlaube für das kommende Jahr wären festgelegt und gebucht. Mit Freude wird das kommende Wochenende erwartet, für das mehrere schöne Ereignisse mit lieben Menschen geplant sind. Für den Grillabend mit Freunden ist schon eingekauft und die Rezepte für die Salate sind griffbereit. Auch die Mitbringsel für die anderen Einladungen sind bereits besorgt und liegen schön eingepackt auf der Kommode.

Bitte nehmen Sie sich an dieser Stelle ein wenig Zeit, um sich selbst einzuschätzen. Eine spannende Sache ist, diese Selbsteinschätzung gemeinsam mit Ihrem Partner oder Ihrer Partnerin durchzuführen. So haben Sie die Möglichkeit, sich nach Ihrer eigenen Einschätzung dessen oder deren Rückmeldung anzuhören und zu erfahren, wie er oder sie Sie sieht und umgekehrt.

Nehmen Sie ein Stück Papier und zeichnen Sie ein Kreuz darauf (in etwa so, wie bei der letzten Abbildung). Falls Sie diesen Schritt gemeinsam machen, schätzen Sie sich zunächst unabhängig voneinander ein, jeder für sich! Überlegen Sie, wie stark Sie die Ausprägung der jeweiligen Strebung bei sich wahrnehmen. Je ausgeprägter diese ist, desto weiter außen landet Ihr Kreuzchen auf der jeweiligen Achse. Anschließend verbinden Sie die Kreuze zu einem Kreis. Das, was Sie jetzt vor sich haben, ist Ihr »Heimatgebiet«.

Wenn Sie die Selbsteinschätzung parallel zu Ihrem Partner oder Ihrer Partnerin durchgeführt haben, dann zeigen Sie ihm oder ihr das Ergebnis aber noch nicht! Bitten Sie Ihren Partner oder Ihre Partnerin vorher, auch für Sie ein Heimatgebiet aufzuzeichnen und umgekehrt.

Erklären Sie sich nun gegenseitig, wie Sie zu Ihrer Einschätzung gekommen sind. Abschließend können Sie Ihre eigene Einschätzung herausholen und vergleichen.

Nachdem Sie und vielleicht auch Ihr Partner oder Ihre Partnerin sich im Riemann-Thomann-Kreuz verortet haben, werden wir nun vertiefen, welche Dynamiken sich zwischen Ihnen und Ihrem Kind entwickeln können. Doch

bevor wir dazu kommen, werfen wir noch einmal einen Blick auf das typische Innere Team eines Adoptiv- und Pflegekindes:

Drei Teammitglieder des Kindes laden besonders dazu ein, sich im Riemann-Thomann-Kreuz in eine ungünstige Dynamik zu verstricken: Der Autonome, der Bestimmer und der Genießer im Hier und Jetzt. Während der Autonome das Bedürfnis nach Distanz auf der Raumachse vertritt, sind die beiden anderen auf der Zeitachse zu finden. Dabei vertritt der Bestimmer das Bedürfnis nach Dauer, während der Genießer im Hier und Jetzt stark das Bedürfnis nach Wechsel einfordert. Als nächstes werden wir exemplarisch verschiedene Dynamiken auf beiden Achsen des Riemann-Thomann-Kreuzes betrachten.

Mögliche Eltern-Kind-Dynamik (Nähe-Distanz-Raumachse)

Was hat Ihre Selbsteinschätzung ergeben? Wie steht es um Ihre Ausprägung im Bereich Nähe? Falls diese eher stark sein sollte, werden Sie innerlich besonders darauf reagieren, wenn sich in Ihrem Kind der Autonome zeigt. Dieses Teammitglied kann Konflikte sehr gut aushalten, denn es geht um Auseinandersetzung. Und wenn man das Wort »Auseinandersetzung« wörtlich nimmt, geht es darum, sich »auseinander zu setzen«, sich zu positionieren und auszuhalten, dass der Gegenpart eventuell eine andere Meinung hat, was sich wiederum trennend anfühlt. Außerdem geht man mit jedem Konflikt das Risiko ein, sich wirklich zu trennen, zumindest für eine gewisse Zeit. Um das zu können, müssen Sie in der Lage sein, Alleinsein auszuhalten. Genau das fällt einem Menschen mit einem hohen Bedürfnis nach Nähe aber schwer, denn Streit und schlechte Stimmung machen ihm Angst. Lieber steckt er zurück, um den Haussegen aufrechtzuerhalten. Überprüfen Sie, ob sich in Ihrem Inneren Team ein kleines »Harmoniemonster« versteckt. Dann könnte Ihnen etwas Ähnliches drohen wie Bennys Vater in folgendem Fallbeispiel.

Benny und sein Vater haben sich gestritten und nun herrscht schlechte Stimmung. Der Junge zieht sich in sein Zimmer zurück und knallt die Tür zu. Wenn das innere Harmoniemonster des Vaters jetzt das Zepter übernimmt, macht ihm die Situation sehr zu schaffen. Er kann die Trennung nicht aushalten, sie macht ihm Angst und er versucht alles, um in Kontakt zu kommen und die Harmonie wiederherzustellen. So geht er vielleicht Kompromisse ein, die sich langfristig als nicht tragbar erweisen. Oder er rückt seinem Sohn so sehr auf die Pelle, dass der Autonome in Bennys Team sich noch stärker bedrängt fühlt und er sich weiter zurückzieht.

Dieses Phänomen nennt man »Polarisierung«. Ursprünglich hatten beide Parteien beide Bedürfnisse in sich, sowohl das Bedürfnis nach Nähe und Kontakt als auch das nach Distanz und Alleinsein. Indem der Vater dieses eine Bedürfnis (in diesem Fall nach Nähe) besetzt, spürt Benny in sich nur noch das andere (das nach Distanz).

Hinzu kommt, dass das Kind sehr feine Antennen hat (»Situationschecker«) und spürt, dass der Vater nicht mehr souverän ist. Das bestärkt wiederum den Autonomen auf der Bühne des Kindes. Dieser spürt seine Macht und genießt sie! Er spielt das Spiel gerne mit. Für den Vater kann sich dies so anfühlen, als ließe das Kind ihn am ausgetreckten Arm verhungern.

Aber es kann auch andersrum laufen. Wenn der Autonome im Inneren Team des Kindes gerade nicht aktiv ist, ist dessen Bedürfnis nach Nähe unter Umständen größer als das des Elternteils. Dies zeigt zum Beispiel der Fall von Janina, auf den ich an dieser Stelle noch einmal zurückkommen möchte (siehe Abschnitt 3.3).

Das abendliche Zubettgehen der fünf Jahre alten Janina hat sich in den letzten Wochen zu einem regelmäßigen Drama erschöpfenden Ausmaßes für sie und ihren Vater entwickelt. Das Mädchen will einfach nicht einschlafen und auch nicht still in ihrem Bett liegen bleiben und zur Ruhe kommen. Nach dem Vorlesen, Gute-Nacht-Sagen usw., sorgt sie erfindungsreich dafür, dass auch ihre Eltern nicht abschalten können. Entweder ruft sie diese herbei und erklärt, dass sie noch gar nicht müde sei, sie unbedingt noch etwas trinken oder noch einmal auf die Toilette müsse oder sie steht heimlich auf, schleicht sich ins Wohnzimmer und fängt an, etwas zu malen oder zu spielen. Ihr Vater, der für das abendliche Bettritual zuständig ist, ist zunehmend erschöpft und so genervt von ihrem Verhalten, dass ihm immer häufiger »der Kragen platzt«. Dann endet der Abend mit lautem Geschimpfe seinerseits und Tränen von Janina. Bis sich dann alles wieder beruhigt hat und das Mädchen endlich einschläft, ist der Abend »gelaufen«.

In diesem Beispiel befindet sich der Vater auf der Raumachse stärker in der Distanz als Janina. Das Mädchen fühlt sich von ihm allein gelassen und sucht nach Kontakt und Nähe. Aber je mehr sie ihrem Bedürfnis nachkommt und Nähe einfordert, desto deutlicher fühlt sich ihr Vater bedrängt. Sein Wunsch nach Distanz steigt. Die beiden finden sich in einem Teufelskreis wieder.

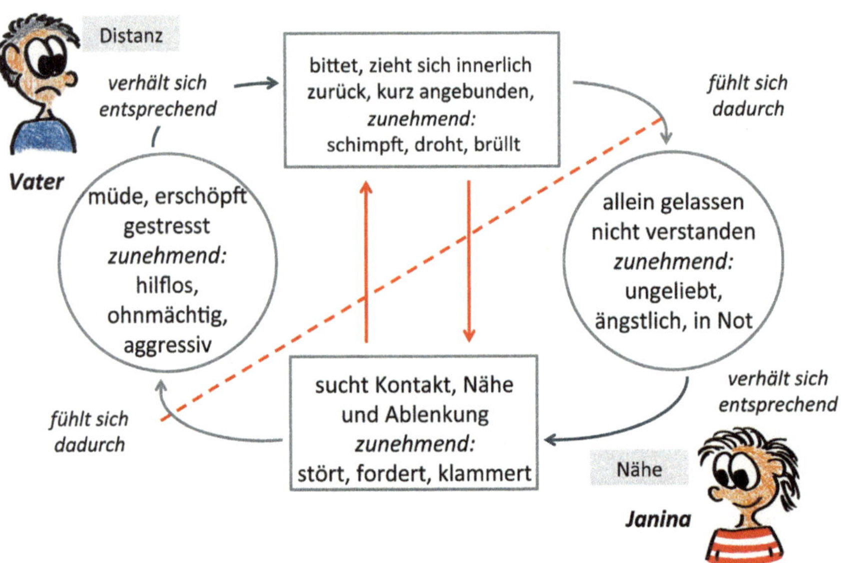

Um aus dem Teufelskreis wieder herauszukommen, wäre es hilfreich, wenn der Vater, der als Erwachsener die Fähigkeit hat, steuernd einzugreifen, sich fragt, wie er dem Bedürfnis von Janina nachkommen kann, ohne dass er selbst zu sehr auf die eigenen Wünsche verzichten muss. Um eine gute Lösung zu entwickeln, braucht es dabei manchmal kreative Ideen. Vielleicht könnte die Mutter das abendliche Bettritual zum Teil übernehmen. Vielleicht darf Janina noch ein wenig im Wohnzimmer dabei sein und ruhig für sich allein spielen oder malen bis sie so müde ist, dass sie schnell einschläft. Vielleicht setzt sich der Vater ins Kinderzimmer und liest dort seine Zeitung. Eine gute Lösung muss individuell gefunden werden. Manchmal muss man dabei in den sauren Apfel beißen und die eigenen Bedürfnisse in Maßen opfern. Dafür entspannt sich die Situation bei einer guten Lösung schnell und der ewige Kampf ist vorbei.

Mögliche Eltern-Kind-Dynamik (Dauer-Wechsel-Zeitachse)

Egal wie stark Ihre Ausprägung in Richtung Wechsel ist, höchstwahrscheinlich wird die Ihres Kindes noch deutlich höher sein! Dies hängt damit zusammen, dass Erwachsene aufgrund ihrer Sozialisierung, ihren Verpflichtungen im Beruf und ihrer Verantwortung für das eigene Leben und das ihrer Familie eine höhere Ausprägung im Bereich Dauer entwickeln mussten. Unsere Gesellschaft ist leistungsorientiert, es gilt, im Job zu funktionieren, das Leben ist eng getaktet, das Hamsterrad dreht sich unermüdlich. Es bleibt häufig nicht viel Raum für ein genussvolles Leben im Hier und Jetzt. Immer steht etwas an, gibt es einen Termin, muss etwas erledigt werden. Im Vergleich dazu lebt das Kind in einem geschützten Rahmen, in dem es noch viel freier sein kann, sein Gefühl für Zeit erst noch entwickeln muss und noch keine Verantwortung trägt. Das ist das Schöne an der Kindheit: Im Augenblick verweilen zu können, sich ganz einer Tätigkeit hinzugeben, ohne an die Konsequenzen oder einen Zeitplan denken zu müssen! Zusätzlich hat Ihr Kind durch sein besonderes Schicksal ein Teammitglied entwickelt, das die Ausprägung im Bereich Wechsel besonders stark hervortreten lässt: Die Genießerin im Hier und Jetzt (siehe Abschnitt 1.4). Adoptiv- und Pflegeeltern spüren deshalb bei ihrem Kind oftmals eine starke Tendenz in Richtung Wechsel.

Da die Ausprägung des Kindes immer relativ zur eigenen erlebt wird, passiert Folgendes: Sie werden sich im Verhältnis zu Ihrem Kind in der Regel in der Dauer wiederfinden. Wenn Sie ihr Kind als unzuverlässig, unpünktlich, unordentlich und chaotisch wahrnehmen, werden Sie immer wieder für die Dauer typische Werte wie Ordnung, Pünktlichkeit oder Verlässlichkeit von ihm einfordern. Es hängt von Ihrer inneren Aufstellung ab (siehe Kapitel 2), inwieweit Sie das Genießen im Hier und Jetzt zulassen können und sich selbst Phasen erlauben, in denen Sie einmal nicht funktionieren müssen, die Seele baumeln lassen und im Augenblick leben können. Je weniger Sie und Ihre inneren Antreiber diese Seite bei sich zulassen, desto höher ist die Gefahr der Projektion (siehe Abschnitte 2.4 und 3.4). Wenn uns das, was wir uns innerlich nicht zugestehen, in der Außenwelt begegnet, müssen wir es vehement bekämpfen! Statt Ihr Kind als Lehrmeisterin zu begreifen, die uns dazu anregt, ab und zu im Moment zu leben, müssen Sie die Genießerin im Hier und Jetzt als Teammitglied des Kindes bekämpfen. Das könnte dann ungefähr so klingen: »Ich will, dass du jetzt die Hausaufgaben erledigst – und zwar sofort!« oder »In zwanzig

Minuten ist dein Zimmer aufgeräumt und zwar hopp, hopp!« Solche Ansagen werden nicht funktionieren. Im Gegenteil. Je vehementer Sie drängen, desto stärker wird das Kind dagegenhalten. Denn neben der Genießerin im Hier und Jetzt bekommen Sie es plötzlich noch mit zwei weiteren Teammitgliedern zu tun, der Autonomen und der Bestimmerin. Die Gefahr, dass Sie in einem Teufelskreis landen, der sich spiralförmig nach unten schraubt und den Konflikt eskalieren lässt, ist sehr groß (siehe Abschnitt 3.3).

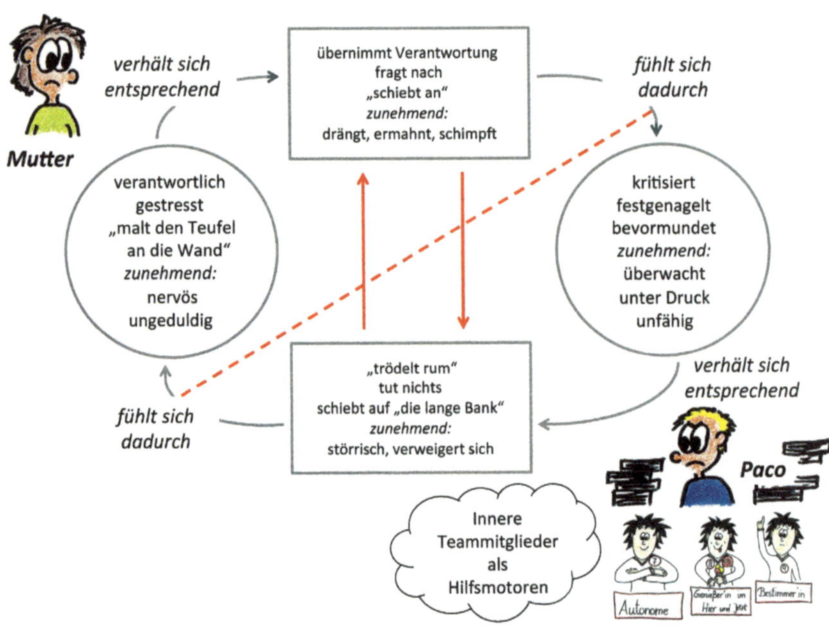

Alle Themen, die mit Ordnung und Planung zu tun haben, sind tendenziell dem Grundbedürfnis der »Dauer« zuzuordnen. Dazu gehören beispielsweise aufräumen, Absprachen einhalten, pünktlich sein oder alltägliche Plichten erledigen. In diesen Fällen wird in der Regel die Genießerin im Hier und Jetzt Ihres Kindes aktiv. Dieses Teammitglied ist ein mächtiger Vertreter des Wechsels. Ist es auf der inneren Bühne im Vordergrund, geht es darum, den Augenblick zu spüren. Sie werden es dann schwer haben, Pläne zu machen oder Ihr Kind dazu zu bewegen, Termine wahrzunehmen. Und je mehr Druck Sie diesem Teammitglied in Ihrem Kind machen, desto stärker wird Ihnen der Gegenwind entgegenblasen. Ihr Kind wird nicht mitmachen, sabotieren, extra trödeln oder Dramen veranstalten.

Die Bestimmerin ist auch auf der Zeitachse zu finden, allerdings vertritt sie die Ausrichtung »Dauer«. Dieses Teammitglied will alles kontrollieren und sich auf nichts einlassen, das nicht seinem eigenen Plan entspricht. Auch hier droht eine ungünstige Dynamik. Je mehr Sie versuchen, ihm die Zügel aus der Hand zu nehmen, desto stärker wird Ihr Kind dagegen ankämpfen. Diese Dynamik wurde schon in dem Beispiel von Lucas deutlich (siehe Abschnitt 1.6).

Der sechs Jahre alte Lucas darf seine Lieblingssendung im Fernsehen bis zum Ende anschauen, obwohl es schon spät ist. Seine Eltern hatten vorher mit ihm abgesprochen, dass es danach sofort ins Bett geht. Als die Sendung vorbei ist, schnappt sich Lucas plötzlich die Fernbedienung, zappt sich durch die Programme und bleibt an einer Dokumentation über Vulkane hängen. Auch nach mehrfacher Bitte der Mutter macht er den Fernseher nicht aus und hält die Fernbedienung mit aller Kraft fest.

Hier ist Kreativität gefragt, um die Situation elegant und mit einer guten Lösung zu beenden. Lucas die Fernbedienung aus der Hand zu reißen, wäre vielleicht der erste Impuls der Mutter, aber keine gute Lösung. Wie kann diese Situation beendet werden, ohne dass sie eskaliert? Ein lohnenswerter Versuch wäre es, mit dem Bestimmer in dem Jungen zu kooperieren. So könnte die Mutter zum Beispiel Lucas ansprechen und mit ihm darüber verhandeln, wie lange er die Sendung noch schaut und wann genau er die Fernbedienung wieder abgeben soll.

3.6 Umgang mit Konflikten

Viele Eltern betrachten den Konflikt mit ihrem Kind unter dem Aspekt von »Sieg« und »Niederlage« (Gordon, 2012). Eine auf diesen Aspekt reduzierte Sichtweise ist sowohl für das Kind als auch für die Eltern-Kind-Beziehung schädlich. Entsprechend dieser Sichtweise können die Eltern zwar einen Sieg erringen, wenn sie die Unterwerfung des Kindes durch Einsatz von Macht und Autorität erzwingen. Aber Mütter und Väter, die sich dieser Methode bedienen, zahlen einen hohen Preis dafür. Der Einsatz von Macht auf der einen Seite löst in der Regel ein Gefühl von Ohnmacht auf der anderen Seite aus. Gerade bei traumatisierten Kindern, die zum Beispiel erlebt haben, wie es ist, durch Misshandlungen oder Missbrauch ihren leiblichen Eltern ausgeliefert zu sein, kann dieses Gefühl von Ohnmacht alte Erfahrungen triggern. Dadurch werden unter Umständen das gebrannte Kind und der Überlebenskämpfer aktiviert. Mit diesen Teammitgliedern bekommen die Eltern es dann zu tun. Hinzu kommt, dass das Kind nicht motiviert sein wird, eine aufgezwungene Lösung umzusetzen. So müssen die Eltern in der Regel viel Zeit damit verbringen, ihre Entscheidung durchzusetzen. Sie müssen permanent kontrollieren, ob das Kind ihre Anordnungen ausführt. Sie müssen herumnörgeln, erinnern und antreiben. Außerdem bekommt das Kind keine Gelegenheit, Selbstdisziplin zu lernen und so ein von innen gesteuertes und verantwortungsvolles Verhalten zu entwickeln.

Bei einer Niederlage der Eltern gewinnt das Kind. Es spielt seine Macht aus und die Eltern kapitulieren. Auch hierbei zahlen diese einen hohen Preis. Sie leiden unter einem Kind, das ständig seinen Willen durchsetzt. Das kann so weit gehen, dass sie es nicht gerne um sich haben. Kindern, die aus Konflikten immer wieder als Gewinner hervorgehen, steht ein Schock bevor, sobald sie die Welt der Schule betreten. Einige Lehrer und Lehrerinnen sind darin geschult, Konflikte durch Autorität und Macht zu bewältigen. Die Kinder werden ihnen unterliegen und sich selbst als Verlierer sehen.

Thomas Gordon (2012), einer der Pioniere der Humanistischen Psychologie, hat in seiner Arbeit mit Kindern und Jugendlichen die Erfahrung gemacht, dass Menschen, die in einem fürsorglichen und freiheitlichen Klima aufwachsen, in hohem Maße befähigt werden, Verantwortung zu übernehmen und ein selbstbestimmtes, erfülltes Leben zu führen. Gordon weist auf die große Bedeutung der Kommunikation und gewaltfreien Konfliktlösung für die zwischenmenschliche Beziehung hin. Er entwickelte hierzu in den siebziger Jahren die »Familienkonferenz«, eine im Alltag gut anwendbare Methode, die bis heute nicht an Gültigkeit verloren hat.

Die Familienkonferenz bietet eine Alternative zur Sichtweise von Sieg und Niederlage. Sie ist die »niederlagenlose« Methode der Konfliktbewältigung, bei der keiner unterliegt. Diese Methode macht sich das Prinzip der Mitbestimmung zunutze und erhöht die Motivation des Kindes, einen gemeinsam gefassten Beschluss umzusetzen. Wenn es in die Lösungssuche einbezogen wird, wird es die Kompetenz entwickeln, mit Konflikten konstruktiv umzugehen. Gefühle von »Feindseligkeit« weichen und machen der gegenseitigen »Zuneigung« Platz. Die Familienkonferenz ist ein Vorgehen, das nach Gordon in sechs Schritten erfolgt (2012, S. 278):

1. Den Konflikt identifizieren und definieren.
2. Gemeinsam mögliche Alternativlösungen entwickeln.
3. Gemeinsam die Alternativlösungen kritisch bewerten.

4. Sich zusammen für die beste annehmbare Lösung entscheiden.
5. Die Entscheidung ausführen.
6. Gemeinsame nachfolgende kritische Bewertung.

Für eine Vertiefung empfehle ich das gleichnamige Buch »Familienkonferenz« von Thomas Gordon. Dort wird diese Methode ausführlich und mit anschaulichen Beispielen beschrieben.

Manche Eltern fühlen sich dem Dominanzstreben, der Aggression oder dem selbstzerstörerischen Potential ihres Kindes stark ausgeliefert. Dieses findet Ausdruck in Provokationen, Wutausbrüchen, riskanten und selbstzerstörerischen Aktionen, Gewalt gegen andere, sich selbst und Gegenstände, Schulabbruch und Schulschwänzen, der Neigung, aus den kleinsten Kleinigkeiten einen heftigen und unversöhnlichen Machtkampf zu machen. Wenn die Eltern in solchen Fällen das Gefühl haben, dass ihre Lösungsversuche und vielleicht sogar die Vorschläge von professionellen Beratern ins Leere laufen oder die Dinge sogar noch verschlimmern, fangen sie häufig an, zwischen nachgeben und »zurückkämpfen« zu schwanken. Doch beides kann zu weiterer Eskalation führen.

Einen Ausweg verspricht der Ansatz des gewaltlosen Widerstandes von Haim Omer und Arist von Schlippe (2016). Er besteht in dem Versuch, die Lehre des gewaltlosen Widerstandes, auf der Mahatma Gandhi seine Arbeit aufbaute, auf extreme Verhaltensweisen bei Kindern und Jugendlichen zu übertragen. Das Ziel des gewaltlosen Widerstandes besteht darin, »aus dem Kampf um Siegen und Besiegtwerden auszusteigen und stattdessen die Verbindung zum Kind wiederherzustellen und einen Zustand wiederzugewinnen, in dem die Eltern ihren Platz als Eltern und das Kind seine kindliche Rolle wieder annehmen können.« So entsteht eine »häusliche Atmosphäre, in der sich wieder Nähe und Liebe zum Kind zum Ausdruck bringen lassen« (S. 231).

Wenn Eltern versuchen, ihre Autorität mit Gewalt durchzusetzen, kann diese Konfrontation »zu verstärkten Ausschreitungen des Kindes oder zu noch extremeren Forderungen führen« (Omer u. von Schlippe, 2016, S. 230). Andererseits vermitteln sie durch Nachgiebigkeit »die Botschaft, sie seien schwach und unfähig, seinen Ausschreitungen standzuhalten«. Denn je schwächer die Eltern werden, desto »stärker und mächtiger« wird das Kind (S. 230). Bedauerlicherweise ergänzen sich diese beiden Arten der Eskalation: »Wenn die Eltern nachgiebiger werden, fühlen sie sich zunehmend frustrierter und nähern sich so immer mehr einem unkontrollierten Ausbruch. Mit dem Stärkerwerden der Wutausbrüche gegeneinander und zunehmender Verängstigung steigt die Bereitschaft der Eltern zur Kapitulation, weil sie es nicht zum Äußersten treiben wollen« (S. 230). Sie merken, dass sie völlig die Kontrolle verlieren. Unter diesen

Bedingungen verkommt das Zuhause, das ein sicherer Ort für alle Familienmitglieder sein sollte, zu einem Schlachtfeld. Das Drama dieser Situation ist, dass »Eltern in einer solchen Atmosphäre immer weniger in der Lage sind, ihre Liebe zum Kind auszudrücken oder überhaupt zu empfinden« (S. 230). Die Selbstentwerterin im Inneren Team des Kindes wird bestätigt! Die Beziehung verliert an Boden, obwohl genau diese aber die wichtigste Basis ist, um Einfluss auf das Kind zu nehmen.

Beim gewaltlosen Widerstand geht es darum, eine friedensstiftende Haltung und deeskalierende Fähigkeiten zu entwickeln. Diese erwirbt man durch regelmäßige Übung. Anfangs gelingt es vielleicht eher schlecht als recht, aber mit der Zeit wird es immer besser gelingen, eine Deeskalation herbeizuführen. Omer und von Schlippe haben für die gewalt- und aggressionsfreie Lösung von Konflikten zwei Prinzipien entwickelt, die ich hier verkürzt darstellen möchte (S. 232 ff.):

1. Sich nicht hineinziehen lassen – den Provokationen wiederstehen
»Eltern, die sich häufiger in Auseinandersetzungen mit ihren Kindern hineinziehen lassen, neigen dazu, viel zu reden, zu predigen, zu diskutieren, zu drohen, zu entschuldigen, zu rechtfertigen, zu schreien, sich zu revanchieren bis hin zu körperlicher Gewalt. Jede dieser Reaktionen bedeutet ein Hineingezogenwerden und stellt damit einen Beitrag zur Eskalation dar«. Am Ende bleiben die Eltern »wütend und erschöpft zurück, der Konflikt hat sich verschärft« (Omer u. von Schlippe, 2016, S. 233). Das Kind und sein innerer Überlebenskämpfer setzen sich durch.

Es geht bei dem ersten Prinzip also darum, sich auf keinen Fall in einen Konflikt hineinziehen zu lassen. Predigen, erklären, sich-den Mund-fusselig-reden, drohen, anschreien und debattieren – all das sollte unbedingt vermieden werden. An dieser Stelle lohnt es sich mit Hilfe der Selbstanwendung des Inneren Teams herauszufinden, wo das eigene innere Einfalltor zum Einstieg in einen Konflikt ist. Welche eigenen inneren Teammitglieder reagieren empfindlich und lassen sich verführen? Und wie kann ich dies verhindern? Sich nicht hineinziehen zu lassen, bedeutet aber nicht aufzugeben nach dem Motto: »Ach, mach' doch, was du willst!«, denn das erste Prinzip wird durch ein zweites ergänzt.

2. Das Prinzip der verzögerten Reaktion und des Schweigens
»Eine nützliche Art, unnötige Konfrontation zu vermeiden und einer Eskalation vorzubeugen, ist das Prinzip der verzögerten Reaktion: Die Vorstellung, Sie müssten unmittelbar auf jede Forderung, Beschwerde, Anschuldigung oder Provokation von Seiten Ihres Kindes reagieren, ist falsch. Es kann viel besser sein,

sich darin zu üben, die eigene Reaktion zu verzögern. Mehr noch! Nehmen Sie sich Zeit, Ihre Erwiderung zu *planen*. Wenn Sie im Zweifel sind, ist es besser, still zu bleiben und nicht zu reagieren. Schweigen gewinnt Zeit für Sie, während das äußerlich aggressive Kind, das innerlich wahrscheinlich in großer Not ist, ›seine Munition verschwendet‹« (S. 234). Wenn das Kind in diesem Zustand ist, hat wahrscheinlich die Überlebenskämpferin das Zepter übernommen und es ist nicht für eine vernünftige Ansprache zugänglich. Außerdem gilt: »Schweigen ist keine Unterwerfung. Wenn Sie wollen, können Sie Ihr Schweigen mit ein paar Worten einleiten, wie

- ›Ich mag das nicht, und ich werde darüber nachdenken‹, oder
- ›Ich finde das nicht richtig, ich komme darauf zurück!‹

Eine solche Aussage muss *ohne jede Andeutung einer Drohung* getroffen werden, sondern wie das Feststellen einer Tatsache. Wenn Sie das ein paar Mal tun, wird das Kind verstehen, dass Ihr Schweigen nicht das Ende der Angelegenheit ist, dass es also nicht gleichbedeutend mit Rückzug ist. Ihr Schweigen macht deutlich, dass Sie nicht länger bei der Einladung des Kindes zum Machtkampf mitmachen. Konstruktives Schweigen bedeutet: Sie bleiben still, aber Sie bleiben als Elternteil präsent« (S. 234).

Wenn Sie als Eltern »sich erst einmal für gewaltlosen Widerstand entschieden haben, ist es hilfreich, Ihre Absichten dem Kind auf klare Weise zu übermitteln«. Sagen Sie ihm, »dass Sie sein augenblickliches Verhalten nicht mehr hinnehmen können und dass Sie nicht länger allein bleiben, sondern die Menschen um Sie herum über die Situation informieren und um ihre Hilfe bitten werden« (Omer u. von Schlippe, 2016, S. 235). So können Sie beispielsweise gute Freunde, die Großeltern, den Patenonkel oder die Trainerin »offiziell« mit ins Boot holen, um für die Situation in ihrer Familie eine Öffentlichkeit zu schaffen.

Aus Scham vor dem Verhalten des Kindes oder aus Scham, nicht allein klarzukommen, neigen Eltern dazu, sich zurückzuziehen, wenn es schwierig wird. Dabei ist es gerade in diesen Situationen gut, sich Unterstützung zu holen (Selbstfürsorge). Wenn Sie mehrere Menschen einbeziehen, erlangen die Maßnahmen des gewaltlosen Widerstandes aufgrund der Schaffung einer öffentlichen Wahrnehmung ein viel größeres Gewicht.

Die Mitteilung, dass Sie sich im Umgang mit den für Sie schwierigen Verhaltensweisen Ihres Kindes ab sofort für den gewaltlosen Widerstand entschieden haben und jetzt nach seinen Prinzipien vorgehen wollen, »sollte zu einem relativ ruhigen Zeitpunkt gemacht werden und in einem klaren, aber keinesfalls drohenden Tonfall« vorgetragen werden. Denn »es ist besser, wenn der Elternteil, der bis zu diesem Zeitpunkt eine eher nachgiebige Haltung gegenüber dem Kind eingenommen hat, die Ankündigung ausspricht« (Omer u. von Schlippe, 2016, S. 236). Starten Sie mit einer »kleine[n] Anzahl von Verhaltensweisen, die für Sie überhaupt nicht akzeptabel sind« und benutzen Sie »dabei eher eine Sprache ›objektiver Tatsachen‹ als eine verurteilende oder bewertende Aussage« (S. 237).

Falls Sie Interesse an diesem Vorgehen entwickelt haben, können sie sich von den Büchern »Autorität durch Beziehung« und »Autorität ohne Gewalt« von Haim Omer und Arist von Schlippe weiter anregen lassen. Hier wird die Praxis des gewaltlosen Widerstands in der Erziehung ausführlich mit anschaulichen Beispielen beschrieben.

Zu guter Letzt

Fertig. Punkt! Jetzt habe ich alles aufgeschrieben, was sich in den letzten Jahren in mir angesammelt und verdichtet hat. Ich hatte das große Glück, durch meinen Beruf als Kommunikationspsychologin für meine Rolle als Adoptivmutter schon relativ gut ausgerüstet zu sein. Es war mir ein Anliegen, all das, was mir im Zusammenleben mit Adoptiv- und Pflegekindern wichtig erscheint, und das, was ich schon zur Verfügung hatte, aber auch das, was durch die Auseinandersetzung mit diesem Thema in den letzten Jahren entstanden ist, anderen betroffenen Eltern mitzugeben. Ich würde mich sehr freuen, wenn sich die eine oder andere Textpassage für Sie als hilfreich und unterstützend erweist.

Mir liegen die Kinder sehr am Herzen. Ich habe im Laufe der Zeit so viele tolle von ihnen kennengelernt! Trotz ihrer meist schweren Geschichte leben sie ihr Leben oftmals sehr fröhlich, lebendig und kreativ und meistern ihr Schicksal auf ihre individuelle Art. Diese geht nicht immer konform mit gesellschaftlichen Normen. Daher brauchen sie die besondere Unterstützung von liebe- und verständnisvollen Eltern, um ihr individuelles Potential aufblühen zu lassen und ein glückliches Leben führen zu können. Wenn diese Kinder sich in ihrer tiefsten Not gesehen und verstanden fühlen, ist Veränderung möglich.

Und mir liegen auch die Eltern sehr am Herzen. Über die Jahre hinweg habe ich so viele großartige Mütter und Väter kennengelernt! Eltern, die sich für ihre Kinder in besonderer Weise einsetzen. Löweneltern, das heißt solche, die zäh sind, und durchhalten, wenn es schwierig wird und die für ihr Kind kämpfen bis an die Belastungsgrenze oder sogar darüber hinaus. Es wäre schön, wenn dieses Buch ein wenig dazu beitragen könnte, dass es in schwierigen Zeiten und Situationen ein bisschen leichter für sie wird. Und wenn ich mir etwas wünschen dürfte, wäre das viel mehr Unterstützung von behördlicher Seite für Adoptiv- und Pflegeeltern im Hinblick auf ihre wertvolle und manchmal nerven- und kräftezehrende Aufgabe!

In diesem Buch geht es vorwiegend um Herausforderungen: unverständliches Verhalten des Kindes, Konflikte, Teufelskreise und andere schwierige Dynamiken. Ich möchte an dieser Stelle noch einmal betonen, dass das natürlich nur ein kleiner Ausschnitt im Leben mit Ihrem Kind sein wird. Das scheint mir vor allem ein wichtiger Hinweis für die Leser und Leserinnen unter Ihnen zu sein, die dieses Buch vor der Entscheidung lesen, ein Adoptiv- oder Pflegekind aufzunehmen. Es gibt so viele glückliche, erfüllende, liebevolle und bereichernde Momente mit den Kindern! Und wenn es gelingt, häufiger den Blick darauf zu lenken, was positiv ist, was zusammen Freude macht, was gut läuft und welche besonderen Stärken das Kind hat, ist das eine gute Voraussetzung dafür, auch schwierige Phasen besser zu überstehen. Es ist eine so beglückende Aufgabe, ein Kind darin zu unterstützen, seinen Platz im Leben zu finden und sich in seinem Potenzial zu entfalten! Auch wenn es manchmal schwierig ist – die Frage nach dem Sinn des Lebens stellt sich nicht mehr. Die Aufgabe, die Adoptiv- und Pflegeeltern übernehmen, erlebe ich für mich als so sinnvoll, dass mir der – leicht verkürzte – Spruch von Friedrich Nietzsche sehr nachvollziehbar erscheint: »Hat man sein Warum des Lebens, so verträgt man sich fast mit jedem Wie.«[3]

Unsere Kinder sind die allerbesten Lehrmeister, wenn es um das eigene Persönlichkeitswachstum geht. Was wäre aus mir geworden, wenn wir diesen Schritt der Adoption nicht gewagt hätten? Ich mag mir gar nicht vorstellen, wie langweilig das Leben wäre! Und um wie viel Liebe und viele großartige Momente wären ich oder wir ärmer?

Ich wünsche Ihnen und Ihrem Kind eine erfüllende Zeit des gemeinsamen Wachstums, getragen von Ihrer Liebe, und viele wundervolle, gemeinsame Momente, die Ihr Kind auf dem Weg ins Leben stärken und Sie glücklich machen.

3 Nietzsche (1888/1969, § 12, S. 54 f.): »Hat man sein Warum? des Lebens, so verträgt man sich mit fast jedem Wie? Der Mensch strebt nicht nach Glück – nur der Engländer thut das«. Der Aphorismus wurde zum Leitsatz der Logotherapie des Psychiaters Viktor E. Frankl.

Danke!

Selten in meinem Leben habe ich mich von so vielen Menschen gleichzeitig liebevoll unterstützt gefühlt, wie beim Schreiben dieses Buches! Das war unglaublich und ich bin darüber sehr gerührt und dankbar!

Angefangen hat es mit Marion Pretin, die mich als Autorin über ihr kreatives Sprudeln in die Welt des Bücherschreibens einführte. Meine liebe Kollegin Alexandra Bielecke hat mir beim Schreiben eines gemeinsamen Fachartikels gezeigt, wie viel Freude es machen kann, die eigenen Gedanken ganz frei auf das Papier zu bringen. Martin Janning, der mich überhaupt erst auf die Idee zu diesem Buch brachte, indem er in einem Ideenaustausch zu einem Seminar für Pflegeeltern plötzlich unvermittelt sagte: »Du solltest ein Buch schreiben!«

Meine lieben und kompetenten Kollegen und Kolleginnen vom Schulz von Thun Institut für Kommunikation, die sich die ersten Ideen zu diesem Projekt anhörten, mich bestärkten und mir tolle Anregungen spendeten: Ingrid Schulz von Thun, Dagmar Kumbier, Anka Commichau und Lisa Roth. Und natürlich Friedemann Schulz von Thun, mein Lehrmeister in Sachen Kommunikationspsychologie und unterstützender Förderer, der mir die Möglichkeit gab, zu lernen und zu wachsen, mir in meinem beruflichen Werdegang immer mit Rat und Tat zur Seite stand und der an mich glaubte, als ich es selbst noch nicht tat. Es war mir so eine große Freude, als Friedo anbot, das Geleitwort zu schreiben und ich kann mir dafür keinen geeigneteren vorstellen. Meine liebe, treue und jahrzehntelange Freundin Annegret Lohse, die mit unserer gemeinsamen Diplomarbeit zum Inneren Team überhaupt erst den Grundstein zu der Möglichkeit dieses Buches legte. Larissa Stierlin Doctor, meine treue und liebevolle Freundin und wichtige Begleiterin in allen Lebensfragen. Sie hat mich zur Suche nach dem »Meinigen« inspiriert und war die Erste, die sich meine Ideen zum Inneren Team des Kindes anhörte und daraufhin ein fehlendes wichtiges Teammitglied beisteuerte. Gerlinde Fritsch, die »schlaue Füchsin«, die mir einen wichtigen Rat gab. Anja Roth, die mit ihrem kompetenten Blick auf das Cover das Wesentliche auf den Punkt brachte. Und Maren Töbermann und Dunja Batarilo, die mir als Autorinnen mit dem einem oder anderen Rat in dieser neuen Welt zur Seite standen.

Ganz besonderen Dank an die lieben Menschen, die sich die Zeit genommen und mit großem Engagement das Manuskript durchgearbeitet haben. Sie haben mit ihren sehr unterschiedlichen Sichtweisen und Kompetenzen und wertvollen Rückmeldungen entscheidend dazu beigetragen, dass die Ideen weiter aufblühten und ihre endgültige Gestalt annahmen: Colombia-Mamas Eva Dierks, Gabriela Scheibel, Tatjana Crull, Svenja Diers und Birgit Schikalla, die mir seit Jahren liebevolle Unterstützerinnen sind.

Meine lieben Kolleginnen: Dagmar Kumbier, die mich liebevoll ermutigend immer wieder anstupste und mich mit tollen Gedanken inspiriert hat, Karen Zoller, deren Scharfblick mir sehr geholfen hat, Dinge noch einmal zu überdenken, Lisa Roth, die durch ihr gutes Gespür für Gliederung und Struktur mehr Ordnung in das Ganze gebracht hat und Caroline Trautwein, die mich aus dem fernen China mit unermüdlichem Engagement und hoher Präzision für bessere Formulierungen und einen logischen Aufbau beim Feinschliff unterstützt hat.

Satuila Stierlin und Maja von Beyme, die mich durch großartige Gespräche an ihrem reichen Fundus an professioneller und menschlicher Lebenserfahrung teilhaben ließen.

Christiane Manderscheid und Katja August, die beide durch ihre doppelte Qualifikation für dieses Thema sehr wertvolle Gedanken beigetragen haben. Patricia Eilenberger, die mich ermutigt und mit ihrer lebendigen und fröhlichen Art sehr inspiriert hat und von der ich sogar die »Lizenz zum Anrufen« bekam.

An dieser Stelle möchte ich noch einmal Martin Janning hervorheben, der mir nicht nur die Idee zu diesem Buch gab, sondern auch durch seine Kompetenz und langjährige Erfahrung im Pflegekinderbereich dieses Buch unglaublich bereicherte und mir ganz unkompliziert ermöglichte, die Welt des Pflegekinderwesens kennenzulernen, indem er mich als Kollegin zu einem Seminar mitnahm.

Prof. Dr. Stefanie Sauer, die sich, obwohl wir uns gar nicht kannten, so viel Zeit nahm und nicht nur in zwei Telefonaten, sondern auch nach dem Lesen des Manuskriptes sehr wertvolle Hinweise gab. Prof. Dr. Arist von Schlippe für das zufällige, sehr inspirierende Gespräch auf einem Kongress und die schnelle, pragmatische Hilfe bei der Suche nach einem Verlag.

Meine liebe Freundin Christiane Schäfer-Lange, die mich in unseren vielen Gesprächen auf unseren Spaziergängen im Hundewald mit ihrer umfangreichen psychotherapeutischen Kompetenz und Wissen zum Thema Trauma unterstützt und inspiriert hat.

Günter Presting, der so offen für die Idee des Buches war und mich ermutigte, es zu vollenden und meine Lektorin Carlotta Koch, die ihr beeindruckendes sprachliches Gespür einbrachte und in meinem teilweise kreativen Durcheinander das Formale so engagiert im Blick behielt.

Bionty, meine kleine Personal Trainerin, die mich während der Zeit des Schreibens fit gehalten hat und auch die kreativen Notizpausen im Hundewald nicht zum Reh- oder Eichhörnchenjagen missbrauchte.

Und nicht zuletzt meine Familie, die unseren Adoptionsprozess mit ganzem Herzen unterstützt hat. Meine lieben Eltern Brunhild und Carl Kaul, die mir viel Freiheit gaben, Abenteuer zu erleben, mich in unterschiedlichen Bereichen auszuprobieren und immer da waren, wenn ich sie brauchte. Meine »kleine« Schwester Caroline Kaul, die das Projekt von Anfang an mitverfolgte und mich immer wieder mit wertvollen Hinweisen unterstützte. Estiven, der uns so viel Freude macht und seit einiger Zeit so selbstständig seine Sachen erledigt und Verantwortung übernimmt, dass ich dadurch Freiraum hatte, dieses Buch zu schreiben. Und besonders natürlich Armin, mein geliebter Mann, treuer Freund und Lebensbegleiter, mein Ermutiger und Unterstützer, der immer für mich da ist und es mit seinem unermüdlichen Engagement für dieses Buch immer wieder geschafft hat, ein wenig Ordnung und Struktur in meinen kreativen und chaotischen Gedankenfluss zu bringen.

Literatur

Baierl, Martin (2016a): Mit Verständnis statt Missverständnis. In Martin Baierl, Kurt Frey (Hrsg.): Praxishandbuch Traumapädagogik. Lebensfreude, Sicherheit und Geborgenheit für Kinder und Jugendliche (3., unveränderte Aufl., S. 21–46).

Baierl, Martin (2016b): Liebe allein genügt nicht. In Martin Baierl, Kurt Frey (Hrsg.): Praxishandbuch Traumapädagogik. Lebensfreude, Sicherheit und Geborgenheit für Kinder und Jugendliche (3., unveränderte Aufl., S. 47–55).

Baierl, Martin (2016c): Dir werde ich helfen. In Martin Baierl, Kurt Frey (Hrsg.): Praxishandbuch Traumapädagogik. Lebensfreude, Sicherheit und Geborgenheit für Kinder und Jugendliche (3., unveränderte Aufl., S. 80–107).

Baierl, Martin (2016d): Gemeinsam können wir dich halten. In Martin Baierl, Kurt Frey (Hrsg.): Praxishandbuch Traumapädagogik. Lebensfreude, Sicherheit und Geborgenheit für Kinder und Jugendliche (3., unveränderte Aufl., S. 116–120).

Baierl, Martin (2016e): Mit Sicherheit ein gutes Leben. In Martin Baierl, Kurt Frey (Hrsg.): Praxishandbuch Traumapädagogik. Lebensfreude, Sicherheit und Geborgenheit für Kinder und Jugendliche (3., unveränderte Aufl., S. 56–71).

Beetz, Andrea (2003): Bindungen als Basis sozialer und emotionaler Kompetenzen. In Olbrich, Erhard, Otterstedt, Carola (Hrsg.): Menschen brauchen Tiere. Grundlagen und Praxis der tiergestützten Pädagogik und Therapie (S. 76–83). Stuttgart: Kosmos.

Bergler, Reinhold (2009): Heimtiere. Gesundheit und Lebensqualität. Regensburg: Roderer.

Bettelheim, Bruno (1975): Der Weg aus dem Labyrinth. Leben lernen als Therapie. Stuttgart: Deutsche Verlags-Anstalt.

Brisch, Karl Heinz (2006): Adoption aus der Perspektive der Bindungstheorie und Therapie. In Karl Heinz Brisch, Theodor Hellbrügge (Hrsg.): Kinder ohne Bindung. Deprivation, Adoption und Psychotherapie. Stuttgart: Klett-Cotta.

Brisch, Karl Heinz (2018): Bindungsstörungen. Diagnostik und Behandlung bei Adoptiv- und Pflegekindern. https://www.khbrisch.de/media/brisch_pflegekind_bad_boll_20181117_versand.pdf (Zugriff am 12.04.2019).

Bruchholz, Alexandra, Tscherny, Susanne (2016): Lebensfreude als heilende Kraft – Lebensfreude empfinden und konservieren: Ein Lebensbericht. In Martin Baierl, Kurt Frey (Hrsg.): Praxishandbuch Traumapädagogik. Lebensfreude, Sicherheit und Geborgenheit für Kinder und Jugendliche (3., unveränderte Aufl., S. 144–156).

Dreikurs, Rudolf (1966/2017): Kinder fordern uns heraus. Wie erziehen wir sie zeitgemäß? (21. Aufl.). Stuttgart: Klett-Cotta.

Ende, Michael (1973): Momo. Stuttgart: Thienemann.

Ertmer, Heinzjürgen (2015): Begleitung und Beratung traumatisierter Pflegekinder oder ein Plädoyer für die rückhaltlose Annahme von vernachlässigten, missbrauchten und misshandelten Kindern in Ersatzfamilien (6., unveränderte Aufl., S. 125–145). In Stiftung zum Wohl des Pflegekindes (Hrsg.): 1. Jahrbuch des Pflegekinderwesens. Schwerpunktthema: Traumatisierte Kinder. Idstein: Schulz-Kirchner.

Fegert, Jörg M. (2015): Die Auswirkungen traumatischer Erfahrungen in der Vorgeschichte von Pflegekindern (6., unveränderte, Aufl., S. 20–31). In Stiftung zum Wohl des Pflegekindes

(Hrsg.): 1. Jahrbuch des Pflegekinderwesens. Schwerpunktthema: Traumatisierte Kinder. Idstein: Schulz-Kirchner.
Garbe, Elke (2015): Das kindliche Entwicklungstrauma. Verstehen und bewältigen. Stuttgart: Klett-Cotta.
Gordon, Thomas (2012): Familienkonferenz. Die Lösung von Konflikten zwischen Eltern und Kind. Hamburg: Hoffmann & Campe.
Grawe, Klaus (2004): Neuropsychotherapie. Göttingen: Hogrefe.
Greiffenhagen, Sylvia, Buck-Werner, Oliver N. (2012): Tiere als Therapie. Neue Wege in Erziehung und Heilung. Nerdlen: Kynos-Verlag.
Huber, Michaela (2011). Täterloyalität und Täteridentifikation verändern. In L. Reddemann, A. Hofmann, U. Gast (Hrsg.), Psychotherapie der dissoziativen Störungen – störungsspezifisch und schulenübergreifend (3., überarbeitete Aufl., S. 91–102). Stuttgart: Thieme Verlag.
Janning, Martin (2018): Zur Arbeit mit Herkunftseltern (S. 169–204). In Stiftung zum Wohl des Pflegekindes (Hrsg.): 7. Jahrbuch des Pflegekinderwesens. Ein Pflegekind werden. Kindzentrierte Beiträge zur Inobhutnahme, Begutachtung, Perspektivklärung und Begleitung der Herkunftsfamilie. Idstein: Schulz-Kirchner.
Janning, Martin (2020): Schriftliche Anhörung von Sachverständigen durch die Kommission zur Wahrnehmung der Belange der Kinder des Landtages Nordrhein-Westfalen. https://landtag.nrw.de/portal/WWW/dokumentenarchiv/Dokument/MMST17-2727.pdf (Zugriff am 19.06.2020).
Julius, Henri, Beetz, Andrea, Kotrschal, Kurt, Turner, Dennis C., Uvnäs-Moberg, Kerstin (2014): Bindung zu Tieren. Psychologische und neurobiologische Grundlagen tiergestützter Interventionen. Göttingen: Hogrefe.
Krüger, Andreas (2013): Powerbook. Erste Hilfe für die Seele. Trauma-Selbsthilfe für junge Menschen. Hamburg: Elbe & Krüger.
Krüger, Andreas (2015): Powerbook. Erste Hilfe für die Seele. Band 2. Mehr Trauma-Selbsthilfe für junge Menschen. Hamburg: Elbe & Krüger.
Krüger, Andreas, Reddemann, Luise (2016): Psychodynamisch imaginative Traumaarbeit für Kinder und Jugendliche. PITT-KID – Das Manual (4. Aufl.). Stuttgart: Klett-Cotta.
Kuczynski, Mathias (2016): Stabilisierung traumatisierter Jugendlicher durch ressourcenorientierte Methoden. In Martin Baierl, Kurt Frey (Hrsg.): Praxishandbuch Traumapädagogik. Lebensfreude, Sicherheit und Geborgenheit für Kinder und Jugendliche (3., unveränderte Aufl., S. 185–197).
Kumbier, Dagmar (2013): Das Innere Team in der Psychotherapie. Methoden- und Praxisbuch. Stuttgart: Klett-Cotta.
Levine, Peter A., Kline, Maggie (2005): Verwundete Kinderseelen heilen. Wie Kinder und Jugendliche traumatische Erlebnisse überwinden können. München: Kösel.
Lohmann, Kathrin (2016): Das Leben lieben lernen: Lebensfreude als Grundhaltung traumapädagogischen Handelns. In Martin Baierl, Kurt Frey (Hrsg.): Praxishandbuch Traumapädagogik. Lebensfreude, Sicherheit und Geborgenheit für Kinder und Jugendliche (3., unveränderte Aufl., S. 131–143).
Lohse, Annegret, Bossemeyer, Constanze (1995): Team-Dialog. Entwicklung und Erprobung einer neuen Methode für die Beziehungsklärung in Partnerschaften. Diplomarbeit im Studiengang Psychologie des Fachbereichs Psychologie der Universität Hamburg.
Mischel, Walter, Shoda, Yuichi, Rodriguez, Monica L. (1989). Delay of Gratification in Children. Science, 244 (4907), 933–938.
Mößle, Thomas, Kleimann, Matthias, Rehbein, Florian, Pfeiffer, Christian (2006): Mediennutzung, Schulerfolg, Jugendgewalt und die Krise der Jungen. https://mvlg.de/download/beitrag.pdf (Zugriff am 18.06.2020).
Nienstedt, Monika, Westermann, Arnim (2007): Pflegekinder und ihre Entwicklungschancen nach frühen traumatischen Erfahrungen. Stuttgart: Klett-Cotta.

Niestroj, Hildegard (2014): Chancen der Verarbeitung traumatischer Erfahrungen in Pflegefamilien (4. Aufl., S. 135–163). In Stiftung zum Wohl des Pflegekindes (Hrsg.): Traumatische Erfahrungen in der Kindheit – langfristige Folgen und Chancen der Verarbeitung in der Pflegefamilie. Tagungsdokument der 15. Jahrestagung der Stiftung zum Wohl des Pflegekindes am 14. Juni 2004 in Münster. Idstein: Schulz-Kirchner.

Nietzsche, Friedrich (1888/1969): Götzen-Dämmerung. In Giorgio Colli, Mazzino Montinari (Hrsg.): Nietzsche Werke. Kritische Gesamtausgabe (6. Abt., 3. Bd.).

Omer, Haim, von Schlippe, Arist (2016): Autorität durch Beziehung. Die Praxis des gewaltlosen Widerstands in der Erziehung (9., unveränderte Aufl.). Göttingen: Vandenhoeck & Ruprecht.

Pfeiffer, Christian, Mößle, Thomas, Kleimann, Matthias, Rehbein, Florian (2007): Die PISA-Verlierer – Opfer ihres Medienkonsums. http://www.sigmund-schuckert-gymnasium.de/downloads/KFN-Studie %20.pdf (Zugriff am 18.06.2020).

Pschyrembel, Willibald (1994): Klinisches Wörterbuch (257. Aufl.). Berlin: De Gruyter.

Reddemann, Luise (2002): Imagination als heilsame Kraft. Zur Behandlung von Traumafolgen mit ressourcenorientierten Verfahren (6., erw. und korr. Aufl.). Stuttgart: Klett-Cotta.

Reddemann, Luise (2011): Psychodynamisch Imaginative Traumatherapie PITT – Das Manual (6., vollst. überarb. Aufl.). Stuttgart: Klett-Cotta.

Redlich, Alexander (1984): Geschichten für Kinder zur Bewältigung von Aufregung, Ärger und Angst. Hamburg: Materialien aus der Beratungsstelle für soziales Lernen am Fachbereich Psychologie der Universität Hamburg.

Rech-Simon, Christel, Simon, Fritz B. (2008): Survival-Tippsfür Adoptiveltern. Heidelberg: Carl-Auer.

Riedel, Rainer, Büsching, Uwe (2017): BLIKK- Medien – Bewältigung, Lernverhalten, Intelligenz, Kompetenz und Kommunikation – Kinder und Jugendliche im Umgang mit elektronischen Medien. https://www.drogenbeauftragte.de/presse/pressekontakt-und-mitteilungen/archiv/2017/2017-2-quartal/ergebnisse-der-blikk-studie-2017-vorgestellt.html (Zugriff am 18.06.2020).

Riemann, Fritz (1991): Grundformen der Angst. Eine tiefenpsychologische Studie. München: Ernst Reinhard.

Scheuerer-Englisch, Hermann (2015): Auswirkungen traumatischer Erfahrungen auf das Bindungs- und Beziehungsverhalten (6., unveränderte Aufl., S. 66–84). In Stiftung zum Wohl des Pflegekindes (Hrsg.): 1. Jahrbuch des Pflegekinderwesens. Schwerpunktthema: Traumatisierte Kinder. Idstein: Schulz-Kirchner.

Schroeder, Manuela (2016): Umgang mit Kontrollverlusten und Förderung der Steuerungsfähigkeit im Gruppenalltag (3., unveränderte Aufl., S. 211–223). In Martin Baierl, Kurt Frey (Hrsg.): Praxishandbuch Traumapädagogik. Lebensfreude, Sicherheit und Geborgenheit für Kinder und Jugendliche. Göttingen: Vandenhoeck & Ruprecht.

Schulz von Thun, Friedemann (1981): Miteinander reden. Störungen und Klärungen. Band 1. Hamburg: Rowohlt Taschenbuch Verlag.

Schulz von Thun, Friedemann (1990): Miteinander reden. Stile, Werte und Persönlichkeitsentwicklung. Band 2. Hamburg: Rowohlt Taschenbuch Verlag.

Schulz von Thun, Friedemann (1998): Miteinander reden. Das »Innere Team« und situationsgerechte Kommunikation. Band 3. Hamburg: Rowohlt Taschenbuch Verlag.

Schulz von Thun, Friedemann (2008): Miteinander reden 1–3. Hamburg: Rowohlt Taschenbuch Verlag.

Schulz von Thun, Friedemann (2019): Miteinander reden: 4. Fragen und Antworten. Hamburg: Rowohlt Taschenbuch Verlag.

Schulz von Thun, Friedemann, Zach, Kathrin, Zoller, Karen (2012): Miteinander reden von A bis Z. Lexikon der Kommunikationspsychologie (3. Aufl.). Hamburg: Rowohlt Taschenbuch Verlag.

Schwartz, Richard C. (1995): Systemische Therapie mit der inneren Familie. Stuttgart: Klett-Cotta.

Schwarzkopf, Andreas, Olbrich, Erhard (2003): Lernen mit Tieren. In Olbrich, Erhard, Otterstedt, Carola (Hrsg.): Menschen brauchen Tiere. Grundlagen und Praxis der tiergestützten Pädagogik und Therapie (S. 253–267). Stuttgart: Kosmos.
Spitzer, Manfred (2012): Digitale Demenz. Wie wir uns und unsere Kinder um den Verstand bringen. München: Droemer.
Stahl, Eberhard (2007): Dynamik in Gruppen. Handbuch der Gruppenleitung (2. Aufl.). Weinheim/Basel: Beltz.
Strüber, Nicole (2019): Risiko Kindheit. Die Entwicklung des Gehirns verstehen und Resilienz fördern. Stuttgart: Klett-Cotta.
Tenhumberg, Annette, Michelbrink, Maria (2015): Vermittlung traumatisierter Kinder in Pflegefamilien (6., unveränderte Aufl., S. 106–124). In Stiftung zum Wohl des Pflegekindes (Hrsg.): 1. Jahrbuch des Pflegekinderwesens. Schwerpunktthema: Traumatisierte Kinder. Idstein: Schulz-Kirchner.
Thomann, Christoph (1998): Klärungshilfe: Konflikte im Beruf. Methoden und Modelle klärender Gespräche bei gestörter Zusammenarbeit. Hamburg: Rowohlt Taschenbuch Verlag.
Weinberg, Dorothea (2017): Verletzte Kinderseele. Was Eltern traumatisierter Kinder wissen müssen und wie sie richtig reagieren (3. Aufl.). Stuttgart: Klett-Cotta.
Weiß, Wilma (2016): Philipp sucht sein Ich. Zum pädagogischen Umgang mit Traumata in den Erziehungshilfen (8., durchgesehene Aufl.). Weinheim/Basel: Beltz Juventa.
Westermann, Arnim (2015): Zur psychologischen Diagnostik der Kindesmisshandlung: Über die Todesangst des misshandelten Kindes (6., unveränderte Aufl., S. 32–51). In Stiftung zum Wohl des Pflegekindes (Hrsg.): 1. Jahrbuch des Pflegekinderwesens. Schwerpunktthema: Traumatisierte Kinder. Idstein: Schulz-Kirchner.
Wiemann, Irmela (2007): Zusammenleben mit seelisch verletzten Kindern. https://www.pfad-bv.de/dokumente/Wissensdatei/Wiemann-Seelisch-verletzte-Kinder.pdf (Zugriff am 03.07.2020).

Weiterführende Literatur

Baierl, Martin (2017): Herausforderung Alltag. Praxishandbuch für die pädagogische Arbeit mit psychisch gestörten Jugendlichen (5., veränderte Aufl.). Göttingen: Vandenhoeck & Ruprecht.
Baierl, Martin (2017): Traumaspezifische Bedarfe von Kindern und Jugendlichen. In Silke Gahleitner, Martin Baierl, Thomas Hensel, Martin Kühn, Marc Schmid (Hrsg.): Traumapädagogik in psychosozialen Handlungsfeldern. Ein Handbuch für Jugendhilfe, Schule und Klinik (3., unveränderte Aufl., S. 72–90). Göttingen: Vandenhoeck & Ruprecht.
Brisch, Karl Heinz, Hellbrügge, Theodor (2019): Bindung und Trauma. Risiken und Schutzfaktoren für die Entwicklung von Kindern (6. Aufl.). Stuttgart: Klett-Cotta.
Bucher, Anton (2014): Psychologie der Spiritualität. Handbuch (2., vollst. überarb. Aufl.). Weinheim/Basel: Beltz.
Endenburg, Nienke (2003): Der Einfluß von Tieren auf die Frühentwicklung von Kindern als Voraussetzung für tiergestützte Psychotherapie. In Erhard Olbrich, Carola Otterstedt (Hrsg.): Menschen brauchen Tiere. Grundlagen und Praxis der tiergestützten Pädagogik und Therapie (S. 121–129). Stuttgart: Kosmos.
Lang, Birgit (2013): Die PädagogInnen als Teil der Pädagogik. In Birgit Lang, Jacob Bausum, Wilma Weiß (Hrsg.): Traumapädagogische Standards in der stationären Kinder- und Jugendhilfe. Eine Praxis- und Orientierungshilfe der BAG Traumapädagogik (S. 127–144). Weinheim/Basel: Beltz Juventa.
Nienstedt, Monika (2015): Zur Verarbeitung traumatischer Erfahrungen: Einfühlendes Verstehen im Umgang mit Anpassung, Übertragung und Regression (6., unveränderte Aufl., S, 52–65).

In Stiftung zum Wohl des Pflegekindes (Hrsg.): 1. Jahrbuch des Pflegekinderwesens. Schwerpunktthema: Traumatisierte Kinder. Idstein: Schulz-Kirchner.
Omer, Haim, von Schlippe, Arist (2017): Autorität ohne Gewalt. Coaching für Eltern von Kindern mit Verhaltensproblemen. »Elterliche Präsens« als systemisches Konzept (11., unveränderte Aufl.). Göttingen: Vandenhoeck & Ruprecht.
Peichl, Jochen (2017): Innere Kinder, Täter, Helfer & Co. Ego-State-Therapie des traumatisierten Selbst (6. Aufl.). Stuttgart: Klett-Cotta.
Roehlkepartain, Eugene C., King, Pamela Ebsteyne, Wagener, Linda, Benson, Peter L. (2006): The Handbook of Spiritual Development in Childhood and Adolescence. Thousand Oaks: Sage.
Vernooij, Monika A., Scheider, Silke (2010): Handbuch der tiergestützten Intervention. Grundlagen, Konzepte, Praxisfelder (2., korrigierte und erg. Aufl.). Wiebelsheim: Quelle & Meyer Verlag.

V&R